MÉLANGES & PORTRAITS

OUVRAGES DU MÊME AUTEUR

A LA MÊME LIBRAIRIE

Études morales sur le temps présent ; 4ᵉ édition. 1 vol. . . 3 fr. 50
Nouvelles Études morales sur le temps présent ; 2ᵉ édit. 1 vol. 3 fr. 50
L'Idée de Dieu et ses Nouveaux Critiques ; 7ᵉ édition. 1 vol. 3 fr. 50
    Ouvrage couronné par l'Académie française.
Le Matérialisme et la Science ; 4ᵉ édition. 1 vol. . . . . . 3 fr. 50
La Philosophie de Goethe ; 2ᵉ édition. 1 vol. . . . . 3 fr. 50
    Ouvrage couronné par l'Académie française.
Les Jours d'épreuve (1870-1871). 1 vol. . . . . 3 fr. 50
Le Pessimisme au XIXᵉ siècle ; 2ᵉ édition. . . . . 3 fr. 50
La Fin du dix-huitième siècle ; Études et Portraits ; 2ᵉ édition.
2 vol . . . . 7 fr. »
M. Littré et le Positivisme. 1 vol. . . . . 3 fr. 50
Problèmes de morale sociale ; 2ᵉ édition. 1 vol. . . . . . . 3 fr. 50

E. CARO

DE L'ACADÉMIE FRANÇAISE

MÉLANGES & PORTRAITS

TOME SECOND

JOSEPH JOUBERT. — HISTOIRE D'UNE AME SINCÈRE.
M. VITET. — UN NOUVEAU JUGE DU XVIIIe SIÈCLE.
L'ESPRIT DU XVIIIe SIÈCLE. — M. NISARD.
TABLEAU DE LA LITTÉRATURE FRANÇAISE
LA QUERELLE DES ANCIENS ET DES MODERNES. — UN POÈTE
INCONNU. — ALFRED TONNELLÉ. — UN MORALISTE INÉDIT.
LA MALADIE DE L'IDÉAL. — LES DERNIÈRES
ANNÉES D'UN RÊVEUR. — LES PENSÉES D'UN SOLITAIRE.

PARIS

LIBRAIRIE HACHETTE ET Cie

79, BOULEVARD SAINT-GERMAIN, 79

1888

Droits de propriété et de traduction réservés

MÉLANGES ET PORTRAITS

JOSEPH JOUBERT

Dans un tableau général de la philosophie française au dix-neuvième siècle, dont l'idée m'a souvent tenté, et en vue duquel j'ai tracé, à titre d'essais, quelques esquisses partielles, il devrait y avoir une place à part, un coin intime et réservé du tableau où seraient groupés ces inspirateurs d'idées, ces conseillers intimes du génie, philosophes d'instinct et de sentiment plus que de doctrine, écrivains non pour le public, mais pour eux-mêmes, qui se sont tenus comme dans l'ombre des grandes renommées par excès de modestie ou par une sorte de noble pudeur, de répugnance aux artifices et aux violences de la célébrité.

Au premier rang de ce groupe d'élite se placerait Joseph Joubert, ce doux rêveur qui fit si peu de bruit dans le monde pendant qu'il vécut, inconnu, ou à peu près, en dehors du cercle intime où s'écoulait son âme avec sa vie en longs entretiens qui n'étaient guère que des méditations parlées.

Qu'est-ce que la destinée littéraire de Joubert, si on met en regard celle de son ami Chateaubriand? De celui-ci on peut dire qu'il est entré de plain-pied dans la gloire. L'éclat impérieux du talent, l'instinct ou l'art de la mise en scène, le prestige des brillantes nouveautés de sentiment ou d'idée exagérées par le relief de l'expression, une certaine harmonie préétablie avec les tendances de l'esprit public et qui double l'effet du génie même par l'à-propos des œuvres, voilà ce qui assure à certains écrivains une prise de possession immédiate de la renommée. Leur apparition est un avénement, leur marche un triomphe. Les réclamations et les murmures se perdent dans le bruit grandissant de l'apothéose. Voyez comme Chateaubriand conquiert rapidement son époque et comme il la domine! comme il prolonge son empire jusqu'aux approches de notre génération! Il est vrai que ces exagérations de succès, ces anticipations d'immortalité subissent d'implacables retours d'opinion. La réflexion finit par prendre ses revanches sur les surprises de l'enthousiasme. Bien des choses sont remises en question. Arrive un jour où la justice littéraire n'a plus qu'à se défendre des entraînements contraires. Voyez encore Chateaubriand. Que d'atteintes à sa gloire posthume! La statue du demi-dieu est encore debout; mais que de nuages amoncelés autour de ce front olympien, et comme déjà le rayon a pâli!

Pendant que ces conquérants prennent d'assaut la gloire et s'établissent du premier élan au sommet d'un siècle, plus d'une intelligence d'élite, l'égale à certains égards de ces victorieux, médite ou rêve à l'écart des chemins où passe le bruyant triomphe.

Il y a ainsi, à côté et en dehors de la voie triomphale, de ces méditatifs auxquels la foule ne prend pas garde, mais qui jugent admirablement la foule et ses idoles, qui, sans refuser au génie l'admiration à laquelle il a droit, ne veulent être ni dupes ni complices des apothéoses, qui se retirent avec une sainte horreur loin des sentiers battus et du tumulte humain, qui, au lieu de se produire, se concentrent, au lieu de se disperser se recueillent, qui, jouissant d'eux-mêmes et de leur pensée, ne l'excitent pas à se répandre au dehors par une fécondité artificielle, mais la laissent se former lentement, élaborer sa sève, et la recueillent goutte à goutte, n'en prenant que la plus pure essence et la condensant en sagesse exquise.

Ils ne peuvent pourtant pas si bien tenir leur sagesse cachée qu'elle n'éclate par quelque endroit, et ne se révèle par quelque signe d'un jugement supérieur. Aussi arrive-t-il que ces grands esprits silencieux sont bientôt investis, malgré eux-mêmes, en dépit de leur ingénuité sincère, à cause d'elle peut-être, d'une sorte de magistrature d'idée et de goût dont personne ne songe, dans le cercle où elle s'exerce, à vérifier les titres, et dont on accepte d'autant plus volontiers les arrêts qu'elle ne les impose pas; mais il y a loin de là à la gloire. Que de temps faut-il, quel concours de circonstances propices et de dévouements passionnés pour que le monde s'habitue à ces noms nouveaux qui se sont toujours tenus à l'écart de lui et ne lui ont rien demandé que son facile oubli! Il semble que le public veuille, par sa lenteur à les accepter, se venger de ces réserves excessives qui ne sont pas sans quelque air de dédain. Il y a ainsi autour de ces noms comme un cercle d'ombre qui ne s'élargit qu'avec peine, par de longs efforts.

Il n'entre pas dans ma pensée de recommencer ici ce qu'a si heureusement accompli, pour la gloire de Joubert, un maître incomparable dans l'art des portraits littéraires. Je ne prétends qu'à marquer exactement la place que Joseph Joubert devra occuper un jour dans une histoire de l'esprit français au dix-neuvième siècle, sur les confins des deux âges, se rejoignant d'un côté à Diderot par ses origines et ses premiers goûts, de l'autre à Ballanche et même à de Bonald par l'amitié des derniers jours, mais retenant dans la diversité errante de ses sympathies et de ses goûts sa direction propre et originale.

Nous n'avons donc pas à raconter par le détail cette vie tout intérieure, concentrée dans les devoirs de la famille et dans quelques relations choisies, traversée par de fréquentes maladies ou plutôt par une longue et unique maladie qui augmenta encore chez Joubert le goût de la retraite, la passion de vivre avec les livres plus qu'avec les hommes. Hormis deux ou trois épisodes fort courts, un entre autres de quelques années pendant lesquelles l'estime de M. de Fontanes impose à Joubert les fonctions de conseiller de l'université, il n'y eut, à vrai dire, dans cette existence, à travers cette époque si troublée qui va de la révolution jusqu'au milieu de la restauration, d'autres événements que des événements d'idée ou de sentiment. Il suivit des yeux et du cœur, sans aucune tentation d'envie, la destinée de son ami Fontanes, porté aux plus grands honneurs par le cours propice des circonstances et par la brillante facilité de son esprit, tout en dehors; il accompagnait de ses vœux la navigation aventureuse de Chateaubriand à travers les orages et les écueils où se complaisait ce vain et charmant génie.

Ni à l'un ni à l'autre il n'épargnait les conseils les plus sévères, gardant à l'égard de la puissance et, ce qui est plus difficile, à l'égard de la gloire son franc-parler, en usant à propos, mais avec force, toujours consulté, écouté avec la plus flatteuse déférence, rarement suivi. N'est-ce pas après tout le sort de la raison en ce monde? On aime à prendre son avis, mais c'est à la condition de se dispenser de le suivre, quand il nous contrarie, ou de n'y revenir que trop tard, quand l'imagination et la passion nous ont cruellement égarés ou trahis.

Quel emploi plus difficile que celui de mettre d'accord toutes ces intelligences et ces talents si divers : MM. Pasquier, Molé, Chênedollé, Gueneau de Mussy, de Fontanes, de Bonald, Chateaubriand? C'était précisément là le rôle accepté par Joubert, si je ne craignais d'appliquer ce terme à un homme si naturellement ennemi de ce qu'un pareil mot comporte. « Paisible société, dit-il lui-même, où n'avait accès aucune des prétentions qui peuvent désunir les hommes, où la bonhomie s'unissait à la célébrité, où, sans y penser, on se faisait une occupation assidue de louer tout ce qui est louable, où l'on ne songeait qu'à ce qui est beau. » C'est au sortir de ces réunions que Joubert résumait sa pensée sur la *conversation*. « Il faut savoir entrer dans les idées des autres et savoir en sortir, comme il faut savoir sortir des siennes et y rentrer. — L'attention de celui qui écoute sert d'accompagnement dans la musique du discours. — Il faut porter en soi cette indulgence et cette attention qui font fleurir les pensées d'autrui. »

Nous pouvons nous faire une idée juste de ce qu'était Joubert au milieu de ses amis d'après cette page des *Mémoires d'outre-tombe*, qui porte la date de 1801. C'est tout un portrait enlevé par le peintre, avec quelle verve brillante et quels traits décisifs! « Plein de manies et d'originalité, Joubert manquera éternellement à ceux qui l'ont connu. Il avait une prise extraordinaire sur l'esprit et sur le cœur, et quand une fois il s'était emparé de vous, son image était là comme un fait, comme une pensée fixe, comme une obsession qu'on ne pouvait plus chasser. Sa grande prétention était au calme, et personne n'était aussi troublé que lui ; il se surveillait pour arrêter ces émotions de l'âme qu'il croyait nuisibles à sa santé, et toujours ses amis venaient déranger les précautions qu'il avait prises pour se bien porter, car il ne pouvait s'empêcher d'être ému de leur tristesse ou de leur joie; c'était un égoïste qui ne s'occupait que des autres. Afin de retrouver des forces, il se croyait obligé de fermer les yeux et de ne point parler pendant des heures entières. Dieu seul sait quel bruit et quel mouvement se passaient intérieurement pendant ce silence et ce repos!... Profond métaphysicien, sa philosophie, par une élaboration qui lui était propre, devenait peinture ou poésie; Platon à cœur de La Fontaine, il s'était fait l'idée d'une perfection qui l'empêchait de rien achever. Dans des manuscrits trouvés après sa mort, il dit : « Je suis comme une harpe éolienne qui rend quelques beaux sons et qui n'exécute aucun air. » Mme Victorine de Châtenay prétendait *qu'il avait l'air d'une âme qui avait rencontré par hasard un corps et qui s'en tirait comme elle pouvait.* »

Le lien de ces réunions était Mme de Beaumont, cette fille de M. de Montmorin à laquelle s'attachait un charme étrange. Elle avait sa légende. On disait tout bas, de crainte d'évoquer des souvenirs lugubres (l'assassinat de son père, tombé sous le couteau des septembriseurs), qu'elle n'avait elle-même échappé dans sa fuite à la pitié dédaigneuse d'un comité révolutionnaire que par la pâleur mortelle empreinte sur son visage, et qui semblait dispenser le bourreau de faire son œuvre. Elle avait vécu pourtant en dépit de ce pronostic sinistre, mais en gardant juste ce qu'il lui fallait de vie pour ne pas mourir. Quand elle paraissait au milieu de ses amis, c'était une apparition presque aérienne que Joubert comparait à ces figures d'Herculanum qui coulent sans bruit dans les airs, à peine enveloppées d'un corps. On dirait que les affections qu'inspirent ces êtres presque immatériels, qui ne touchent à la vie que par l'émotion et la souffrance, se doublent par cette fragilité même qui semble en mesurer la rapide durée, et s'accroissent par cette délicatesse excessive qui donne l'illusion d'aimer une âme pure.

Mme de Beaumont était au plus haut degré une inspiratrice. C'est près d'elle qu'en 1797 Chénier avait écrit cet admirable discours sur la *calomnie* où il protestait avec de si nobles accents contre le bruit infâme qui lui imputait la mort de son frère André. Chateaubriand, Mme de Staël, faisaient à ce goût si pur les premières confidences de leur génie.

Mais sur personne le charme n'agissait aussi profondément que sur Joubert. Il pensait, il écrivait pour elle. Elle valait pour lui tout un public, elle était le public même. Son biographe a remarqué que tout le temps que dura la liaison de Joubert avec elle, de 1794 à 1803, les cahiers où il inscrivait ses pensées étaient plus vite remplis, plus fréquemment renouvelés, plus remarquables par le nombre et la finesse des aperçus. La source jaillissait plus fraîche et plus abondante.

Ses lettres à Mme de Beaumont, même celles qui touchent à des particularités intimes de sa vie, ont une grâce attendrie qu'il n'eut qu'une fois à ce degré. On y sent, pour ainsi dire, la joie des idées, le plaisir qu'elles ont à se produire devant une personne souverainement aimable, sous leur plus beau jour, le plus naturel et le plus vif. Plus tard, après la mort de son amie, Joubert aura un commerce suivi de lettres avec Mme de Vintimille. — Il y aura bien de la grâce encore dans ces lettres, le charme primitif n'y est plus; il y a plus de galanterie de manières et de ton, on n'y sent plus cette émotion secrète et communicative, cette vivacité douce, intarissable, où se marque la consécration intérieure d'une âme à une âme choisie entre toutes. C'est le même style pourtant, la même perfection, la même subtilité exquise : rien n'y fait; Mme de Vintimille a pu s'y tromper ; le lecteur qui compare avec sang-froid jugera qu'elle n'est pas aimée comme l'a été Mme de Beaumont. Ces sentiments profonds qui s'emparent de tout l'être ne se recommencent pas.

Y a-t-il un rôle plus enviable et plus attachant pour une femme d'élite que celui que Mme de Beaumont a rempli auprès de Joubert, conscience littéraire, autorité adorée, encourageant la timidité de sa pensée à sortir d'elle-même, excitant les secrètes langueurs, contraignant l'esprit à produire ce qu'il peut, le talent à montrer ce qu'il vaut, le récompensant d'un mot, d'un sourire, d'un silence ému, d'un de ces suffrages inestimables qui n'ont de prix que par la supériorité de l'âme d'où ils viennent et par la délicatesse de celle qui les reçoit? Cette adoration respectueuse est le roman de cette existence vouée aux Muses et aux Grâces, qui se résumaient pour lui en une seule personne, qu'il invoquait sous un nom unique, qui lui parlaient sous cette seule image, et qui par sa voix écoutée lui disaient les plus nobles secrets de la pensée et du style.

C'est l'œil fixé sur cette haute et chère image que Joubert écrivit. Peut-être sans cette douce contrainte eût-il été au nombre de ces esprits stériles en apparence qui n'osent rien donner au monde et qui se retirent, non sans dédain, dans les solitudes intérieures de la pensée, sacrifiant les beautés relatives qu'ils pourraient produire à la perfection dont ils désespèrent.

Mettez dans le même homme certaines faiblesses physiques avec toutes les délicatesses morales, une santé toujours menacée, l'habitude de souffrir, et avec cela une insurmontable timidité devant les indifférents, une sorte d'aversion pour le suffrage du gros public et pour les moyens qui en assurent la conquête; ajoutez-y un goût naturel, cultivé jusqu'au raffinement, exclusif pour les choses les plus élevées et les plus rares de l'esprit, l'inquiétude souffrante et passionnée de l'idéal dans la vie et dans la pensée, le rêve d'une perfection irréalisable avec des instruments humains, le dégoût non-seulement du médiocre, mais de ce qui n'excelle pas, — vous comprendrez cette difficulté à produire, ou du moins à se satisfaire dans ses œuvres, qui fut le tourment de Joubert, et aussi combien il lui était impossible de composer un livre, tout n'y pouvant être d'une nouveauté ou d'une excellence égales, et l'auteur devant se résoudre à remplir par des matériaux de valeur moindre l'intervalle des grandes idées. Ceux qui n'écrivent que sous l'obsession secrète d'une haute pensée comprendront ces angoisses de Joubert. Ils connaissent ce mépris de la facilité vulgaire, le dégoût de ce qui n'est que suffisant, les défaillances soudaines des mots sous l'étreinte de l'idée. Ces délicatesses superbes sont tout le contraire de l'impuissance et parfois elles y ressemblent.

Plus d'une fois Joubert, sous l'influence active de Mme de Beaumont, parvint à vaincre ces répugnances. Il contraignit sa pensée à prendre une forme, à descendre de ses hauteurs dans cet organisme de sons matériels qu'elle anime, qu'elle transfigure, qu'elle fait palpiter et vivre; mais ce ne fut jamais sans lutte secrète et sans douleur. Il brisait sa plume rebelle dès qu'il ne trouvait plus de mots dignes de recueillir et de porter la substance de sa pensée. « J'ai voulu me passer des mots, disait-il, les mots se vengent par la difficulté. » D'ailleurs il se sentait lui-même impropre au discours continu. Ne voulant rien produire que de complet et d'achevé, il ne put jamais atteindre à cette perfection que par courtes échappées, et dès lors ce livre unique qu'il rêvait d'écrire devint sa chimère.

Consolons-nous du livre qu'il n'a pas écrit par ce grand nombre de nobles fragments, de pensées éparses, qui contiennent plus que la matière d'un beau livre. Outre le commerce de lettres qu'il entretenait avec ses amis, il notait sa pensée au passage, il l'épiait dans ses plus fugitives émotions ; il tâchait d'en surprendre les plus délicats mystères, retenant la lueur passagère, fixant l'insaisissable éclair dans quelques mots choisis, combinés de manière à devenir, autant que possible, harmonie et lumière.

S'il n'y réussissait pas à son gré, il détruisait les premiers vestiges de son effort, aimant mieux vouer sa pensée au néant que de la laisser inachevée. D'autres fois ce n'était pas dans la chaleur secrète de son âme, intérieurement agissante, qu'il produisait sa pensée. L'impulsion venait du dehors ; il écrivait alors sous l'inspiration d'une idée partagée ou discutée avec un ami, de quelque sympathie vive ou d'une contradiction délicate. Les idées, encore dans cette agitation délicieuse qui les amène à la surface de l'esprit, venaient se suspendre comme d'elles-mêmes à sa plume et s'y condenser en *gouttes de lumière*. Quelques-unes sont d'une essence si subtile qu'elles semblent spiritualiser les sons.

Le triomphe de Joubert est là, c'est par là qu'il est vraiment écrivain original et créateur dans notre langue ; il parvient à exprimer ce qui semble déjouer l'effort de la parole, à renfermer l'immatériel dans des sons, dans ce qu'il appelait de *l'air sonore*, de *l'air lancé, vibré, configuré, articulé*. Composer son style d'idée pure, le vider de matière, faire ressembler autant que possible les mots aux idées et les idées aux choses, c'était l'effort, c'était le rêve de Joubert. Il y réussit parfois d'une façon qui tient du miracle. Son expression a des transparences, une limpidité, un je ne sais quoi d'incorporel et d'aérien qui surprend et ravit. Cela joue dans l'espace lumineux, en s'en distinguant pourtant par des contours nets et des formes précises. Rêves suspendus et comme arrêtés au vol, figures presque immatérielles tracées du bout d'un stylet d'or dans la lumière, rien de tout cela n'exprime le don et l'art de l'écrivain.

Sous sa plume, les mots, ces signes abstraits, se meuvent et vivent d'une vie distincte. « Il faut, dit-il, donnant à la fois le précepte et l'exemple, il faut qu'il y ait dans notre langage écrit de la voix, de l'âme, de l'espace, du grand air, des mots qui subsistent tout seuls et qui portent avec eux leur place. » — Et ailleurs, dans cette même veine d'idées : « Les mots qui ont longtemps erré dans la pensée semblent être mobiles encore et comme errants sur le papier; ils s'en détachent pour ainsi dire dès qu'une vive attention les fixe, et, accoutumés qu'ils étaient à se promener dans la mémoire de l'auteur, ils s'élancent vers celle du lecteur par une sorte d'attraction que leur imprime l'habitude. »

Certes, si une fois l'art de Joubert a triomphé dans ce prodigieux effort pour étreindre l'insaisissable, c'est dans les deux pages où il se demande : *Qu'est-ce que la pudeur?* Jamais peintre ou musicien n'a réussi à ce point de rendre sensible un objet plus subtil ; l'art est tel que le charme de cet objet, qui devrait périr par la précision de la peinture, redouble par la pureté et la grâce du dessin. Je ne citerai que les premières lignes de ce morceau. « La pudeur est on ne sait quelle peur attachée à notre sensibilité qui fait que l'âme, comme la fleur, qui est son image, se replie et se recèle en elle-même, tant elle est délicate et tendre, à la moindre apparence de ce qui pourrait la blesser par des impressions trop vives ou des clartés prématurées. De là cette confusion qui, s'élevant à la présence du désordre, trouble et mêle nos pensées et les rend comme insaisissables à ses atteintes ; de là ce tact mis en avant de toutes nos perceptions, cet instinct qui s'oppose à tout ce qui n'est pas permis, cette immobile fuite, cet aveugle discernement et cet indicateur muet de ce qui doit être évité ou ne doit pas être connu ; de là cette timidité qui rend circonspects tous nos sens, et qui préserve la jeunesse de hasarder son innocence, de sortir de son ignorance et d'interrompre son bonheur ; de là ces effarouchements par lesquels l'inexpérience aspire à demeurer intacte, et fuit ce qui peut trop nous plaire, craignant ce qui peut la blesser. »

L'antiquité, sa littérature, devaient enchanter cet esprit amoureux d'harmonie et de clarté. Ses jugements sur Homère, sur Xénophon, sur Cicéron, sont comme un regard profond et droit qui démêle l'essence de chaque auteur ; mais Platon surtout le ravit. C'est qu'il y a des races d'âmes qui circulent à travers les siècles, et Joubert a senti la secrète hérédité. La semence immortelle des idées s'agite au fond de cette intelligence éprise des formes pures. Il est platonicien par une analogie plutôt sentie que facile à définir. Tous ses amis, M. de Fontanes entre autres, par une sorte d'instinct qui devint dans cette société une chère habitude, l'appelaient Platon. Nous avons vu que Châteaubriand, voulant peindre d'un mot la sublimité habituelle de sa pensée jointe à la plus aimable bonhomie, le définissait « un Platon à cœur de La Fontaine. »

Certes, de notre temps, on a creusé à de plus grandes profondeurs les problèmes de la dialectique et de la théorie des idées ; mais, si a on mieux connu l'auteur du *Timée* et du *Phédon*, a-t-on jamais mieux parlé de lui ? A-t-on jamais donné une impression plus pénétrante de sa méthode extérieure, de son tour d'esprit et de style, de ses procédés de raisonnement à la fois si subtils et si ondoyants, ou encore de cette métaphysique si substantielle et si réelle dans son idéalité ? « Ne cherchez dans Platon, disait Joubert, que les formes et les idées, c'est ce qu'il cherchait lui-même. Il y a en lui plus de lumière que d'objets, plus de forme que de matière (il aurait pu ajouter plus d'idée que de forme). Il faut le respirer et non pas s'en nourrir. » Et ailleurs : « Platon a les évolutions du vol des oiseaux ; il fait de longs circuits, il embrasse beaucoup d'espace, il tourne longtemps autour du point où il veut se poser et qu'il a toujours en perspective, puis enfin il s'y abat.... En imaginant le sillage que trace en l'air le vol des oiseaux, qui s'amusent à monter et à descendre, à planer et à tournoyer, on aurait une idée des évolutions de son esprit et de son style. » De Joubert, comme de Platon, on pourrait dire que parfois, à force de monter haut, il se perd dans le vide ; mais de lui aussi il est vrai de dire qu'on voit le jeu de ses ailes dans les grands espaces, on en entend le bruit.

Il goûtait Platon, comme il goûtait toute l'antiquité, comme il goûtait la morale, avec une vivacité et une finesse d'impressions qui produisaient en lui quelque chose comme une exquise volupté. Platonicien, oui sans doute par le culte de l'idée, mais nullement désintéressé et très sensible aux affinités et aux accords secrets de son tempérament d'âme avec la beauté pressentie ou trouvée. Les belles idées, les beaux sentiments, les belles sensations, c'était l'aliment naturel de cette douce sagesse. Je soupçonne, pour l'avoir longtemps fréquenté, qu'il aime la vérité et la vertu, non tant parce qu'elles sont la vertu et la vérité que parce qu'elles sont belles. A vrai dire, il est peut-être moins un platonicien pur qu'un épicurien de l'idéal. Ne redoutons pas trop ce genre d'épicurisme. Il n'est guère contagieux, et s'il l'était, si par hasard la contagion se gagnait, où serait le mal, et devrait-on s'en plaindre?

Mais pourquoi nous mettre en peine de définir cette pensée amoureuse du beau? N'est-ce pas elle-même qui s'est peinte en traits incomparables quand Joubert nous parle de ces esprits méditatifs et difficiles, « qui sont distraits dans leurs travaux par des perspectives immenses et les lointains du τὸ καλόν ou du beau, dont ils voudraient mettre partout quelque image ou quelque rayon, parce qu'ils l'ont toujours devant la vue, même alors qu'ils n'ont rien devant les yeux : esprits amis de la lumière qui, lorsqu'il leur vient une idée à mettre en œuvre, la considèrent longtemps et attendent qu'elle reluise; esprits qui ont éprouvé que la plus aride matière et les mots même les plus ternes renferment en leur sein le principe et l'amorce de quelque éclat; esprits qui sont persuadés que ce beau dont ils sont épris, le beau élémentaire et pur, est répandu dans tous les points que peut atteindre la pensée, comme le feu dans tous les corps, esprits actifs, quoique songeurs, qui ne peuvent être heureux que par le beau, ou du moins par ces agréments divers qui en sont des parcelles menues et de légères étincelles; esprits bien moins amoureux de gloire que de perfection, qui paraissent oisifs et qui sont les plus occupés, mais qui, parce que leur art est long et que la vie est toujours courte, si quelque hasard fortuné ne met à leur disposition un sujet où se trouve en surabondance l'élément dont ils ont besoin et l'espace qu'il faut à leurs idées. vivent peu connus sur la terre et y meurent sans monument, n'ayant obtenu en partage, parmi les esprits excellents, qu'une fécondité interne et qui n'eut que peu de confidents? »

Si haute que soit la région où se tient sa pensée, la lecture de Joubert ne donne pas à l'esprit une jouissance purement désintéressée. Elle a ses applications directes, immédiates, dans l'ordre littéraire et dans l'ordre moral, que Joubert ne séparait pas. On dirait que, par une intuition particulière, il a deviné et marqué d'avance les affectations et les enflures de la génération littéraire qui allait venir. Chaque génération n'a-t-elle pas ses misères intellectuelles qui sont comme la rançon de ses qualités et le prix dont elle doit payer la nouveauté de son art ou de ses talents : « La force n'est pas l'énergie, disait excellemment Joubert ; quelques auteurs ont plus de muscles que de talent. — Où il n'y a point de délicatesse, il n'y a point de littérature. Un écrit où ne se rencontrent que de la force et un certain feu sans éclat n'annonce que le caractère. On en fait de pareils, si l'on a des nerfs, de la bile, du sang, de la fierté. » — Et encore : « Quelques écrivains se créent des nuits artificielles pour donner un air de profondeur à leur superficie. » Comme il serait facile de changer la date de ces épigrammes et d'en trouver l'application autour de nous !

Certes ce n'est pas ce platonicien égaré dans les premières années de notre siècle qui niera la grandeur de l'enthousiasme ; mais il veut que cet enthousiasme, dans les œuvres littéraires, soit caché et presque insensible, et alors c'est lui qui fait ce qu'on appelle *le charme*. — Utiles paroles à méditer dans ce temps où les lettres ont besoin d'être relevées, assainies, délivrées des prestiges et des idolâtries malsaines. Pour épurer l'atmosphère des idées où nos âmes respirent, je ne connais pas d'influence plus salutaire qu'un commerce assidu avec ce livre, qui est moins un livre que le reflet d'une noble vie intérieure, une suite d'émotions pures, aspiration vers l'idée, mépris de la vulgarité, adoration de la beauté.

A suivre ainsi presque au hasard les évolutions de cette raison ailée qui semble jouer dans la lumière, on oublie la réalité des faits et le trouble des temps. Quelle époque cependant que celle où cette âme semblait avoir établi son séjour fixe dans le firmament intérieur des idées ! Qui pourrait croire que c'est dans les derniers jours de la révolution, dans le tumulte de ses dernières convulsions, au bruit de l'Europe en armes, que ces méditations tombaient une à une de ces hautes régions de la pensée pure et s'amassaient silencieusement sur les feuillets du rêveur ? Quelle force d'attention aux idées ne faut-il pas pour s'abstraire ainsi d'une réalité si terrible ! Dirai-je cependant à cet égard toute ma pensée ? Je le dois quand il s'agit de Joubert. Ce sera un hommage de plus à cet écrivain si sincère avec lui-même et avec les autres. Cette force d'abstraction, cette puissance d'isolement par la contemplation, je l'admire plus que je ne l'envie. Je ne sais si c'est un souhaitable privilège de dominer aussi complètement par l'énergie ou l'élévation du penseur l'homme et le citoyen. Eux aussi d'ailleurs, l'homme et le citoyen, vivent d'une certaine manière par les idées, puisqu'ils y puisent le courage de mourir pour elles. Ce sont des idées, les plus nobles de toutes dans leur réalité concrète et vivante, que représentent ces grands noms, l'honneur, le devoir, la patrie. Qui oserait dire qu'on les doive subordonner à aucun autre intérêt, quel qu'il soit, fût-ce l'intérêt sacré de la vérité spéculative ou du sentiment esthétique, de la science ou de l'art ? La passion pour l'indépendance et la grandeur de son pays est une forme de ce culte de l'idéal qui est la dernière religion des belles âmes. Ne peut-il sembler regrettable que cette passion n'ait laissé nulle part sa trace enflammée dans les écrits de ce noble penseur? La question se pose tout naturellement ici à l'occasion de ces pages, destinées dans leur intention première à des jours plus calmes, et que nous avons dû disputer non sans peine, pour les écrire, à nos émotions patriotiques.

1er novembre 1870.

HISTOIRE D'UNE AME SINCÈRE

Maine de Biran, sa vie et ses pensées, publiées par Ernest Naville.

Il est si rare de rencontrer aujourd'hui de purs spéculatifs, que nous avons saisi, comme une bonne fortune, l'occasion de faire connaissance avec l'un des représentants les plus sincères de cette race disparue. Cette étude n'aura d'autre actualité que celle du contraste.

De nos jours, la philosophie s'est activement mêlée au siècle; elle en a pris les goûts, les passions, les ambitions, et il est devenu évident, par plus d'un exemple célèbre, que le sens pratique ne se concilie pas trop mal avec le sens des hautes spéculations. Kant et Maine de Biran nous semblent être les derniers fidèles, je dirais presque les derniers dévots de la pensée pure. Tous deux, dans des carrières très différentes, ont manifesté à un degré vraiment étrange cette inaptitude à la vie pratique, cette gêne et ce sentiment de malaise au milieu de la foule humaine, ce désintéressement de la fortune, du pouvoir ou de la réputation littéraire, qui sont les signes incontestables auxquels se reconnaissent les spéculatifs. Il y a cependant une distinction à établir : Kant porte dans son incapacité une bonne foi, une naïveté qui fait que, loin de s'affliger de cette incapacité, il ne s'en aperçoit pas. Maine de Biran en a conscience. Il ne parvient pas, malgré ses efforts, à prendre goût aux luttes politiques, ni à se passionner pour les honneurs et la gloire. Il est désintéressé et regrette de l'être. Ce qui fait sa supériorité, à nos yeux, sur les philosophes contemporains, est pour lui une cause d'humiliation : il s'en désole. Ainsi, de ces deux spéculatifs, Kant et Maine de Biran, le premier a la candeur de ne se pas douter de ce qu'il est ; le second a la candeur d'en souffrir. Il y a plus d'esprit philosophique à ne pas même s'apercevoir qu'on est isolé au milieu du monde; mais il y a plus de cet intérêt dramatique, que recherche notre curiosité, dans la situation d'un spéculatif qui sent son isolement et qui en souffre. C'est précisément cette sorte de tristesse simple et grave, répandue dans son *Journal intime*, qui en fait le charme. Une souffrance quelle qu'elle soit, avec quelque austérité qu'elle s'exprime, nous attire invinciblement. Le style le plus sobre trouve alors dans sa sincérité même je ne sais quelle grâce inattendue. Maine de Biran, si étranger qu'il soit à tout ce qui s'appelle la forme et l'art, devient, à certains moments, presque écrivain. Telle page où il a laissé parler son cœur se trouve être, sans qu'il s'en doute, et précisément parce que l'effort est absent, un modèle d'ingénuité familière et de sensibilité délicate. Sous cette plume laborieuse et fatiguée, il n'y a de rencontres heureuses de mots et de tours faciles d'idée qu'à l'instant même où l'âme s'exprime sans y penser. Dès qu'elle pense à ce qu'elle fait, l'effort arrive; la complexité de l'idée amène l'obscurité, le charme s'évanouit; il ne reste que le ténébreux et sourd travail d'une pensée en lutte avec l'expression rebelle.

C'est M. Sainte-Beuve, avec ce flair infaillible du naturaliste à la piste des types rares ou nouveaux, qui le premier, a signalé à la critique l'intéressante publication de M. Ernest Naville. La curiosité des raffinés avait été tenue vivement en éveil par des citations habilement choisies et par le commentaire singulièrement pénétrant qui s'y trouvait joint. Elle a eu hâte de se satisfaire dans la lecture même du livre dont on lui avait donné de si agréables prémices. Maintenant que le public a eu le temps de lire ce véridique journal d'une âme, le moment n'est peut-être pas mal choisi pour le relire rapidement aux chapitres les plus piquants, et résumer les réflexions qu'ils suggèrent. En ces sortes de sujets, d'ailleurs, la critique ne dit jamais son dernier mot. Il y a lieu pour chacun de recommencer librement, à son point de vue particulier ou au gré de sa fantaisie. C'est un prétexte toujours bien venu à faire de la psychologie, c'est-à-dire à parler à l'homme de ce qui doit l'intéresser plus que tout le reste, l'homme même avec ses angoisses et ses langueurs, dans l'absence de la vérité morale ou religieuse, avec ses joies et ses exaltations en présence ou seulement dans le pressentiment de cette vérité. A travers une belle âme, comme celle de Maine de Biran, on voit plus clairement se refléter tous ces mouvements divers qui sont la vie spirituelle dans toute sa pureté. Les intérêts mondains, les passions vulgaires, les vanités mesquines ne viennent pas interposer leur ombre épaisse entre notre regard et cette âme ingénue, qui est bien l'âme humaine, mais plus dégagée et, pour ainsi dire, plus transparente.

Méditatif, homme intérieur, voilà ce qu'est au juste Maine de Biran. Il avait au plus haut degré le tempérament de son esprit. Il aurait pu dire de lui-même comme saint Martin, *qu'on ne lui avait donné de corps qu'un projet.* La faiblesse même de son tempérament mettait son âme dans une sorte de dépendance des impressions extérieures. De là vient cette préoccupation constante des variations atmosphériques, ce soin continuel à noter l'état de la température, le degré de froid ou d'humidité, les changements de saison. Par ce côté, la psychologie minutieuse de Maine de Biran a je ne sais quel air de pathologie qui étonne. Le solitaire, le penseur peut bien s'isoler de la foule; il ne parvient pas à s'abstraire de la température extérieure, et ne pouvant vaincre cette influence, il prend le parti de l'utiliser au profit de ses observations. Il faut le voir étudier, comme il le dit lui-même, la correspondance des variations dans son état physique avec les irrégularités dans son état moral. Si chaque homme était attentif aux différentes périodes de sa vie, s'il se comparait soigneusement à lui-même, tenant registre de ses sentiments particuliers, de sa manière d'être, en observant les changements à de courts intervalles et s'examinant ensuite dans des périodes plus éloignées, quelle lumière jaillirait de ses analyses diverses sur la science de l'homme! Si chacun, de plus, avait déterminé à peu près son tempérament et les altérations qu'il a éprouvées, on pourrait connaître, par la comparaison, le rapport exact des sentiments moraux avec les états divers de la machine. — Pour ce qui regarde M. de Biran, il donne scrupuleusement tous les renseignements possibles, il note presque chaque jour les variations. Son âme est une sorte de thermomètre d'une sensibilité extraordinaire. « Aucun homme n'a été organisé, comme moi, pour reconnaître la subordination de l'état normal à un état physique donné. L'âme ne voit maintenant qu'au travers de certains organes qui lui servent de milieu. L'état de ces organes détermine la manière dont elle voit hors d'elle, ou même dont elle sent son existence..... Du 1er au 7 mars. Température douce, pluie et vent; tempête violente le 3. J'ai été actif et dispos les deux premiers jours, et je suis retombé le 3 dans un état de malaise, de langueur et de dégoût général. Le vent qui souffle a une influence singulière sur toute ma manière d'être. Je veux être à la fois au monde extérieur et à mes idées ; je ne réussis à être ni l'un ni l'autre. Je suis empêché en tout, je me mets dans un état d'effort, je me crée des résistances, ou plutôt les résistances viennent de mon organisation faible, mobile, que la volonté tend vainement à fortifier ou à fixer. — Du 7 au 15 mars : pluie, tempête, abattement extrême, mobilité nerveuse, intervalle de découragement, travail difficile. » Ouvrez le livre à une autre page et voyez l'homme vif, allègre, renaissant à l'espoir, au bonheur. Ce flot de vie qui entre dans son âme, c'est le printemps qui l'apporte : « 29 avril. Le contraste rapide de l'hiver à l'été change toute mon existence. Je suis un autre homme ; il me semble que chaque jour soit une fête ; *je respire avec l'air une nouvelle vie, et cette vie est celle de l'esprit plus encore que celle du corps*. Il y a dans l'air qu'on respire, à cette heureuse époque de l'année, quelque chose de spirituel qui semble attirer l'âme vers une autre région. Ce ne sont pas les idées qui s'éclaircissent, comme par l'effet ordinaire de l'attention, ou par l'application de mes facultés actives, mais c'est la lumière intérieure qui devient plus claire, plus frappante. Ce sont des illuminations subites, spontanées. Il semble que notre organisation matérielle, qui faisait obstacle, cesse de résister, et que l'esprit ne fait que recevoir la lumière qui lui est appropriée. — 15 mai. Je suis heureux de l'air embaumé que je respire, du chant des oiseaux, de la verdure animée, de ce ton de vie et de fête exprimé par les objets. Mon âme tout entière semble avoir passé dans mes sens..... Chaque saison a, non seulement son espèce ou son ordre de sensations extérieures appropriées, mais, de plus, *un certain mode de sentiment fondamental de l'existence*, qui lui est analogue, et qui se reproduit assez uniformément au retour de la même saison. » Nous ne résisterons pas à l'attrait d'une autre page pleine d'un sentiment poétique de l'ordre le plus élevé. On dirait, moins le style, un fragment en prose des *Méditations* de Lamartine : « 17 mai. J'ai éprouvé ce soir, dans une promenade solitaire, faite par le plus beau temps, quelques éclairs momentanés de cette jouissance ineffable que j'ai goûtée dans d'autres temps et à pareille saison, de cette volupté pure, qui semble nous arracher à tout ce qu'il y a de terrestre, pour nous donner un avant-goût du ciel. La verdure avait une fraîcheur nouvelle et s'embellissait des derniers rayons du soleil couchant; tous les objets étaient animés d'un doux éclat; les arbres agitaient mollement leurs cimes majestueuses; l'air était embaumé et les rossignols se répondaient par des soupirs amoureux auxquels succédaient les accents du plaisir et de la joie. Je me promenais lentement dans une allée de jeunes platanes, que j'ai plantés il y a peu d'années. Sur toutes les impressions et les images vagues, infinies, qui naissaient de la présence des objets et de mes dispositions, planait ce sentiment de l'infini qui nous emporte quelquefois vers un monde supérieur aux phénomènes, vers ce monde des réalités qui va se rattacher à Dieu. Il semble que dans cet état, où toutes les sensations extérieures et intérieures sont calmes et heureuses, il y ait un sens particulier approprié aux choses célestes, et qui, enveloppé dans le mode actuel de notre existence, est destiné, peut-être, à se développer un jour, quand l'âme aura quitté son enveloppe mortelle. » Pour donner à cette page tout son prix, il faut ne pas oublier que la main qui l'a tracée, dans une heure d'ivresse douce, est la même qui a écrit le traité sur les *Rapports du physique et du moral* et le *Mémoire sur la décomposition de la pensée*, c'est-à-dire, les œuvres les plus abstraites du dix-neuvième siècle.

Cette note enchantée, que l'on pourrait appeler la note du printemps, revient presque chaque année sous sa plume, excepté vers les derniers temps de sa vie, où l'influence religieuse des grandes pensées semble l'envahir tout entier. On a déjà remarqué, bien avant nous, le singulier contraste des pensées calmes et sereines qu'il promène dans les campagnes de Grateloup, au printemps de 1794, avec les événements publics. « Il s'est complètement isolé, dit M. Sainte-Beuve, de la tyrannie qui pèse sur toute la France, et il n'y songe même pas dans le lointain. André Chénier, errant en poète dans les bois de Versailles, y pensait davantage. » Les douces impressions qui naissent pour lui de la nature renouvelée l'occupent uniquement. Il est tout entier au sentiment de son bien-être intellectuel. Ces formidables événements, qui remplissent la France à la fois d'héroïsme et de terreur, ne le troublent pas plus dans ses calmes méditations qu'ils ne troublent, précisément à la même époque, dans leur correspondance mystique, deux théosophes, l'un de Paris, l'autre de Berne, Saint-Martin et Kirchberguer. C'est de 1792 à 1799, pendant que Paris et l'Europe sont en feu, que ces deux âmes sereines, dégagées du monde et comme retirées dans la paix intérieure de l'extase, s'entretenaient des mystères du ciel, et discutaient sur la prééminence du *merveilleux externe* ou *des voies intérieures*, de la théurgie ou de la théosophie. Ce mysticisme imperturbable et naïf débattait le grand œuvre au milieu de cette crise d'où allait sortir avec un autre siècle un monde nouveau. C'est que pour le mystique comme pour le philosophe méditatif, il n'y a d'événement véritable que les événements d'idée. Tout le reste n'est que fantasmagorie qui passe. Pour Maine de Biran, à certaines périodes de sa vie, il n'y a de considérable que ce qui facilite ou entrave le cours de sa pensée. Quand les impressions extérieures sont favorables, et que la pensée, excitée plutôt que retenue, se porte d'un essor facile à la méditation, le philosophe est heureux. Il oublie qu'il est de ce monde et qu'il y a des racines profondes. Il s'en souviendra plus tard. Mais que d'intervalles intellectuels pendant lesquels il ne songe ni à sa patrie ni à sa famille ! Le culte exclusif de la pensée est comme la passion ; il a son égoïsme. Faut-il s'en plaindre et s'en étonner ? Ce serait se plaindre et s'étonner des limites de ce pauvre esprit ou de ce pauvre cœur humain, dont la capacité est remplie par un seul objet. Souhaitons seulement que l'objet soit grand et noble et que l'homme s'honore en se donnant à lui.

Nous avons vu avec quelle allégresse Maine de Biran accueillait ces fêtes spendides du soleil et ces réveils lumineux de la nature. Nous nous sommes même arrêté avec complaisance sur ces effusions d'autant plus touchantes qu'elle partent d'une âme naturellement sombre. Il y aurait une triste contre-partie à faire, ce serait l'énumération de ses découragements et de ses défaillances, sous l'influence des mauvais jours. Quand la nature semble gémir et souffrir, quand tout se contracte et se resserre, cette pauvre âme, atteinte de frisson et de malaise, se ramasse douloureusement en soi. Elle a ses pluies et ses tempêtes en elle-même ; elle subit ses neiges et ses frimas. Alors, combien il est pénible de penser et qu'il est difficile de vivre ! « Dans ces états, qui sont les plus fréquents, dit-il, je ne suis bien ni avec les hommes, ni avec mes idées, ni avec moi-même. » Les jours de joie et d'épanouissement sont les plus rares ; les jours tristes abondent : c'est surtout par la souffrance que Maine de Biran dépend de son organisation physique. Mais cette souffrance même, elle peut se tourner au profit de l'homme intérieur, qu'elle détache des vaines pensées. Il est *cacochyme,* c'est dire assez qu'il est solitaire. Et que faire dans la solitude, à moins que l'on ne s'occupe de ce *moi,* toujours vivant, toujours actif ? La souffrance prédispose ainsi tout naturellement la pensée à la méditation. C'est ce que notre philosophe explique à plusieurs reprises et avec une insistance marquée : « Ma sensibilité concentrée, faute d'objets sur lesquels elle pût s'exercer, s'était repliée sur elle-même. Avec une machine frêle, presque toujours malade, je ne pouvais guère me répandre au au dehors ; j'*existais donc en moi*, je suivais toutes les vicissitudes qui s'opéraient dans ma manière d'être. » Ces belles intelligences liées à une organisation maladive et qui semblent ne s'apercevoir qu'elles ont un corps que pour souffrir, sont portées à se créer au dedans d'elles-mêmes un asile, un sanctuaire pour la pensée pure. Plus cet asile est inaccessible et la paix qu'elles y goûtent profonde, plus elles se déshabituent du dehors, de la vie extérieure, des relations sociales et de la vie pratique. Elles se cloîtrent en elles-mêmes et élèvent de plus en plus le mur de séparation qui les isole du monde. Elles se ferment volontairement un horizon. Un autre se lève pour elles, l'horizon de la conscience et de la raison. L'homme intérieur commence.

Il faut voir croître et grandir d'année en année l'homme intérieur dans Maine de Biran. Le progrès est très sensible et très marqué, en dépit des événements qui viennent à chaque instant traverser sa vie intellectuelle et le jeter de vive force dans des épisodes d'affaires publiques ou des préoccupations d'intérêt privé. Nous ne suivrons pas cette curieuse histoire ; à peine si nous pourrons en marquer quelques moments précis. Il a longtemps cherché l'aliment de sa vie spirituelle dans les livres, et il a cru l'y trouver. Arrive une heure dans sa vie où il s'aperçoit que la lecture le jette dans une sorte de dissipation comparable à celle où le précipite le tourbillon des affaires : « Je voudrais suffire à tout, tout saisir, tout lire à la fois ; je vais précipitamment d'un objet à l'autre, je quitte ma lecture pour en prendre une autre, je glisse sur tout et n'approfondis rien. Il semble que mon bien-être intellectuel et moral, la vérité que je cherche, le repos et la satisfaction intérieure de l'esprit, vont se trouver dans chacun des livres que je feuillette et consulte tour à tour, comme si ces biens n'étaient pas en moi et au fond de mon être, où je devrais les chercher, en attachant une vue fixe, pénétrante, soutenue, au lieu de glisser si rapidement sur tout ce que d'autres ont pensé. J'éprouve qu'on peut, dans la solitude la plus profonde, et vis-à-vis de soi-même ou de ses idées, n'avoir encore qu'une vie extérieure et être aussi loin de soi qu'on l'est au milieu du monde. Il n'y a que les objets de changés, mais ce sont les mêmes facultés qui s'exercent. » Quelques années plus tard, il a pénétré dans le fond de l'homme intérieur, qu'il n'avait jusqu'alors que pressenti, et il marque d'un mot hardi ce qu'il ose appeler les *degrés divers d'intériorité* qu'il faut descendre pour arriver à ce dernier fond, où les illusions et les fantômes n'arrivent pas, et qu'habitent les idées pures : « En arrière et au-dessous de cet homme extérieur qui sent, imagine, discourt, raisonne, agit hors de lui et s'occupe sans cesse à paraître sans se soucier de ce qu'il est en réalité; en arrière de cet homme extérieur, tel que le considère la philosophie logique, morale ou physiologique, il y a un homme qui est un sujet à part, qui porte en lui sa lumière propre, laquelle s'obscurcit, loin de s'aviver par les rayons venus du dehors. L'homme intérieur est ineffable dans son essence, et combien de degrés de profondeur, que de points de vue de l'homme intérieur qui n'ont pas même encore été entrevus, mais qui pourront l'être ultérieurement, car un point de vue conduit à l'autre. Un homme intérieur méditatif, qui avance jusqu'à un certain point dans cette intuition interne, donne à d'autres les moyens d'aller encore plus avant. » Même au méditatif, il n'est pas toujours loisible de descendre dans ces intimités de l'âme; mais quand cela arrive, c'est un ravissement incomparable. Le philosophe en note curieusement la date, et ce sera dès lors une date consacrée. Voyez plutôt : « 15 janvier. J'ai eu, ces deux jours, de ces moments heureux d'expansion interne et de lucidité d'idées qui ne m'arrivent que quand je suis seul, en présence de mes idées. *J'appelle cela être en bonne fortune avec moi-même.* » C'est à ces profondeurs psychologiques qu'il est allé puiser cette idée de causalité interne, par laquelle il renouvellera la philosophie de son temps. De pareilles bonnes fortunes sont rares; mais une seule suffit pour illustrer toute une vie. A quel prix de silence intérieur et de vigueur méditative s'achètent ces vérités, toute l'existence de Maine de Biran est là sous nos yeux pour nous en instruire. Elle est là, résumée dans ce petit livre, qui est comme le récit naïf et circonstancié de l'éducation personnelle qu'il s'est donnée et de l'effort qu'il a fait pour s'arracher à la double tyrannie de la nature extérieure et du monde.

Cet effort ne réussit pas toujours, nous le savons : les circonstances, plus fortes que sa volonté, l'entraînent, de temps à autre, dans le grand courant des affaires. Il servit dans les gardes du corps pendant quatre années, jusqu'en 1789. Six ans après, nommé administrateur du département de la Dordogne, puis envoyé par ses administrés au conseil des Cinq-Cents, il rentre en 1798 dans son domaine de Grateloup, à la suite du coup d'État du 18 fructidor, qui annula son élection. Dans l'intervalle, le spéculatif s'était marié. Son biographe dévoué, M. Naville, nous assure que le député destitué ramenait avec joie, dans ses foyers, une compagne aimée qui devait embellir sa solitude en la partageant, et que peu d'années après, quand il eut le malheur de la perdre, la blessure fut profonde et ne se cicatrisa jamais entièrement. Nous ne demandons pas mieux que d'en être persuadé. Avouons pourtant que les événements domestiques de sa vie n'ont laissé qu'une bien faible trace dans le journal intime. C'est l'homme extérieur, comme le dit quelque part le journal, qui agit hors de lui pour satisfaire ses passions ou ses appétits naturels, qui vaque aux divers emplois de la société, qui se marie. L'homme intérieur ne fait rien de semblable ; à peine sait-il quel est alors le maître de la France et quels événements l'agitent. L'homme intérieur ne se marie pas ; il est d'un pays où il n'y a pas de femmes.

C'est vers cette époque que Maine de Biran commence à donner une forme à ses idées. En 1802, le *Mémoire sur l'habitude;* en 1805, le *Mémoire sur la décomposition de la pensée,* tous les deux couronnés par l'Institut de Paris ; en 1807 et 1812, les *Mémoires sur la perception immédiate et sur les rapports du physique et du moral,* dont l'un fut couronné par l'Académie de Berlin, l'autre par l'Académie de Copenhague, vinrent successivement attester, même par les changements d'idée et les variations qui s'y marquèrent, la fécondité originale du métaphysicien. Mais la vie active était là qui le reprenait sans cesse à la vie spéculative. Nommé tour à tour, en 1805 et en 1806, conseiller de préfecture du département de la Dordogne et sous-préfet de Bergerac, il sentait vivement les obstacles que ses fonctions apportaient au développement de sa carrière intellectuelle : « Lorsqu'on est tombé, disait-il plus tard, des hauteurs de la philosophie dans la vie commune, il est difficile de remonter des habitudes de la vie commune à la philosophie. » Il se consolait des ennuis administratifs en fondant à Bergerac même, sous le nom de *Société médicale,* une réunion périodique dont l'objet devait être l'étude de l'homme, en adressant des mémoires aux Académies et en entretenant une active correspondance avec les personnages les plus distingués de la philosophie ou de la science en France et hors de France, tels que Destutt de Tracy, Cabanis, Ancillon, Ampère. Nous le retrouvons à Paris, en 1812, député au Corps législatif. Désormais il ne retournera plus à Grateloup qu'accidentellement, sous la pression des événements politiques ou dans l'intervalle des sessions. En 1813, il prend une attitude déclarée ; il devient l'adversaire du gouvernement impérial, et siège avec MM. Lainé, Raynouard, Gallois et Flaugergues dans la commission qui donna, par un acte célèbre, le signal de la résistance. Dès lors, il retourne ouvertement à ses anciennes affections, et le royalisme du garde du corps reparaît. Membre de la Chambre des Députés et questeur sous les deux Restaurations, il joignit plus tard à ces fonctions une place de conseiller d'État : le torrent de la vie active, du mouvement politique, des relations sociales luttera jusqu'au dernier jour contre cette pente intérieure qui le porte à la spéculation pure. Il souffrira de cette lutte, il aura honte de son incapacité pratique, qu'il sent profondément, et qui éternise, dans sa vie, une sorte d'anomalie. Il se sait déclassé dans ce tourbillon des affaires qui l'emporte, et il n'a pas l'énergie d'y résister ; il se contente de gémir. Une seule expérience aurait dû suffire : il devait, à la première sommation de ses instincts philosophiques, quitter Paris, et aller ensevelir sa pensée sous les beaux ombrages des campagnes natales ; mais son intelligence seule était forte, sa volonté ne l'était pas. Les héros sont rares, même dans la métaphysique. Personne moins que Maine de Biran ne tenait à l'éclat de la vie extérieure, et ne faisait cas des distinctions sociales. Et pourtant, il sera jusqu'au bout la victime gémissante de ces fonctions et de ces honneurs qui l'accablent; il sent son esclavage, il en rougit, et n'a pas assez d'énergie pour secouer sa chaîne.

Et voyez ce qui arrive : comme le spectacle des infirmités morales nous attache toujours, peut-être par ce secret plaisir que nous ressentons à n'être pas humiliés de la comparaison, il faut bien avouer que les pages où se peignent les angoisses de sa faiblesse sont, pour nous, parmi les plus intéressantes du livre. Il ne se console pas d'être si peu de chose dans les assemblées; pour y jouer un rôle plus actif, il faudrait qu'il en eût l'énergie physique d'abord, mais surtout la passion. Le goût vif, la passion lui manquent : « J'ai contracté, dit-il, pendant les longues années de ma solitude, des dispositions intellectuelles qui m'éloignent à jamais des affaires publiques. J'aspire à redevenir *moi*, en rentrant dans la vie privée; jusque-là, je serai au-dessous de moi-même, je ne serai rien... — Pourquoi ne parlez-vous jamais à la Chambre? Tout le monde m'adresse cette question. Je réponds que je ne parle pas, afin de ne pas dire de sottises; tant d'autres s'en chargent pour moi! La nature ne m'a pas destiné à influer sur les autres hommes par la parole. Mes dispositions physiques, ma timidité, le défaut absolu de confiance que j'ai dans mes moyens, l'incertitude de mon caractère qui m'empêche toujours de prendre un parti ou de me déterminer sur-le-champ, l'absence de ces passions animées qui poussent les autres à la tribune et les font parler quelquefois avec éloquence; enfin le défaut d'habitude de lier des idées dans une suite de phrases régulières et improvisées, voilà une partie des obstacles qui me tiennent dans le silence... Je suis presque toujours en rapport avec moi-même, et je vois trop en dedans pour bien voir en dehors. » Parfois il note avec tristesse, mais sans jalousie, les inconvénients de ce rôle passif et sans éclat : « J'en suis puni par la perte de cette considération personnelle dont je jouissais il y a un an. Quelle distance s'est élevée dans l'opinion entre mon collègue Lainé et moi. Nous allions de pair l'année dernière. Il faut désormais que j'apprenne à me passer de considération publique et que je me couvre du manteau de la philosophie... Je reste stationnaire et comme *en panne*, dans cette vie qui est toute désintéressée et pleine de petites choses, de petits sentiments, de petites idées, entre lesquelles le temps s'éparpille sans résultat, sans progrès, sans fruit. »

Tel il est dans la vie politique, tel nous le retrouvons dans la vie du monde. On n'a jamais dépeint avec des traits plus forts la situation d'un spéculatif égaré au milieu des devoirs factices et des sympathies superficielles de la société : « La timidité de mon caractère n'est qu'un sentiment de ma faiblesse. Quand je suis dans le monde, ce sentiment fait que j'éprouve, plus que tout autre, le besoin d'être soutenu, d'inspirer de la bienveillance à chacun ; ce qui me met dans la nécessité de faire beaucoup de frais pour être agréable, pour ne choquer personne, pour attirer à moi par un extérieur agréable, des manières prévenantes, des soins assidus. Quand je suis dans le doute du succès, la crainte me tourmente ; si je crois remarquer de l'indifférence ou du dédain, je suis au supplice ; voilà un esclavage complet. Mille liens artificiels embarrassent et compliquent ma vie. A mon âge, il vaudrait mieux rompre tout à fait avec le monde..... Je me laisse occuper par les plus petites choses, je me crée des fantômes et des embarras de rien. Par exemple, si quelqu'un m'arrive le matin, hors de mon heure, avant que j'aie déjeuné ou fait ma toilette, en voilà assez pour me mettre au désespoir et m'ôter toute présence d'esprit sur les choses les plus importantes. Faut-il parler en public? Je me préoccupe et m'inquiète d'avance de mon défaut de mémoire, ou de la faiblesse de mon organe, des regards qui se tourneront sur moi, et mes moyens sont paralysés dans l'instant où il faudrait les employer. Ma vie se passe ainsi dans le trouble et dans une inaction plus fatigante qu'une suite ordonnée de travaux. Je me prépare sans cesse à agir; j'ai l'embarras et la fatigue de l'action sans rien faire ou sans arriver à aucun résultat. » Il se révolte, de temps à autre, contre ce sentiment de sa faiblesse qui l'accable et le déshonore à ses yeux. Rien n'y fait, et il nous décrit, en termes touchants, cet état où, absolument incapable de penser, dégoûté de tout, impatienté de tout, voulant agir sans le pouvoir, la tête lourde, l'esprit nul, ses efforts ne font que lui rendre sa nullité plus sensible. Un sot toujours sot n'est pas à plaindre, s'écrie-t-il, parce qu'il ne s'imagine pas qu'on puisse être autrement que ce qu'il est. Mais je ne conçois pas d'état plus désolant que de se trouver si fort au-dessous de soi-même. Il ne renaît, il ne revit que dans les trop rares loisirs que la vie politique lui donne et qu'il passe dans son château de Grateloup. Là ses angoisses disparaissent; la pensée afflue, il jouit pleinement de cette sensation du travail intellectuel, l'une des plus délicieuses qu'on puisse éprouver. De retour à Paris, l'anxiété revient aussitôt : les visites à faire, les conversations stériles, les devoirs multipliés et tout extérieurs de ses charges, les discussions à entendre, le contre-coup des luttes à subir, tout cela le fatigue horriblement et l'irrite. Il tourne à une sorte de misanthropie non furieuse, mais sauvage et craintive. On la lui pardonne volontiers, car, de tous les hommes, celui qu'il déteste le plus cordialement, dans ces mauvais jours, c'est lui-même. Il ne peut se souffrir; mais en le voyant s'irriter à chaque instant du sot rôle qu'il joue à la Chambre ou au Conseil d'État, on est tenté de s'irriter aussi contre lui et de s'écrier : *Philosophe, qu'alliez-vous faire dans cette galère?*

Dans ces pages intimes, outre l'intérêt qui s'attache aux confidences d'une âme maladive, je trouve un caractère qui remplace avec avantage l'art absent et le fait oublier; c'est la sincérité. Il est difficile d'imaginer cette qualité poussée plus loin.

Plus d'une variation d'idée se marque dans cette longue histoire intellectuelle. D'autres, jaloux d'établir dans leur carrière philosophique une suite et un ordre logique qui ne s'y rencontrent pas, et je dirai même ne peuvent guère s'y rencontrer, mettent toute leur industrie à dissimuler, atténuer ou expliquer les plus grands écarts de leur pensée. Ils rétablissent ainsi artificiellement l'unité qu'ils n'ont pu maintenir. Maine de Biran n'a pas ces scrupules d'une vanité inquiète à l'excès de l'opinion d'autrui. Il est sincère sans effort, sans parti pris; il l'est comme on doit l'être, naturellement et sans même y songer. Il exprime sa pensée dans la nuance exacte où elle se présente à lui, à telle période de sa vie intellectuelle. Plus tard, si des réflexions nouvelles modifient sa manière de voir, il n'emploie ni réticences, ni équivoques; il ne connaît pas ces savants compromis avec sa conscience, qui permettent de changer insensiblement d'idée sans en avoir l'air, et qui sauvent l'infaillibilité extérieure du philosophe dans le périlleux passage d'une doctrine à une autre doctrine, parfois contraire. Il s'est trompé, il le dit ouvertement et sans tant d'ambages. Il fait tout haut son examen de conscience philosophique; et l'histoire de ses variations n'est pas la partie la moins instructive de son journal. Nous ne pouvons pas, à l'occasion d'une si rapide esquisse, suivre Maine de Biran dans les profondes évolutions de sa doctrine métaphysique. Nous voulons rester dans les limites de la psychologie morale; mais dans ces limites, un exemple caractéristique s'offre à nous : c'est la diversité des conceptions de Maine de Biran sur le bonheur, et la question est, par elle-même, assez intéressante, pour mériter qu'on s'y arrête. A mesure que sa pensée s'élève et se dégage du préjugé sensualiste qui l'avait tout d'abord obscurcie, il conçoit plus nettement les conditions intérieures et morales du bonheur, il les exprime avec plus de précision et de force. Il se fait en lui, sur cette question toute spéciale, un progrès de spiritualisme toujours croissant qu'il est curieux de suivre, le livre en main.

Dans ce printemps de l'année 1794, où il oubliait si complètement les malheurs publics au sein d'une belle et indulgente nature, un soir que les teintes assombries du crépuscule et le silence montant des bois l'invitaient à la réflexion, il put se dire : Je suis heureux. A quoi tenait cet état de satisfaction intime et de bien-être? Il se le demande curieusement et jette un regard sur cette première moitié de sa vie écoulée. Quand avait-il éprouvé un contentement pareil? Il avait eu, lui aussi, ses heures de sensations folles et de passions agitées; il avait cru jouir de la vie. Qu'il se trompait alors! Il allait à l'opposé du but; il courait après le bonheur et le laissait derrière lui. Chacun porte dans son organisation les conditions particulières de sa félicité. Avec une faible constitution qui le porte au repos, n'était-il pas déraisonnable de se faire le même système de bonheur que ces hommes dont le sang bouillonne avec force, et que leur activité toujours précipitée vers les objets extérieurs entraîne invinciblement aux passions? Le vrai bonheur auquel sa nature l'invite, c'est le calme profond que laisse l'absence des passions, c'est la sérénité des rêveries paresseuses, c'est la vie retirée en elle-même, c'est la paix de l'âme. Mais il faut bien entendre sa pensée : en disciple fidèle de Cabanis, il reconnaît que cette paix, que ce calme intérieur, est le résultat d'un équilibre établi dans l'organisation, et que le bonheur est avant tout une question de bien-être physique. Il le dit même en termes qui ne laissent pas de doute sur la nuance de sa pensée : « Qu'est-ce que cette activité prétendue de l'âme? Je sens toujours son état déterminé par tel ou tel état du corps. Toujours remuée au gré des impressions du dehors, elle est affaissée ou élevée, triste ou joyeuse, calme ou agitée, selon la température de l'air, *selon une bonne ou une mauvaise digestion.* » Ce qui dépend de lui, ce n'est donc pas de se donner des ravissements semblables à celui qu'il nous décrit, et qui n'est que l'heureux effet d'une multitude de causes placées hors de son atteinte; ce qui dépend de lui, c'est de ne pas se rendre malheureux en faisant violence à son organisation pour se procurer des plaisirs factices et de faux biens. La raison ne peut rien pour nous donner le bonheur, soit; faisons du moins nos efforts pour nous rapprocher le plus qu'il nous sera possible du but qu'elle nous montre, et, si nous ne pouvons y parvenir, tâchons du moins de pouvoir nous dire avec justice : Je me suis élevé par ma volonté vers le bonheur auquel m'appelait ma nature; je ne fus malheureux que par ma faiblesse.

Il y a là déjà bien de la sagesse pratique et une part de vérité; mais, sans tomber dans l'exagération d'un spiritualisme présomptueux, sans nier l'influence de la douleur sur l'état de l'âme, il est permis de juger que Biran donne trop aux impressions extérieures. Les affections morales, les sentiments, sont visiblement subordonnés, je dirais presque sacrifiés aux influences de l'organisation. Il y a trop de physique dans cette théorie du bonheur.

Dès l'année suivante, revenant sur cette question, que sa pensée inquiète ne cessera pas d'agiter jusqu'à ses derniers jours, sans se mettre en contradiction ouverte avec la doctrine régnante, il s'en dégage dans une certaine mesure en essayant d'affranchir l'âme du corps, timidement encore dans les mots, mais non sans un certain courage dans l'idée. « Quelle utilité, dit-il, ne pourrions-nous pas retirer, pour nous conduire dans la vie, de la persuasion que *la source de nos maux est bien plus en nous-mêmes que dans les choses extérieures auxquelles nous les rapportons.* Étudiant continuellement ce qui peut le mieux éloigner le trouble, le malaise de notre esprit, et nous mettre dans cet état de paix, de quiétude, qui seul peut nous faire jouir de la vie, nous ne tarderions pas à découvrir que la modération en tout, l'éloignement des plaisirs bruyants, surtout la bienfaisance et le soulagement de l'infortune d'autrui, en un mot, les plaisirs attachés à une conscience pure et à une santé ferme, pourraient seuls nous rapprocher de cet *état physique dans lequel je fais consister le bonheur.* Nous chercherions donc par ces moyens à parvenir à cet état ou à nous le rendre habituel; nous deviendrions moins malheureux, et par conséquent moins méchants. » Sans doute, il y a bien du mélange et de l'indécision dans la forme; on pourrait même signaler un mot qui résume singulièrement la pensée générale de ce morceau en y contredisant. Qu'est-ce que cet *état physique* dans lequel il fait consister le bonheur, et dont les principaux éléments sont les nobles plaisirs de la bienfaisance et les joies d'une conscience pure? qu'est-ce sinon une dernière concession à l'école? Mais ce qu'il faut noter, c'est la part de plus en plus large que M. de Biran accorde à l'élément moral dans la question du bonheur; c'est aussi la fermeté toute nouvelle d'accent avec laquelle il déclare que la source de nos maux est bien plus en nous-mêmes que dans les objets extérieurs. L'expression n'est pas aussi nette qu'on pourrait le désirer. M. de Biran a ses habitudes de langage et comme son pli de style; mais j'ose dire que le fond de la théorie est déjà changé. Ce n'est déjà plus cette sorte de sensualisme physiologique qui place la première condition du bonheur dans l'harmonie des organes et de leurs fonctions. C'est un épicurisme épuré, ennobli, qui relève de la conscience morale et des sentiments affectueux. L'art de vivre heureux ne diffère plus sensiblement de l'art d'être honnête et bon, joint à une certaine hygiène qui vient, de gré ou de force, s'y mêler.

Ouvrons le *Journal intime* à vingt ans de distance. La transformation est complète. Il n'y a plus de mélange entre le physique et le moral que M. de Biran inclinait encore à confondre dans la dernière définition que nous avons citée. Le principe spirituel et pensant trouve son bonheur en soi, dans le sentiment même de son être et dans sa tendance à y persévérer. C'est du point de vue le plus élevé que M. de Biran considère cette question du bonheur. Il la résout dans le sens du spiritualisme le plus sévère. L'âme est irrécusablement distinguée du corps. Mais l'homme est un être mixte; il n'est pas purement intellectuel, et de là viennent ses troubles et ses misères. Comme être sentant ou animal, il lui faut des sensations et des mouvements; comme être intellectuel et moral, il lui faut des idées et un certain exercice de la réflexion. S'il cultive trop ou exclusivement l'une ou l'autre partie de lui-même, il souffre; il a le sentiment pénible d'un besoin non satisfait. Voilà qui est clair: le vrai bonheur est dans l'âme; mais l'âme n'est pas hors des atteintes du corps et son bonheur est à chaque instant en péril. C'est la lutte des deux natures, nécessité de la vie présente et principe de notre épreuve. Quand l'union passagère des deux natures sera rompue, l'âme, étant rendue à la liberté de son action et n'étant plus gênée par les impérieuses exigences du corps, trouvera enfin, dans cet affranchissement définitif, la condition du bonheur, dont elle n'a pu avoir qu'à de rares intervalles en cette vie la rapide et incomplète jouissance, la jouissance sans la sécurité. — Voilà ce qu'il nous est permis de conclure avec assurance d'un grand nombre de pages dispersées dans la dernière moitié du journal, mais réunies par une commune inspiration de spiritualisme; je remarque particulièrement, dans cet ordre d'idées, un morceau considérable qui porte la date du 12 avril 1815, et dans lequel M. de Biran prend l'occasion d'une pensée de Pascal sur *la misère de l'homme* pour exposer toute sa pensée. A ces considérations sur le principe métaphysique du bonheur qui est le *sentiment même que l'âme a de son être*, et *sa tendance à y persévérer*, on pourrait joindre une sorte de morale pratique, qu'il serait facile de composer avec les réflexions que le spectacle de la vie suggère à ce délicat et profond observateur. Ne chercher la félicité que par des choses qui sont en notre pouvoir, voilà sa maxime favorite, maxime stoïcienne, on le sait, mais qu'il interprète et qu'il applique sans la fastueuse exagération de l'école. C'est une sorte de stoïcisme doux et humble de cœur, un stoïcisme attendri et devenu chrétien. Nous serions aussi heureux qu'on peut l'être sur la terre, dit-il quelque part, si notre destinée était toujours en rapport avec nos facultés. Mais, comme cela ne dépend pas de nous, le mieux que nous ayons à faire et le plus sûr parti, c'est de s'accommoder à la position où l'on se trouve, d'y approprier ses goûts, ses habitudes, et de ne pas s'agiter pour en sortir à moins qu'elle ne soit insupportable, ce qui arrive rarement par le fait de la nature,

mais très souvent par l'effet d'une imagination déréglée. Entrer en révolte contre le sort qui nous est fait, c'est le moyen assuré de nous rendre mécontents de nous-mêmes, ridicules ou importuns pour les autres. En réglant notre imagination, nous pouvons jusqu'à un certain point maîtriser nos désirs, et plus nous en sommes les maîtres, moins nous dépendons du dehors, du monde ou de la fortune. « Il faut voir, dit-il excellemment, ce qu'il y a en nous de libre et de volontaire, et s'y attacher uniquement. Les biens, la vie, l'estime ou l'opinion des hommes ne sont en notre pouvoir que jusqu'à un certain point ; ce n'est pas de là qu'il faut attendre le bonheur. Mais les bonnes actions, la paix de la conscience, la recherche du vrai, du bon, dépendent de nous ; et c'est par là seulement que nous pouvons être heureux autant que des hommes peuvent l'être. » Je citerai encore ce beau passage où se marque nettement, avec un caractère nouveau, l'élévation progressive de sa vie pensée :
« 24 juin 1815. Mon bonheur actuel consisterait dans une paix intérieure, unie avec un sentiment assez plein de vie et d'activité, aussi intérieure. Les agitations des passions ne laissent point de calme ; la tranquillité de la sécheresse et de la médiocrité d'esprit tue la vie de l'âme ; il n'y a que dans le sentiment religieux, ou dans un goût vif et soutenu pour l'étude et la recherche de la vérité, qu'on trouve une réunion parfaite du mouvement et du repos. Cette disposition ne peut être continuelle dans les hommes pieux, et encore moins dans les hommes studieux. Certaines maladies ou états organiques qui altèrent en nous l'activité intellectuelle et nous dégoûtent de l'étude, par la conscience même de notre impuissance, laissent subsister le sentiment religieux, notre consolateur le plus sûr et notre appui. Les hommes qui unissent ces deux dispositions sont le plus à l'abri du

découragement et des dégoûts de la vie, surtout quand l'âge s'avance. »

Le sentiment religieux, ce fut en effet le refuge de la pensée fatiguée de M. de Biran. L'ancien disciple de Cabanis tourne ses derniers efforts spéculatifs vers une sorte de philosophie mystique dont il essaie de préciser les éléments et les conditions. C'est là, sans contredit, la dernière et la plus forte épreuve de cette sincérité parfaite, de cette loyauté d'âme qui ne permit jamais à M. de Biran de reculer devant une seule idée, quand cette idée est devenue pour lui une conviction, ni à plus forte raison devant l'expression de cette idée. Ces deux sortes de courage intellectuel se rencontrent chez lui : le courage de penser le contraire de ce qu'il a pensé autrefois; le courage de se l'avouer à soi-même et de l'avouer aux autres. Il souffre plus que personne des angoisses et des misères du respect humain dans tout ce qui touche à la vie extérieure. Personne plus que lui ne se met au-dessus de ces craintes vulgaires dans tout ce qui relève de sa conscience philosophique. Homme faible, philosophe intrépide. De l'idéologie sensualiste au plus pur spiritualisme, la distance était grande ; mais du naturalisme du dix-huitième siècle à une théorie mystique de la vie surnaturelle, quel abîme à franchir ! Il osa le franchir pourtant.

Suivons M. de Biran dans sa grande évolution religieuse ; c'est la partie la plus profondément sentie, la plus vivante de son journal, qui nous raconte cette curieuse histoire d'une âme à la recherche de Dieu.

L'idée et le sentiment de Dieu sont à peu près absents dans tout le commencement du livre. Ils apparaissent progressivement et se développent jusqu'aux dernières années, où ils deviennent dominants. Le premier éveil vif de l'idée religieuse semble avoir été dans Maine de Biran le contre-coup des grands événements dont il est le spectateur impuissant et éperdu. Le retour inopiné et victorieux de Napoléon, contre toutes les prévisions de Biran et des politiques au milieu desquels il passait sa vie, l'étonnante histoire des Cent-Jours, ces grands écroulements et ces résurrections soudaines, ces coups d'État perpétuels de la fortune qui déconcertent l'ordre logique des choses humaines, tout ce spectacle grandiose et terrible porte jusqu'au fond de sa pensée un trouble, un saisissement inouïs. Il se détache des intérêts terrestres si fragiles : « C'est assez longtemps se laisser aller au torrent des événements, des opinions, à tout ce qui passe comme l'ombre. Il faut s'attacher aujourd'hui au seul être qui reste immuable, qui est la source vraie de nos consolations dans le présent et de nos espérances dans l'avenir. *Stat ad judicandum Dominus, stat ad judicandos populos.* Celui qui n'a pas cette idée sans cesse présente au milieu des bouleversements de toutes choses, celui qui, avec un sens moral, est témoin de toutes ces choses et ne pense pas à Dieu, à la règle invariable du juste et de l'injuste et aux conséquences nécessaires, inévitables, qui suivent de cette règle, celui-là, dis-je, doit tomber dans le désespoir. Pour me garantir du désespoir, je penserai à Dieu, je me réfugierai dans son sein. » Il ajoute, par un retour naturel sur la caducité des choses humaines, ces lignes, où il y a comme un reflet de Pascal : « Pourquoi chercher à faire du bruit ? Que les individus comme les générations s'agitent et bouleversent le monde, ou qu'ils traversent la vie en silence, les malheurs, les misères humaines et la mort au bout, ne les en observent pas moins, et sauront de même les atteindre. » Cette impression religieuse du néant de l'homme, excitée par le spectacle des révolutions, doit-elle nous étonner? Ne l'avons-nous pas vue se produire avec une vivacité singulière, tout près de nous, dans des jours récents où la sagesse des plus sages s'était trouvée courte et où les évènements avaient déjoué les calculs les plus habiles? Combien de nos hommes d'État, saisis alors d'une sorte de panique religieuse, se sont écriés, eux aussi : « Dieu seul est grand, mes frères! » Pour quelques-uns qui jouaient un jeu impie, beaucoup, on le sait, furent sincères, pendant quelques jours au moins, et tant que la peur dura. Les plus sceptiques trouvèrent alors d'admirables paroles en faveur de la foi, *cette sœur immortelle de la philosophie*. Les voltairiens se convertirent, et s'ils n'allèrent pas à la messe, ils montèrent à la tribune et y firent des sermons.

Chez M. de Biran, l'impression fut sérieuse. Il se joignait, d'ailleurs, chez lui, à ce sentiment profond de la fragilité des choses humaines qui le tournait vers Dieu, une impulsion forte venue d'ailleurs. Il s'était fait dans son esprit, pendant les vingt dernières années, un sourd travail philosophique, dont les résultats allaient se manifester et l'étonner lui-même. Un jour, par le progrès latent de ses idées, il se trouva transformé en spiritualiste. Une théorie nouvelle, fondée sur le sens intime et rétablissant dans l'homme la force dont le sensualisme l'avait dépouillé, voilà quelle fut la première conséquence de sa transformation philosophique. Un second effet, presque aussi immédiat, fut de le rapprocher sensiblement des idées religieuses : « Dans ma jeunesse, dit-il, avec son admirable bonne foi, et lorsque j'étais prévenu pour des systèmes matérialistes qui avaient séduit mon imagination, j'écartais toutes les idées qui ne tendaient pas à ce but, j'étais léger plutôt que de mauvaise foi. Depuis que j'ai été conduit, par mes propres idées, loin de ces systèmes, je n'ai eu aucune prévention pour quelque conséquence arrêtée à laquelle je voulusse arriver; aucune prévention pour les matières de foi ou d'incrédulité. Si je trouve Dieu et les vraies lois de l'ordre moral, ce sera pur bonheur, et je serai plus croyable que ceux qui, partant de préjugés, ne tendent qu'à les établir par leur théorie. » Il n'en est encore qu'à une certaine impartialité scientifique à l'égard de Dieu. Mais qui ne sent la sympathie sous cette profession d'impartialité? Il semble qu'en renonçant au parti pris contre l'idée religieuse, il pressent déjà que tout doit l'y ramener. La neutralité est impossible en si haute matière. Qui n'est pas contre Dieu est, par cela même, pour Dieu.

L'expérience de la vie acheva en lui ce que le sentiment de ses déceptions de tout genre, politiques et philosophiques, avait commencé. Depuis longtemps déjà, il cherchait dans les théories et les systèmes ce quelque chose de fixe, ce *nescio quid inconcussum*, après quoi soupire tout homme sérieux. Il ne l'avait pas trouvé et ne pressentait pas même où il le trouverait plus tard; mais il le cherchait avec ardeur. Dès 1811 il écrivait ces lignes touchantes : « Le temps emporte toutes mes opinions et les entraîne dans un flux perpétuel. Je me suis rendu compte de ces variations de point de vue depuis ma première jeunesse. Je pensais trouver, en avançant, quelque chose de fixe, ou quelque point de vue plus élevé d'où je pusse embrasser la chaîne entière, redresser les erreurs, concilier les oppositions. Me voilà déjà avancé en âge, et je suis toujours incertain et mobile dans le chemin de la vérité. Y a-t-il un point d'appui, et où est-il? » Ce *point d'appui*, quel devrait-il être? Un sentiment, une idée dominante qui fût le motif principal ou unique de tous les sentiments ou actes de la vie, un idéal enfin. Mais cet idéal, était-ce une pure conception de l'esprit, était-ce un être? il n'en savait rien encore. Cinq ans plus tard, il commence à pressentir ce que doit être cet idéal si vivement désiré : « 30 novembre. J'ai pensé en m'éveillant que ce jour était celui de ma naissance. J'atteins aujourd'hui l'âge de cinquante ans. Je sens chaque jour que tout point d'appui extérieur m'échappe. Je ne puis trouver cet appui dans aucun objet hors de moi ; je n'ai plus, comme autrefois, ce grand désir de plaire, d'être aimé, parce que je suis averti par des comparaisons continuelles, autant que par mon sens intime, que j'ai perdu tout ce qui attirait vers moi. Je ne sais si je trouverai encore ce point d'appui en moi-même, où je me complaisais autrefois à rentrer. Des affections tristes, un sentiment pénible de l'existence, nous éloignent de nous et nous font sentir le besoin des diversions extérieures. Mais le mal qui nous tourmente s'accroît par ces distractions mêmes, et on souffre doublement par le dégoût des choses du dehors, ou d'un monde qui nous repousse, et par le mécontentement ou le vide plus profond qu'on retrouve en soi quand on est forcé d'y revenir. Voilà des faits d'expérience intérieure que je constate chaque jour, et dont je me rends un compte réfléchi pour m'exciter à chercher, dans le fond de mon être et dans l'idée de Dieu qui s'y trouve, ce point d'appui qu'il est impossible de trouver ailleurs, afin de donner à mon reste d'existence le but qui lui manque tout à fait. » Certes, voilà de la noble psychologie, s'il en fut. Mais le philosophe ne conclut pas. Il s'excite à chercher Dieu, et en Dieu le point d'appui dont sa pensée a besoin. Mais il y a lutte dans sa raison. Cette indécision dure encore deux ans après : « Le monde extérieur m'échappe : je le regrette, je le poursuis avec un sentiment d'impatience et de désespoir. L'idéal, qui me tiendrait lieu des pertes extérieures, n'est pas encore bien fixe pour mon esprit et pour mon cœur : je manque de force et d'esprit de suite pour l'arrêter et m'y tenir. » Cependant, cette même année

(1818), malgré des fluctuations continuelles, le sentiment religieux tend à s'affermir. Le point d'appui est entrevu au milieu de ces flots changeants de la vie : « 8 mai. Il y a en moi, en ce moment, une action vitale extraordinaire et trop forte pour des nerfs faibles. Je cherche le mouvement pour le mouvement, et ne puis me fixer à rien. C'est dans cette situation morale et organique, telle que je n'en éprouvai guère jamais de pareille en ma vie, que je sens plus le besoin de reposer ma pensée sur quelque chose qui ne change pas, et de m'attacher enfin à un point fixe : l'absolu, l'infini ou Dieu. Les idées ou les sentiments religieux seraient à présent les besoins de mon esprit et de mon cœur, mais lorsque ces grands objets, seuls permanents, seuls capables de remplir l'âme, n'ont pas fait sa nourriture habituelle, combien il en coûte pour les aborder et surtout pour s'y attacher d'une manière fixe ! » Il s'y attache pourtant, et, à mesure que nous avançons dans la lecture du journal, nous trouvons plus de force et de fermeté dans l'accent religieux : « 7 juin. On vieillit, on a le sentiment radical de faiblesse, d'atonie, de malaise, qui tient au progrès de l'âge, et on se dit malade. Vaines imaginations ! la maladie, c'est la vieillesse, et elle est misérable ; il faut s'y résigner. On dit que, si les hommes deviennent religieux en avançant en âge, c'est qu'ils ont peur de la mort et de ce qui doit la suivre dans une autre vie. Mais j'ai, quant à moi, la conscience que, sans aucune terreur semblable, sans aucun effet d'imagination, le sentiment religieux peut se développer à mesure que nous avançons en âge, parce que, les passions étant calmées, l'imagination et la sensibilité moins excitées ou excitables, la raison est moins troublée dans son exercice, moins offusquée par les images ou les affections qui les absorbaient. Alors Dieu, le souverain bien, sort comme des nuages; notre âme le sent, le voit, en se tournant vers lui, source de toute lumière; parce que, tout échappant dans le monde sensible, l'existence phénoménique n'étant plus soutenue par les impressions externes et internes, on sent le besoin de s'appuyer sur quelque chose qui reste et qui ne trompe plus, sur une réalité, sur une vérité absolue, éternelle; parce que, enfin, ce sentiment religieux, si pur, si doux à éprouver, peut compenser toutes les autres pertes. La crainte de la mort ou de l'enfer n'a rien de commun avec ce sentiment, et se trouve au contraire en opposition directe avec lui. » Désormais, il a touché le but, il ne retournera pas en arrière. Sa vie a maintenant une raison d'être, parce que sa mort a une espérance. On peut, du reste, mesurer les progrès du sentiment religieux en lui par un fait tout extérieur : l'abondance croissante des emprunts qu'il fait aux *Pensées* de Pascal, aux *Lettres spirituelles* de Fénelon, à l'*Imitation de Jésus-Christ*. C'est dans ce dernier livre particulièrement qu'il prend le texte préféré des méditations de ses dernières années. Il compare un chapitre de ce livre admirable au *Traité de la vieillesse* de Cicéron, et c'est pour lui une occasion de se convaincre de l'infériorité de la morale philosophique. Les consolations de Cicéron se rapportent toutes à l'homme et à la vanité. Le vieillard conservera encore de la force d'esprit, il aura la vertu, il exercera autour de de lui l'influence propre à son âge... Oui, mais s'il est privé de tous ces avantages? s'il est misérable, malade, souffrant, sans appui ni au dedans, ni au dehors? toute la philosophie de Cicéron ne lui offrira pas la moindre ressource, tandis que la religion lui ouvre tous ses trésors, de quelque manière qu'il ait vécu. A ce moment de sa vie, septembre 1818 (ici l'indication des mois est essentielle, chaque mois presque étant une date nouvelle dans son état intérieur), le choix de M. de Biran n'est pas douteux.

Il avait hésité longtemps, et même dans les périodes de sa vie les plus rapprochées de celles où nous sommes arrivés. Avant de capituler devant la morale chrétienne, M. de Biran s'était senti fortement attiré vers la doctrine du Portique. Il y avait une incontestable affinité entre son idée métaphysique de la force et le principe de la morale stoïcienne, qui tout entière réside dans la tension, dans l'effort. On peut suivre dans le *Journal intime*, à la trace de ses idées, l'influence tour à tour croissante et décroissante du stoïcisme. Ce qui finit par l'éloigner de cette fière doctrine, après bien des hésitations et des retours, c'est l'idée que le stoïcien est seul. Cette idée lui est insupportable. Si l'homme, dit-il, même le plus fort de raison, de sagesse humaine, ne se sent pas soutenu par une force, une raison plus haute que lui, il est malheureux; et, quoiqu'il en impose au dehors, il ne s'en imposera pas à lui-même. La sagesse, la vraie force, consistent à marcher en présence de Dieu, à se sentir soutenu par lui; autrement, *væ soli!* Le stoïcien est seul ou avec sa conscience de force propre qui le trompe; le chrétien ne marche qu'en présence de Dieu et avec Dieu. M. de Biran a trop ardemment soupiré après un point d'appui dans la pensée et dans la vie pour se condamner à s'en passer, comme tout stoïcien doit le faire résolument. Il admire la doctrine et la vie des disciples de Zénon; mais il lui faut quelque chose de plus, qu'il trouve dans le christianisme, et seulement là.

« J'ai été jusqu'ici seul avec moi-même; il faut chercher la force ailleurs. » Tel est le cri d'une âme impatiente de Dieu, et qui éclate à chaque page du *Journal intime* dans les dernières années; et, remarquons-le bien, M. de Biran ne s'arrête pas à la religion naturelle : il pénètre jusqu'au fond du sanctuaire; il est décidément chrétien, et la dernière partie de ses *Pensées* est consacrée à l'établissement des principes d'une philosophie religieuse : la distinction des trois vies, la divinité de Jésus-Christ, le dogme de la grâce, la légitimité ou plutôt la nécessité de la prière. Je n'indique que les points essentiels.

Nous ne prendrons qu'un trait de cette philosophie mystique, un trait qui doit trouver sa place dans les *Nouveaux Essais d'Anthropologie*, considérablement remaniés par l'auteur jusqu'à son dernier jour, la distinction de trois vies dans l'homme, en d'autres termes, la présence au fond de l'homme, de l'élément surnaturel.

Il y a d'abord en nous la *vie sensitive*, siège des affections de l'organisme. Quand ces affections prédominent par leur nombre et leur vivacité, elles attirent à elles presque toutes les forces de l'âme et l'absorbent dans le corps, au point que la personnalité et la liberté disparaissant, l'homme se trouve réduit à l'état de l'animal. Mais l'âme est douée d'une force propre qui l'empêche d'obéir entièrement à l'attraction du corps. Cette force active, c'est la *vie philosophique* qui consiste dans la méditation intérieure, dans l'exercice de l'activité employée à résister à ses propres affections, à se bien conduire dans le monde intérieur, de manière à atteindre un but intellectuel. Il y a enfin la *vie mystique* de l'enthousiasme et le plus haut degré où puisse atteindre l'âme humaine, en s'identifiant autant qu'il est en elle avec son objet suprême, et revenant ainsi à la source d'où elle est émanée. L'âme, par ses désirs et en vertu de sa nature intellectuelle, tend à l'union avec Dieu; en vertu de sa nature sensitive ou animale, elle tend à l'union avec les corps et avec le sien propre : double tendance qui empêche le repos de l'homme dans la vie présente, et tant qu'il est homme. Le *moi* est entre ces deux termes extrêmes; la nullité d'efforts ou l'absence de toute activité emporte la nullité de conscience et de *moi*, et le plus haut degré d'activité intellectuelle emporte l'absorption de la personne en Dieu ou l'abnégation totale du *moi* qui se perd de vue lui-même. — Dépend-il de l'âme de passer par sa force propre de l'état *inférieur* à l'état *supérieur*, de la vie spirituelle à la vie mystique? Non; car il ne dépend pas d'elle, dans le déploiement même le plus énergique de son activité, de se soustraire à l'empire des passions fortifiées par l'inexpugnable complicité de l'imagination et des sens. Il arrive même des états de l'âme où toute lutte est impossible, où tous les organes des passions tristes ont pris le dessus et nous remplissent d'une multitude de fantômes. Il n'y a que deux remèdes : *désirer*, sentir ses besoins, sa misère, sa dépendance, et *prier*, afin que l'esprit de sagesse vienne et que la lumière descende. Quand la grâce arrive, l'œuvre surnaturelle est accomplie, et nous passons à ce degré supérieur de la vie que M. de Biran décrit avec effusion : « Il y a une partie de moi-même faite à l'usage de Dieu, la seule où je puis trouver mon repos. C'est là où il faut que je me retire, que je me sauve du monde.... Quand je n'y suis plus, quand je ne vis plus en elle, je suis tourmenté, agité et languissant tour à tour; je me sens défaillir et mourir à la vie de l'esprit; tout point d'appui m'échappe; je cours après la vanité et le mensonge, en sachant bien qu'il n'y a que vide dans tout ce que je poursuis. Quand on a cultivé cette troisième vie, on n'est plus propre à rien, aussitôt qu'elle nous abandonne. Si l'on se mêle au monde, on est au-dessous de tout ce qui est dans ce monde, *car on y fait tout plus mal que les gens du pays.* »

Nous nous arrêterons là. Nous croyons avoir placé la figure de M. de Biran sous son véritable jour. Ce que nous avons emprunté à son *Journal intime* a suffi, nous l'espérons, pour faire partager à nos lecteurs l'étrange et sympathique intérêt que le livre nous avait inspiré. Nous nous abstiendrons de réflexions ; à quoi serviraient-elles, qu'à refroidir l'émotion ? Aussi bien, quelle manie est-ce aujourd'hui de se substituer sans cesse à l'homme que l'on doit peindre ou à l'œuvre que l'on doit étudier ? N'y a-t-il pas quelque chose de plus curieux que les plus savantes réflexions et les plus subtiles conjectures, c'est l'histoire d'une âme parfaitement sincère, analysant elle-même le travail intime qui se fait en elle, et tâchant d'expliquer cette force vive qui l'élève d'un essor irrésistible et continu vers le principe mystérieux d'une vie nouvelle ? Une page de psychologie vraie vaut mieux que tous les systèmes.

M. VITET

Études sur l'histoire de l'art. — Antiquité. — Moyen âge.
Temps modernes.

Parmi les écrivains de ce temps, il en est plusieurs dont le nom est entouré d'un plus grand éclat de célébrité que celui que nous inscrivons en tête de ces pages; il en est peu dont la réputation soit fondée sur une telle élite de suffrages. La principale affaire n'est pas, dans la vie littéraire, d'avoir pour soi le nombre; en matière d'art, de lettres ou de sciences, le nombre ne vaut pas le choix; et, s'il faut opter, j'estime que M. Vitet a pris la meilleure part. Je ne sache rien de plus enviable que cette réputation acquise, parmi les vrais connaisseurs, par une série de travaux dans un genre qui ne supporte pas la médiocrité et où il est si difficile d'exceller; soutenue par la franchise et la dignité du caractère qui communique au talent une libre et fière allure; constamment accrue par un travail qui ne s'arrête pas, par une science, une expérience qui s'étendent, par des vues nouvelles et toujours agrandies. Je ne dis rien du goût, qui, dès la première heure, atteignit et marqua, dans cette nature privilégiée, son point de perfection.

Il y a quelques années, je ne connaissais M. Vitet que par quelques-unes de ces pages achevées que ce talent discret offre au public à de trop rares intervalles, et dans lesquelles il aime à résoudre quelque problème d'art ou d'histoire littéraire. Je n'avais aucune idée, je l'avoue, de ce que pouvait être cet écrivain délicat, ce familier des chefs-d'œuvre, qui par goût ne quittait guère les sommets de l'art, lorsqu'il fallait descendre de ces hauteurs pour se mettre au niveau de tout le monde, parler la langue de tout le monde, dans une séance académique, par exemple, et louer le roman du jour ou celui de la veille, *Marianna* ou le *Docteur Herbeau*, la *Petite Comtesse* et *Sibylle*. Comme il triompha aisément de cette difficulté nouvelle! Avec quelle aisance et quel naturel il entretint la brillante assemblée du roman et du théâtre, de M. Sandeau, de M. Scribe, de M. Feuillet! Il éleva la critique du jour à la dignité d'un jugement durable. L'auditoire fut sous le charme de ces discours, prononcés d'une voix ferme, accentuée, vibrante, qui ajoutait aux jouissances exquises de la raison la plus élevée celles d'une diction pleine d'art. Les œuvres principales de M. Sandeau et de M. Feuillet furent analysées avec une sûreté d'aperçus qui ravirent le public et les auteurs eux-mêmes. Des traits d'une rare finesse tenaient l'attention en haleine. Et ce n'était pas de ces éclairs de mots qui surprennent d'abord le regard et ne laissent après le premier éblouissement, qu'une impression confuse. C'étaient ces lumières d'idées qui jaillissent d'une raison active, qui éclairent une situation, un caractère, une œuvre, un personnage, et laissent derrière elles une clarté durable.

Tel fut le sentiment très vif que je recueillis dans ces deux séances et que j'essayai de me traduire à moi-même. Dès lors, il me devint évident que si M. Vitet se tenait, d'habitude, enfermé dans les questions les plus difficiles et les plus élevées, ce n'était pas par l'effet d'une compétence exclusive ou d'une spécialité limitée d'études; que c'était uniquement par choix, et que ce choix tenait à la délicatesse même de cet esprit qui refuse de se mêler de trop près aux réalités et aux œuvres de chaque jour, et qui aime à s'isoler en se réfugiant ou très haut dans l'art, ou très loin dans l'espace et dans le temps. Il semble que ce soit un parti pris chez M. Vitet de fuir la popularité, puisqu'en toute occasion où ç'a été pour lui un devoir de la chercher, il l'a si aisément obtenue. Il a bien montré qu'il pouvait être un maître et un juge en toute œuvre de littérature. Mais la preuve faite avec éclat, toutes les fois qu'il a fallu la faire, il revient avec empressement à cette grande *Histoire de l'art* dont il nous donne des fragments seulement, et que mieux qu'aucun autre il eût été en état d'écrire. Pourquoi ne l'a-t-il pas voulu ?

Ce sont les principaux matériaux de cette histoire qu'il rassemble aujourd'hui et qu'il nous remet sous les yeux dans un vaste ensemble qui permet de mesurer le travail continu de cette vie. Pas une question essentielle de l'art n'est omise dans cette longue série de travaux. De 1828 à 1863, on a vu s'élever pièce à pièce cet édifice qui se révèle aujourd'hui à nous dans sa sévère ordonnance. L'*Antiquité* (Grèce, Rome, Bas-Empire) est représentée par plusieurs morceaux célèbres dont les principaux sont : *Pindare et l'art grec*, les *Marbres d'Éleusis*, *Athènes aux quinzième, seizième et dix-septième siècles*, la *Collection Campana*, les *Mosaïques chrétiennes de Rome*. Le *moyen âge* est spécialement étudié dans une vaste monographie, écrite sur les documents et les traditions les plus authentiques, de *Notre-Dame de Noyon*, et dans plusieurs morceaux sur l'*architecture en Angleterre*, sur les *Monuments historiques du Nord-Ouest de la France*, etc., etc. Les temps modernes sont l'objet d'études sur la *Peinture en Italie, en France et dans les Pays-Bas*, et sur d'autres arts, comme la *musique religieuse* et la *musique dramatique.* C'est à cette troisième série que se rapportent la célèbre monographie d'*Eustache Lesueur* et le grand morceau sur *Raphaël à Florence.* La peinture nous amène jusqu'au temps présent, avec les noms de David, de Paul Delaroche, d'Ary Scheffer, d'Eugène Delacroix et de Flandrin, jugés, les uns avec cette pénétration, les autres avec cette sympathique indépendance qui sont le vrai signe du critique d'art.

On ne s'attend pas que nous parcourions ces séries d'études et que nous abordions tous ces problèmes successivement posés et résolus par M. Vitet sur ce long chemin qui part des *Marbres d'Éleusis* pour aboutir à la *Chapelle des Saints-Anges.* Il nous manque pour cela tout ce qui constitue précisément la compétence supérieure de M. Vitet. Mais nous voulons donner au moins l'impression littéraire, et, dans une certaine mesure, philosophique, que nous avons recueillie en étudiant ces quatre volumes.

Nous demandions pourquoi M. Vitet n'avait pas voulu écrire cette *Histoire de l'art* dont il nous donne tantôt un admirable programme, tantôt des fragments achevés, des chapitres tout faits et tout prêts à prendre leur place dans un grand ouvrage.

A cette question nous trouvons une réponse péremptoire dans les premières pages de l'*Introduction.* S'il n'a pas tenté cette entreprise, c'est qu'il en a pris lui-même une trop haute et trop grande idée. Une histoire de l'art doit être un tableau complet et méthodique des innombrables formes qu'a revêtues le sentiment du beau chez **tous les peuples et à tous les âges,** depuis **les temps** civilisés. Or cette œuvre, qui n'a presque pas de limites appréciables dans le temps, est de plus soumise à des conditions particulières qui en multiplient sans mesure les difficultés. Chaque jour la science de l'art s'accroît de faits nouveaux, de découvertes imprévues, de problèmes inespérés. « C'est un champ qui grandit à mesure qu'on l'explore, et que bientôt aucun regard n'aura plus la puissance d'embrasser tout entier. »

Si bien qu'une *histoire de l'art*, définitive et complète, peut être déclarée impossible. A chaque découverte nouvelle, les horizons s'agrandissent, les aspects changent. Voyez Winckelmann lui-même, si admirablement préparé à cette grande œuvre par la double puissance de sa nature d'artiste et d'érudit, Winckelmann, dans cette histoire bornée à l'antiquité, est dépassé, débordé de toutes parts. D'abord il n'avait pris que la moitié de l'œuvre, le monde antique : l'art moderne lui échappe tout entier, c'est-à-dire « dix-huit siècles de christianisme et toutes les idées, toutes les émotions, toutes les formes nouvelles qui se font jour dans le cours de ces siècles ; » puis, dans cette moitié même, dans ce champ de l'antiquité qu'il explorait exclusivement, qu'avait-il pu voir de ses yeux? Ce qui était visible à ses yeux : l'ancien monde romain, l'Italie, Rome, rien au delà. « La véritable Grèce et les trésors qu'elle possédait encore, l'art des grands siècles, les vrais chefs-d'œuvre, il n'en avait qu'une imparfaite idée ; il les connaissait aussi peu que l'Égypte, la Perse, l'Assyrie, et tout ce monde asiatique alors totalement ignoré.... Il lui manquait toute une portion de cet art antique restitué, éclairci, complété par cent ans d'heureuses découvertes, de fouilles incessantes, d'intelligentes révélations. »

L'idée mère de Winckelmann, l'idée d'une histoire de l'art n'en est pas moins à lui; c'est sa part de gloire; elle est inaliénable. Mais M. Vitet ne nous dissimule pas que son œuvre est à reprendre dans toutes ses parties, presque de fond en comble ; que les jugements comme les faits, il faut tout reviser, tout compléter, tout refondre. Il faut la prolonger dans le passé jusque dans les mystérieuses origines, jusque dans les influences asiatiques et égyptiennes : il faut la continuer à travers les ténèbres où germe l'esprit nouveau, au sein de la barbarie ; il faut amener cette histoire jusqu'aux premières lueurs des sociétés modernes, jusqu'au plein épanouissement de l'art religieux et féodal, jusqu'à la *Renaissance*, enfin, où commence véritablement le grand jour de l'histoire.

Quelle tâche formidable ! « L'ensemble en est immense, le détail infini. Il faut aborder de front les sujets les plus dissemblables, les idées les plus disparates ; entrer dans la pensée de chaque siècle, dans l'esprit de chaque société ; s'initier à toutes les écoles, compter avec tous les goûts, se faire à tous les climats, comprendre tous les succès, ceux-là même qu'on approuve le moins, et se garder pourtant de pousser jusqu'à l'indifférence cette sorte d'impartialité : ce n'est pas seulement un travail de recherches, une œuvre de patience, une exacte nomenclature, qui constituent l'histoire de l'art, c'est une peinture animée où l'auteur intervient et se réserve un rôle où, tout en racontant, il dirige et il juge ; où sa propre opinion, son goût, ses préférences, sont franchement accusés. »

Nous comprenons que M. Vitet ait hésité à se charger d'un tel fardeau. On n'accepte pas les tâches dont on mesure d'une vue si ferme les difficultés presque infinies et l'accablante responsabilité.

Si toutes ces conditions sont en effet requises pour que l'histoire de l'art s'écrive, résignons-nous, pour un temps incalculable, à voir les plus brillants travailleurs se diviser la besogne, se réduire à des monographies, à des œuvres de détail, à la préparation des matériaux immenses qui entreront un jour dans la construction de l'édifice définitif. Nous ne serions pas trop à plaindre, après tout, si de temps en temps s'élèvent des parties détachées de ce temple de l'Art, quelque gracieuse et solide colonnade, quelque noble péristyle, qui marque l'idée générale, la direction des lignes, la proportion et le plan du monument; nous serons presque consolés si, en attendant le Winckelmann de l'avenir, les travaux de M. Vitet suscitent dans les nouvelles générations quelque jeune émule qui l'égale un jour par la précision et l'étendue des connaissances, par la délicatesse et la pureté du goût, par la passion éclairée et la raison émue, par l'intelligence pénétrante des conditions éternelles et l'interprétation des exemples vivants du beau.

En définissant les qualités qu'il exige de l'écrivain, de l'érudit, de l'homme de goût, du philosophe qui écrira quelque jour cette histoire, M. Vitet, sans le savoir, nous aidait à pénétrer dans la nature complexe de son esprit. S'il n'a pas toutes ces qualités, s'il ne les a pas toutes au degré qu'il requiert de l'historien futur, assurément il nous en offre en lui-même plusieurs, à un degré qui n'est pas médiocre.

Il a incontestablement la patience des recherches et la passion de ses études. Il faut le voir s'appliquant à résoudre quelque problème d'art, une question d'authenticité ou d'origine, soit pour la *Mosaïque de Sainte-Pudentienne*, soit pour la *Fresque de Saint-Onofrio*. Quelle savante enquête! quel discernement de toutes les circonstances d'où peut sortir une indication, un trait de lumière! Jamais le sens de l'analogie n'a été appliqué avec plus de finesse, ni l'induction conduite par un plus sûr instinct des hommes et des temps, des personnages et des siècles. C'est merveilleux d'analyse. Tout cela, tout ce déploiement de science, toutes ces ressources d'esprit, en vue de quelle fin et pour quel résultat?

Ce résultat est bien peu de chose, à ce qu'il semble, au

prix de tant d'efforts : quelque erreur de Ciampini corrigée, une date rétablie, un siècle assigné au lieu d'un autre. A quoi bon, direz-vous? et qu'importe qu'il soit démontré que la mosaïque de Sainte-Pudentienne n'a pas été faite au huitième siècle, par ordre du pape Adrien Ier; mais qu'elle appartient nécessairement au quatrième siècle, que la date probable de cette œuvre ne remonte pas au delà de 313 et ne descend pas au-dessous de 410? Qui donc pourra prendre un intérêt sérieux à un conflit d'hypothèses et de conjectures aussi complètement dénuées d'importance historique?

Prenez garde : il y a là d'abord un travail des plus subtils, des plus ingénieux, qui, par lui-même, a bien son intérêt, car on y voit à l'œuvre les plus fines facultés de la raison, la divination fondée sur une expérience comparative des œuvres et des monuments, le discernement des divers âges de l'art, devenu à peu près infaillible par une longue éducation, par le perfectionnement presque indéfini du sens esthétique. Tout cela n'est ni médiocre, ni vulgaire assurément. Y a-t-il un plus curieux spectacle que cette lutte animée avec le passé qui veut garder son secret, avec telle œuvre qui a perdu sa date? D'ailleurs, à bien prendre les choses, aucune de ces nuances n'est indifférente en matière d'art. Si la manifestation du beau obéit à certaines conditions qui peuvent être ramenées à des lois, rien ne doit choquer davantage un connaisseur que cette confusion barbare des choses, des hommes et des temps. Il doit mettre sa gloire et son bonheur à faire cesser cette anarchie grossière des dates, à laquelle celui-là seul sera insensible, chez qui le goût de l'art n'est qu'une affectation.

Voilà quelques raisons qui ont bien leur valeur sans doute, et qui donnent tout leur prix aux savantes recherches de M. Vitet sur l'âge véritable de tel monument ou de telle œuvre. Mais est-ce tout? Et ne croyez-vous pas qu'un esprit aussi élevé va tirer quelque lumière de cette longue série d'inductions? Ne croyez vous pas qu'il va donner à ce fait rétabli toute une suite de conséquences historiques ou philosophiques, qui seront le renversement d'un préjugé vulgaire ou l'éclatante confirmation d'une loi de l'art? Ici, par exemple, toujours à propos de cette simple mosaïque, voyez l'enchaînement des faits : s'il est démontré que cette œuvre est du quatrième siècle, il y avait donc, en ce temps, des artistes capables de concevoir une grande œuvre, un vrai tableau où toutes les conditions du style pittoresque soient fidèlement conservées. « On n'y sent la décadence qu'à certaines faiblesses d'exécution et de détail, et, par compensation, on découvre dans ces figures des trésors tout nouveaux, d'austères et chastes expressions, une fleur de vertu, une grandeur morale, dont les œuvres de l'antiquité, même les plus belles, ne sont jamais qu'imparfaitement pourvues. » Voyez-vous la conséquence immédiate? C'est qu'il n'est pas vrai, comme on le croit généralement, que dès le début du quatrième siècle, tout était mort en Italie dans les arts du dessin; qu'il n'y eut plus, dès lors, qu'une longue et lourde décadence, « et que, même au contact du christianisme affranchi, cet art éteint et moribond n'avait pu ni se régénérer ni seulement recouvrer quelques instants de vie, quelques heures de jeunesse! » Les secrets des catacombes rendus à la lumière, viennent confirmer ce fait et prouver qu'il y eut alors, sous l'influence de l'idée chrétienne, comme une transformation de ce même art qui, au service du paganisme, mourait d'épuisement. Personne ne dira que ce soit là un fait insignifiant. L'importance en est capitale dans l'histoire de l'art. C'est une renaissance démontrée par une habile induction, à la place d'une décadence acceptée sur la foi d'une critique banale. C'est une époque de l'art restituée. Tout cela est bien quelque chose, on en conviendra. Tout cela justifie bien la passion que M. Vitet apporte dans ses recherches.

La passion, le mot n'est pas trop fort pour peindre et cette ardeur d'espérance, tant que le résultat n'est encore qu'entrevu, et cette joie enthousiaste, quand il est enfin conquis, possédé. Le signe de la passion est de se communiquer. Or, je défie quiconque a un peu d'âme et d'imagination de lire, sans une émotion croissante, les quatre-vingt-dix pages consacrées à la *Fresque de Saint-Onofrio*. L'intérêt de la question n'est ici contestable pour personne : il s'agit de savoir si cette fresque, découverte il y a vingt ans seulement, sous la fumée d'un atelier de Florence, doit être, ou non, ajoutée à la liste des chefs-d'œuvre de Raphaël. Mais quelle gradation d'intérêt savamment observée depuis le commencement jusqu'à la fin de ce récit! quel art ou plutôt quel heureux instinct dans l'ordonnance du sujet, dans la disposition des épisodes, dans la construction des preuves, dans la préparation de la certitude finale! C'est tout un petit drame. Et pourvu qu'on ne s'y refuse pas de parti pris, on est irrésistiblement gagné à cette foi, à cet enthousiasme, à cette joie naïve et pure d'un trésor retrouvé, d'une grande page de l'art restituée au jour. Ne diriez-vous pas l'exposition d'un roman : « Vers la fin de juillet 1855, un vernisseur de voitures, nommé Masi, prit à loyer, dans la rue Faenza, à Florence, une vaste salle au rez-de-chaussée, dont la voûte en berceau et les épaisses murailles n'avaient guère moins de trois siècles : c'était le réfectoire d'une ancienne communauté connue sous le nom de maison Saint-Onofrio ou des Dames de Fuligno.... » L'histoire commence. Voyez avec quel pieux recueillement le critique saisit la première trace du chef-d'œuvre enfoui sous la suie. Quelques parties se dégagent lentement et laissent deviner une *Sainte Cène :* l'ordonnance en paraissait grande et simple; les figures semblaient expressives, bien posées, bien drapées. Des artistes distingués se mirent en besogne. On procéda à un lavage complet. Le succès dépassa tout espoir. A mesure que les dernières pellicules de la suie se détachaient, la fresque apparaissait dans sa fraîcheur virginale. Le chef-d'œuvre éclate. Puis vient la discussion vive, pressée, de l'authenticité. Les preuves abondent, se multiplient; de nouveaux faits viennent chaque jour les confirmer. Comme la divine tête du Christ avait apparu aux rayons du soleil dans sa pureté primitive, ainsi le nom de Raphaël apparaît à chaque page, en pleine lumière, avec un éclat de certitude auquel, pour ma part, je n'ai su résister. Quelle touchante figure, dans un coin de cette histoire, que celle de ce M. Jesi, le religieux interprète des moindres finesses du pinceau de Raphaël, pour qui la question d'origine n'existait même pas. « On l'aurait mis à la torture sans lui faire confesser qu'elle n'était pas de lui.... Il ne permettrait pas à Raphaël lui-même, s'il revenait au monde, de nier que ce soit là son œuvre. Vous avez vos raisons pour n'en pas convenir, répondrait-il à Raphaël; mais cette fresque est bien de vous. *E pur si muove!* »

Cette foi de Jesi, M. Vitet l'a ressentie et partagée. Il nous la transmet à nous-mêmes, tant la déduction des faits est évidente, tant il y a de lumière jetée sur la question par ces *éclairs d'analogie* qu'en tout sujet d'art M. Vitet excelle à faire jaillir des plus profondes ténèbres.

Et quelle fête, quand il a pu enfin nous communiquer sa certitude! Heureuses les âmes qui peuvent faire de joies si pures la meilleure part de leur bonheur sur la terre! Pour se représenter quelque état d'esprit analogue à celui de M. Vitet, trouvant la preuve sans réplique, la preuve irréfragable de l'authenticité de la fresque de Saint-Onofrio, et inscrivant sur cette grande page le nom radieux de Raphaël, il faudrait imaginer M. Cousin déchiffrant le manuscrit de Pascal sur les *Passions de l'amour*, ou bien encore M. S. de Sacy découvrant un chapitre inédit du *Traité de la connaissance de Dieu et de soi-même*. Il ne faut pas moins que cela pour donner l'idée de la joie de M. Vitet, nous montrant, dans chaque détail de cette fresque déjà illustre, le signe du dieu de la peinture, éclatant comme le jour.

Nous n'avons rien dit de vingt autres morceaux, diversement, mais également curieux, comme manifestations d'une science profonde, d'une justesse exquise de goût, d'une sûreté merveilleuse de conjectures sur quelques points obscurs de l'histoire de l'art. Nous n'avons pas même parlé de cette monographie d'*Eustache Lesueur*. A quoi bon? Qui ne la connaît? N'est-elle pas, depuis vingt années, devenue classique? La célébrité et l'autorité décisive de ce chapitre de l'art national nous dispensaient d'en parler.

Enfin, puisque nous en sommes à l'aveu des omissions, nous n'avons rien dit de l'*esthétique* de M. Vitet! Eh quoi! il s'agit d'art, de critique d'art, et dans tout cela nous n'avons pas encore trouvé moyen d'écrire le programme de notre esthétique et d'y comparer, pour l'absoudre ou la condamner, celle de M. Vitet! Quelle dérogation à tous les usages, à toutes les traditions en pareille matière! Parler d'art et ne rien dire des principes et de la science du beau, cela s'est-il jamais vu au dix-neuvième siècle?

C'est qu'à vrai dire j'ai peur que M. Vitet ne soit un peu sceptique à l'égard de cette grande science, chère aux Allemands et à quelques Français; il semble ne la pas tenir en très sérieuse estime. Quand il en parle, c'est pour railler l'efficacité des préceptes abstraits et leur opposer les séries d'exemples, les leçons à la fois théoriques et pratiques que fournit l'histoire de l'art. Dissertez tant que vous voudrez, dit-il aux philosophes, sur l'essence de la beauté ; creusez l'éternel mystère des émotions qu'elle fait naître, et tirez-en les lois de l'art, vous trouverez à peine quelques esprits pour vous comprendre, et la conscience des artistes n'en sera pas même effleurée.... Condamnation bien sévère et contre laquelle j'aurais bien envie de réclamer s'il ne me venait en idée de mieux faire, de réconcilier l'esthétique française avec M. Vitet. Cette réconciliation est-elle si difficile? L'esthétique française a-t-elle d'autres conclusions que celles-ci, qui servent de principes à M. Vitet, à savoir : « Qu'en tout temps, en tout lieu, les mêmes conditions ont produit des chefs-d'œuvre, les mêmes causes des œuvres dégénérées; que les grandes époques ont même raison d'être et procèdent, non de hasards heureux, mais de constantes lois; que toujours et partout, sous Périclès et sous saint Louis, sous Alexandre et sous Louis XIV, c'est la simplicité, le naturel, l'observation fidèle de la forme, la franche expression de la vie et de la pensée qui ont assuré à quelques œuvres une jeunesse éternelle et une impérissable estime, tandis que les dons acquis, les qualités savantes, les effets recherchés, le fini précieux, et même aussi la fougue, le désordre, le hasardé, le téméraire, s'ils ont parfois surpris la renommée, ne l'ont jamais gardée longtemps, ou ne conservent, en vieillissant, que l'éclat affaibli d'une célébrité secondaire. »

Simple et admirable esthétique! dirions-nous, si nous n'avions peur d'offenser par un mot barbare la fine raison de M. Vitet. Mais c'est qu'en effet je ne vois pas en quoi diffère la doctrine de l'art (car il en a une) chez M. Vitet et dans la philosophie française, si ce n'est pourtant en cela que ce qui est, dans la philosophie, démonstration, vérité abstraite, est chez M. Vitet réalité vivement sentie, finement rendue. Tout ce qui est là pure théorie, ici s'anime, brille et vit. Ces quatre volumes sont eux-mêmes une théorie du beau, mais une théorie en acte : la théorie qui fait consister l'art éternel, le grand art non dans l'idéal pur, non dans la vie sans règle, mais dans le parfait et mystérieux mélange de l'idéal et de la vie, que la Grèce, que l'Italie, que la France ont parfois réalisé, et que rien n'empêche de se reproduire encore, dans des circonstances propices, là où l'on verra se rencontrer, dans un homme privilégié, ces deux grandes choses humaines, l'étude de la nature et la méditation, avec cette chose si excellente et si rare que les anciens la croyaient divine : l'inspiration.

UN NOUVEAU JUGE DU XVIIIᵉ SIÈCLE

Histoire de la littérature française, par D. Nisard, de l'Académie française.

I

Dans cette dispersion désordonnée et cette précipitation fiévreuse du travail intellectuel, qui sont les traits les plus saisissables de l'histoire des lettres au dix-neuvième siècle, c'est un spectacle digne du plus sérieux intérêt que celui d'un écrivain poursuivant, pendant plus de vingt années, une œuvre unique à travers toutes les agitations des événements et des idées, ne perdant pas de vue un seul instant le but qu'il s'est fixé, sachant l'atteindre sans fatigue et sans découragement, aussi ferme dans ses conclusions qu'il l'était, au départ, dans ses principes, achevant un grand ouvrage sans que le lecteur puisse jamais soupçonner « que le livre ait été écrit dans le contentement ou dans la peine; qu'il soit sorti d'un esprit tranquille ou que chaque page en ait été disputée à des préoccupations douloureuses. »

C'est ce spectacle que nous donne M. Nisard, amenant à son terme l'histoire de la littérature française, et nous donnant aujourd'hui, dans le quatrième volume, la conclusion et le dernier mot de ce grand travail, en même temps qu'un jugement fortement motivé sur le dix-huitième siècle.

Certes, durant ces vingt années, M. Nisard ne s'est pas tellement confiné dans son étude favorite, et isolé de la vie de tous, qu'il se soit abstenu, dans l'intervalle, de nous donner son sentiment sur certains hommes de son temps. Mais après chaque excursion au dehors, sur les terrains perfides et mouvants de la politique ou de la littérature contemporaine, il revenait avec bonheur à son ouvrage préféré, il reprenait avec un plaisir nouveau et une sorte de satisfaction de conscience, la suite de ses pensées sur le sujet familier. Il y apportait un sentiment de joie et de sécurité intellectuelle qui souvent lui manquait ailleurs. Quel est l'esprit assez ferme ou assez présomptueux pour croire qu'il s'est mis à l'abri des causes diverses d'illusion qui troublent le jugement des contemporains ?

Ces causes, personne ne les a mieux connues et mieux décrites que M. Nisard. Mais, peut-être, se croit-il à tort en sécurité dans le passé qu'il étudie. Le dix-huitième siècle est le passé sans doute, mais un passé si voisin de nous, si profondément mêlé au présent par tant d'influences diverses et toujours agissantes, que notre raison en est encore troublée. Notre âge tient par les racines les plus profondes et les plus délicates, par ses passions, à l'âge qui nous a précédés, et toute sentence littéraire, philosophique ou politique sur le dix-huitième siècle restera pendant longtemps encore matière à controverse. La critique la plus haute, la plus ferme, la plus autorisée, est pour longtemps condamnée à ressembler à la polémique.

Cependant, s'il est chimérique, quand il s'agit d'un siècle si voisin de nous, de croire que la vérité absolue puisse être atteinte, il ne l'est pas de croire qu'un livre si profondément médité s'en rapproche et qu'il nous fait faire un pas de plus, un pas décisif vers le but.

M. Nisard garde au moins dans cette polémique, si c'en est une, de grands avantages qui tiennent au fond même de son esprit, et comme une attitude particulière de haute et virile raison. Il ne goûte pas la fantaisie dans les livres, mais il ne la goûte pas davantage dans les siens, et ses sévérités pour autrui ne déguisent pas des complaisances pour lui-même. S'il exige qu'un auteur raisonne ses impressions, ses goûts, il donne l'exemple. Dans ce livre où se pressent à son tribunal tant d'œuvres et de personnages divers, pas un seul arrêt n'est rendu sans être motivé; pas un de ses jugements ne ressemble à un caprice. Tous se relient à une doctrine, à un ensemble de principes auquel ne manque assurément ni la solidité ni l'élévation.

C'est de là que sa critique tire son caractère et son prix. Elle a de l'autorité. N'en a pas qui veut. Il est des écrivains qui s'en passent et qui en cela sont sages. De quel droit ce qui n'est que fantaisie s'imposerait-il à nous? On nous dit: « J'aime telle œuvre, tel auteur; cela me charme, m'intéresse, c'est mon goût. » Très bien, mais si mon impression diffère de la vôtre, qui jugera? Ces écrivains-là n'en ont cure. Ce sont d'aimables esprits, toujours en belle humeur; c'est leur état. Ils se consolent de ne servir à rien en s'assurant eux-mêmes qu'ils ne sont pas des pédants. Ils font une théorie de leur impuissance, ils essayent même d'en faire une grâce, une délicatesse raffinée, un art.

D'autres critiques arrivent non par impuissance, mais par système, au même résultat. Il nous offrent, réunis en eux, les dons les plus brillants et les plus rares, la sensibilité d'imagination et la finesse des impressions, la justesse et la pénétration d'une vue qui démêle les ressorts les plus secrets des âmes et des talents. Mais ils se garderaient bien de conclure. Au nom de quelle vérité supérieure donneraient-ils leurs conclusions? Il n'y a pas pour eux de vérité absolue ; il n'y a que des impressions individuelles, des sensations diversement colorées; cela seul est à étudier qui donne aux idées une nuance particulière dans chaque esprit.

Pour que la critique ait de l'autorité, il faut qu'il y ait pour elle quelque chose de supérieur à elle, au nom de quoi elle parle, au nom de quoi elle juge, dont elle s'inspire et qui soit sa règle, sa force, sa joie. Tout le reste n'est que fantaisie ou analyse pure. Cela seul est la *critique* qui discerne, qui juge, qui classe. Cela seul est un enseignement qui s'appuie à une doctrine et l'applique.

L'originalité de M. Nisard est d'avoir une critique qui s'inspire de haut et se soutient à la hauteur de son inspiration. Les lettres sont pour lui plus qu'un brillant caprice, plus qu'un enchantement de l'esprit, plus qu'une passion. Elles sont une foi, elles ne se distinguent même pas à leur source de la morale. Elles ne se séparent pas de la raison que leur fonction la plus haute est d'exprimer. Le goût n'est que la raison dans les lettres, comme a conscience n'est que la raison dans la vie.

Certes, il y a de la grandeur dans une histoire littéraire fondée sur de tels principes. Ces principes donnent à cette œuvre sa grandeur; ils lui donnent aussi la consistance. Dans l'intervalle de ces vingt années, de nouvelles éditions sont devenues nécessaires pour les volumes précédents. Des détails ont été corrigés par l'auteur, juge difficile de lui-même. Mais pour le fond des choses, il déclare avec une fierté qui ne messied pas, qu'il n'a rien eu à regretter ni à retrancher. Parmi les critiques d'impression et de sentiment, qui pourrait en dire autant après un intervalle, après une épreuve de vingt années ?

La vue première de cet ouvrage ne pouvait varier, puisque l'auteur ne l'a entrepris et achevé que pour justifier sa foi littéraire. Cette foi, c'est le respect, l'amour des grandes traditions ; l'admiration pour la littérature de son pays, qu'il regarde comme l'héritière des deux littératures universelles, la grecque et la latine, et des deux antiquités, classique et chrétienne ; enfin, c'est l'intelligence profonde des causes de la supériorité littéraire du dix-septième siècle, dont les traits distinctifs sont, à ses yeux, la domination de la raison et le don d'exprimer les grandes vérités en perfection.

Il a donc un double idéal, à la lumière duquel il juge les œuvres et les talents les plus divers : un idéal théorique qui est l'esprit humain conçu dans sa perfection ; un idéal historique, qui est l'esprit français au dix-septième siècle porté à son plus haut point de développement par les deux antiquités qu'il résume et qu'il exprime.

Comment la critique va-t-elle appliquer la règle de ce double idéal au jugement qu'elle doit porter sur les œuvres si variées, sur les tendances si contradictoires du dix-huitième siècle, sur cette mêlée confuse d'aspirations légitimes et chimériques, de livres destructeurs et d'utopies, de rêves errant à travers tant de ruines, d'œuvres meilleures que les hommes qui les produisent, de déclamations mêlées à tant de frivolités, d'espérances et de conquêtes, du progrès se dégageant péniblement du milieu de tant de dépravations et de folies ? Certes, la chute est profonde quand on tombe du haut de ce dix-septième siècle, peut-être trop exclusivement contemplé sur les sereines hauteurs où siègent le génie de Descartes, celui de Corneille, celui de Bossuet. Il n'est pas possible qu'une critique, aussi profondément éprise pour ces calmes grandeurs de l'esprit français et passionnée pour la raison, ne ressente pas quelque trouble en se voyant engagée au plus avant de cet immense tumulte d'idées, et ne fasse pas payer aux œuvres qu'elle jugera son secret dépit. Mais nous avons affaire à une intelligence trop pénétrante pour craindre que quelque aspect de la vérité lui échappe complètement. Le critique pourra, à l'occasion, ne pas se montrer aussi favorable que nous le voudrions, à certaines nouveautés heureuses d'idée ou de talent; il n'en méconnaîtra et n'en ignorera aucune.

Cependant, pour être sincère nous-même comme le critique qui nous invite à examiner son livre, nous avouerons que la lecture de ce livre n'a pas entièrement dissipé les vagues appréhensions que nous avait données d'avance sa théorie. Il nous a semblé qu'on pouvait difficilement défendre cette critique du reproche de rigueur systématique et d'une sorte de noble idolâtrie pour les grands modèles.

Suffit-il vraiment de se faire un idéal, de le trouver réalisé dans chaque genre par un écrivain supérieur du dix-septième siècle, de mettre chaque auteur et chaque livre en regard de cet idéal et de ce modèle, de noter ce qui s'en rapproche : voilà le bon ; ce qui s'en éloigne : voilà le mauvais?

Je ne le pense pas. D'abord, savons-nous au juste, d'une manière définitive, sans réplique, ce qu'est l'idéal de l'esprit humain, ce qu'est l'idéal du génie particulier de la France, ce qu'est l'idéal de sa langue? Il nous faudrait, sur tous ces points, des explications bien précises, péremptoires, qui ne laissent pas derrière elles l'ombre d'un doute ou d'une objection possible. Puis, que de difficultés dans le détail et dans l'application! Les genres littéraires ne sont pas des cadres arbitraires, j'y consens ; mais ce ne sont pas non plus des moules immuables, ni dans leur nombre une fois fixé, ni dans leur forme une fois déterminée; selon les temps, il en est que la vie abandonne et qui languissent dans un discrédit peut-être immérité, mais, à coup sûr, irréparable. Il en est d'autres qui apparaissent, ou créés, ou transformés par l'esprit des âges nouveaux. Je ne crois pas que l'ère des grandes inventions littéraires soit jamais close. Je ne crois pas non plus que, dans chaque genre, le modèle, une seule fois réalisé, doive à tout jamais, absolument et nécessairement, servir de point de comparaison pour toutes les productions analogues. Les rangs véritables des talents se détermineraient assez mal et d'une manière assez fausse, si l'on appliquait cette mesure dans sa rigueur.

La littérature, ainsi traitée, deviendrait une science exacte. M. Nisard en convient, et je m'étonne qu'un esprit si délicat et si juste n'ait pas été averti de l'excès de la doctrine par la singularité du mot. Certes, la critique n'est que la raison appliquée, je le sais, je le veux; mais la raison connaît-elle, une fois pour toutes, ses formes et ses limites? Est-elle à tout jamais prisonnière dans les cadres qu'elle s'est tracés à elle-même, enchaînée à des modèles qu'elle-même a produits? La raison, au fond, c'est la nature intelligente, et qui pourra jamais marquer des bornes à l'inépuisable fécondité de la nature? La raison, c'est la nature réglée mais libre, et qui pourra jamais dire ce que la liberté peut apporter d'imprévu dans la littérature comme dans l'histoire?

La littérature, une science exacte! Voilà le point extrême où un esprit si ferme et si sage est amené par la théorie d'une perfection trop idéaliste, comme, d'un tout autre côté, des esprits excessifs et logiciens à outrance y sont amenés par des théories physiologiques, indiscrètement appliquées à l'étude de l'esprit humain.

Non, la critique ne doit pas être une géométrie des forces, une analyse des poids et des contre-poids qui font monter ou descendre l'esprit humain, une détermination mathématique des résultats d'après les données recueillies par l'observation. M. Nisard répudierait assurément cette assimilation de la nature raisonnable et libre avec la mécanique. Mais la critique ne peut pas non plus borner son emploi à établir une hiérarchie fixe des œuvres et des talents, réglée sur un point idéal, sur un modèle dont ils s'éloignent plus ou moins ou dont ils se rapprochent. C'est une autre exagération qui, pour tenir à une doctrine infiniment plus noble, n'en est pas moins contraire, dans ses conséquences, au caractère même de l'esprit humain, si libre, si varié dans ses inspirations, si habile à se renouveler et à se transformer, et dont la grandeur éclate autant par la diversité féconde de ses manifestations, que par l'élévation de quelques-unes de ses œuvres.

Je sais bien que, dans le détail, l'esprit si fin de l'auteur corrige ce que ces vues générales peuvent avoir de trop rigoureux. L'intelligence pénétrante, l'analyse exacte des esprits et des talents les plus divers rétablissent, dans les jugements particuliers, une impartialité qu'on ne devait pas espérer de la théorie ; la critique de M. Nisard est trop éclairée pour ne pas relever avec soin tous les progrès que le dix-huitième siècle verra s'accomplir. Cependant, la théorie trop absolue, a laissé son empreinte sur le plan du livre, et je le regrette. Ce plan est très savant, très profondément étudié. L'auteur doit y tenir beaucoup, parce qu'un auteur estime toujours plus ce qui est de son système que ce qui ne relève que du talent. Il me semble pourtant avoir quelques bonnes raisons pour le critiquer et je me garderai bien de m'abstenir, parce qu'au rebours de l'auteur, je mets à plus haut prix dans ce volume, son talent que son système. Je mets à part les principes, je ne parle que de la forme particulière qu'ils revêtent. La critique me paraît presque partout excellente : la raison s'y déploie avec fermeté et ampleur, mais la division même du livre, trop exacte dans sa forme pour n'être pas quelque peu artificielle, en gêne souvent le développement, en brise parfois l'essor, impose à la liberté de l'auteur des cadres trop étroits. Au lieu d'être un appui, elle lui devient une entrave.

La perfection littéraire du dix-septième siècle est le modèle toujours présent, l'idéal réalisé d'après lequel vont être appréciées, dans les différents genres, les œuvres du dix-huitième siècle. C'est là le point de départ de toute la division du livre. Il y a la part des *pertes;* il y a la part des *gains*. Les pertes sont plus sensibles dans la poésie que dans la prose, plus sensibles dans certains genres que dans certains autres. Dans les genres qui semblent plus particulièrement les facultés du dix-septième siècle, la poésie, le théâtre, l'éloquence religieuse, la philosophie morale, il n'y a guère que des pertes, bien faiblement compensées par quelques beautés, inspirées des anciennes, ou par d'heureuses nouveautés restées trop loin de la perfection. Mais M. Nisard ne fait pas difficulté de reconnaître que dans Montesquieu, dans Voltaire, dans Buffon, la science politique et sociale, l'histoire, l'exposition éloquente des découvertes scientifiques sont autant de facultés nouvelles de l'esprit français. Là, sont proprement les gains de la littérature française au dix-huitième siècle[1].

Il y a donc des genres communs aux deux siècles littéraires. Dans ces genres, il y a décadence. Le dix-huitième siècle ne se relève que par certaines facultés vraiment nouvelles, ou du moins restées sans emploi dans le siècle précédent.

Les *pertes*, les *gains* de l'esprit français au dix-hui-

---

1. Tome IV, p. 131.

tième siècle, son infériorité constatée dans tous les genres où il rencontre le grand siècle, sa supériorité révélée, moins par le degré du talent que par son application à des questions jusque-là négligées, voilà le plan du livre.

Ce plan est trop systématique. Il impose à l'auteur une sévérité qui nous semble excessive sur certains points. Pour justifier cette division, il faudra, de nécessité absolue, établir que la poésie, par exemple, est dans une infériorité manifeste à l'égard dix-septième siècle. Certes, la critique triomphe sans peine du lyrisme affecté de Jean-Baptiste Rousseau, de la *Henriade*, de Voltaire, et même de son théâtre. Triomphe-t-elle aussi aisément de ses *poésies légères ?* Et surtout avec quelle secrète peine elle rangera André Chénier à l'article des *pertes !* « André Chénier est comme le dernier-né des poètes du dix-septième siècle, » s'écrie le critique sincère, mais embarrassé. — Ce n'est pas non plus sans une certaine souffrance que je vois le *Mariage de Figaro* prendre honteusement sa place dans cette triste catégorie. Je ne me résigne qu'avec peine à ces conséquences du système.

J'ajoute que ce plan a l'inconvénient de ne pouvoir être d'une application universelle aux œuvres du dix-huitième siècle. Il laisse en dehors, dans des chapitres séparés, Rousseau et l'*Encyclopédie*. Quant aux grands personnages littéraires qui entrent dans les cadres ainsi préparés, ils n'y entrent souvent que par moitié. Quelques écrivains, et ce sont les premiers du siècle, se trouvent coupés en deux par l'application de cette méthode. Voltaire et Montesquieu appartiennent à l'*histoire des pertes*, l'un pour son théâtre, l'autre pour ses *Lettres persanes ;* à l'*histoire des gains*, l'un pour son *Siècle de Louis XIV*, l'autre pour son *Esprit des lois*.

Enfin, le tort le plus grave de ce plan est de ne pas

faire sentir assez nettement le progrès de l'opinion publique, et de briser la suite des temps. Comment saisir, dans cette dispersion des genres et cette dissémination des œuvres, la relation des idées aux faits qu'elles préparent ou qu'elles expriment? Les rapports systématiques de perfection ou d'imperfection littéraire sont substitués, dans le groupement des personnages, aux rapports naturels des temps et des idées. On ne peut plus suivre ni mesurer le développement de cette histoire politique et sociale. Le tableau historique et gradué des événements est effacé et fait place à un tableau méthodique, qui a sans doute son intérêt, mais un intérêt d'un tout autre ordre.

Il y a là des inconvénients que je ne voudrais pas exagérer, cependant. En les marquant trop, je finirais par être injuste pour un livre qui, en m'offrant un intérêt vif, m'a donné des émotions sérieuses. Je serais ingrat envers son auteur, qui, dans un si grand nombre de belles pages, a fortifié, élevé ma pensée, et, en réglant les plaisirs de mon esprit, les a doublés. Que de précision dans les jugements, quelle force dans les motifs, quelle autorité aisée et naturelle dans l'application de la raison au discernement des mérites ou des défauts! C'est par là qu'excelle cette critique, entraînante par les raisons qu'elle donne, irrésistible sans violence d'idée, sans exagération de mots, habile à toucher le point juste où se marque la force, où se trahit la faiblesse des œuvres ou des esprits qu'elle juge.

Il faudrait citer surtout un grave et touchant portrait de Rollin; quelques pages exquises sur le style poétique de Voltaire, sur ces vers qui semblent toujours être des expédients et qui se trouvent être par hasard des beautés là où les pensées sont fortes; une étude excellente sur la comédie dans Régnard, dans La Chaussée, sur le drame dans Diderot; l'analyse du talent de Massillon, qu'on ose appeler le rhéteur de la chaire; une critique affectueuse, vive pourtant, de Vauvenargues moraliste; des pages éloquentes sur l'esprit de l'histoire dans Voltaire, sur l'histoire naturelle dans Buffon; mais surtout un portrait de Rousseau, tracé avec une hauteur de vues et une fermeté de pinceau qui seront difficilement égalées, qui ne seront pas dépassées, et à cette occasion une peinture de *l'esprit d'utopie* qui me paraît marquer le point le plus élevé où se soit porté dans ce livre le talent de l'auteur.

Ceux qui ne connaissent M. Nisard que par les adversaires que le talent soutenu par une doctrine provoque infailliblement ou par les plaisants de bas étage qui harcèlent certaines réputations d'épigrammes surannées, feront sagement de lire ce volume pour se former une juste idée de ce que la raison peut avoir de finesse ingénieuse dans sa fermeté, d'éclat dans sa solidité. C'est un livre tout de raison, en apparence, où rien n'est donné à l'agrément ni à la fantaisie pure. Je connais cependant fort peu de livres où se rencontrent, en plus grand nombre, ces traits vifs, ces piquantes railleries, ces jugements dont la justesse est comme doublée par le bonheur de l'expression. Je croirais diminuer M. Nisard dans l'estime de mes lecteurs et dans la sienne propre, si je disais qu'il a, en certaines occasions, de l'esprit à faire peur. Mais c'est du meilleur esprit, de celui qui en donne au lecteur, au lieu de lui ôter, comme tant d'autres écrivains, ce qu'il en peut avoir.

Dans un prochain article, j'essayerai de retracer l'image de l'esprit français au dix-huitième siècle, telle qu'elle ressort à mes yeux de cette savante et profonde étude. Il pourra n'être pas sans intérêt de rassembler, sous le regard du lecteur, les traits principaux de la physionomie de ce siècle, si habile, si passionné, enthousiaste et sceptique, utopiste et frivole, déclamateur avec sincérité, sur lequel la discussion restera longtemps encore ouverte, si même jamais elle doit se clore.

L'ESPRIT DU XVIIIe SIÈCLE

Histoire de la littérature française, par D. Nisard, de l'Académie française.

Il y a dans le livre de M. Nisard, des principes littéraires, un système et une critique. Nous admettons les principes qui sont bien dignes, assurément, de fonder une doctrine et de devenir l'objet d'une foi. Nous avons fait nos réserves sur le système, qui n'est que la forme très particulière et, jusqu'à un certain point, arbitraire, de ces principes.

Heureusement, quoi qu'en puisse penser l'auteur, ce système et le plan qui en dépend ne sont pas tout son livre; on peut en discuter les mérites et juger le livre excellent; en dehors du plan, il y a tout l'esprit de l'auteur, je veux dire sa raison et son talent. Il y a sa critique proprement dite, la suite des jugements si fortement motivés, si péremptoires sur les œuvres et les hommes du xviiie siècle. Cette critique, par où le livre excelle et ne sera pas surpassé, est complètement indépendante de la division méthodique à laquelle j'aurais, pour ma part, préféré la suite naturelle des temps et des idées.

C'est de cet ensemble de jugements littéraires que nous voudrions exprimer l'image de ce qu'on appelle *l'esprit du dix-huitième siècle*. Y a-t-il réellement un esprit de ce genre? Et s'il y en a un, de quoi se forme-t-il?

I

L'esprit du dix-huitième siècle a comme instrument de domination l'Opinion. Par elle, il agit, il conquiert successivement les esprits, il triomphe des dernières résistances, il règne. Il faut voir à quel prix et comment, croyant la conduire, il lui obéit.

C'est un pouvoir nouveau qui naît dans la décomposition de tous les autres. Tous les historiens du dix-huitième siècle ont signalé les circonstances politiques et sociales qui favorisèrent en France la naissance et le développement de ce pouvoir : la désorganisation de toutes les institutions, dont aucune ne garde cette foi en elle-même qui est le principe de la stabilité ; la contradiction profonde d'une monarchie absolue dans ses formes et dénuée de tout prestige, ne se prouvant plus à elle-même l'étendue de son autorité que par ses caprices, usant sa puissance légale dans des alternatives d'arbitraire et de faiblesse ; une aristocratie inutile et corrompue, privée de cette décoration de la gloire, qui aurait caché sa frivole faiblesse, la première à se railler des préjugés par lesquels elle existe, applaudissant à toutes les entreprises nouvelles par lesquelles elle va périr ; des parlements donnant l'exemple d'une opposition qui n'eût été fructueuse que si elle s'était rattachée à des principes, mais qui fut stérile comme toute opposition sans idée de gouvernement et sans programme ; une Église mondaine, ayant comme une mauvaise honte du dogme, sécularisant de plus en plus son enseignement, faisant, de la prédication, un art tout laïque, où le christianisme ne fait plus guère que la figure d'un système de philosophie. Partout se marque cet affaiblissement, cet affaissement des pouvoirs réguliers auxquels on ne croit plus guère et qui donnent le triste exemple de ne plus croire à eux-mêmes.

Comme il n'y a plus de foi officielle à laquelle se soumettent les raisons, chacune s'affranchit et s'habitue insensiblement à se faire juge de toutes choses. Ainsi s'établit tout naturellement et sans secousses, dans le déclin des institutions publiques, une puissance jusque-là inconnue qui, née de leurs ruines, se fortifie de leur faiblesse, et qui, n'étant ni définie ni constituée, a l'avantage d'être insaisissable par sa mobilité même, par sa dispersion, par ses fuites habiles; irrésistible par ses retours, par sa mobile ténacité, par sa légère universalité; trop peu consistante pour être attaquée de front par les pouvoirs établis, et n'en offrant pas moins aux idées nouvelles un point d'appui suffisant pour soulever le monde.

L'opinion, c'est tout simplement le public suivant avec curiosité le développement des événements ou des idées, et donnant tout haut son avis, applaudissant aux bons endroits, sifflant aux mauvais. C'est le public se tenant au parterre, en attendant l'heure de monter sur la scène.

L'avidité de ce public, impatient et éveillé, ne trouve pas de quoi se satisfaire dans la conversation des salons, qui, si nombreux et si peuplés qu'ils soient, n'accueillent pourtant que le petit nombre. C'est alors que paraît une littérature nouvelle à son usage, littérature improvisée, fortuite, née du hasard, de l'à-propos, littérature de l'heure et du jour, qui n'est pas encore le journal, mais qui le deviendra; qui ne survit pas à l'occasion, mais qui multiplie l'écho de chaque idée et la prolonge jusqu'aux dernières limites de la publicité : c'est la conversation écrite, faisant suite à la conversation parlée, et répandant avec une fécondité sans exemple les bruits et les idées, les railleries et les espérances, les chimères et les vérités nouvelles, sous toutes les formes possibles, petits traités, chansons, apologues, contes, brochures. C'est la littérature du pamphlet.

Le pamphlet est partout : il est dans l'Église même, où des sermonnaires, gagnés à l'économie politique, adressent des apostrophes à la sainte agriculture et louent la charrue plus que la croix; il est au théâtre surtout où la tragédie elle-même n'est plus, sous des noms anciens, qu'une déclamation en l'honneur des idées nouvelles. L'opinion a fait une littérature à son usage; elle fera des ministres à son image; Malesherbes et Necker sont moins les ministres de Louis XVI auprès de son peuple que ceux de l'opinion auprès du roi. En même temps que Malesherbes, porté au ministère par la faveur publique, prend sa place dans les conseils de la monarchie, il rend ses devoirs à l'opinion dans son célèbre discours à l'Académie, où il constate l'avènement et définit la nature du pouvoir nouveau, qu'il représente dans le gouvernement, comme Voltaire le représente dans les lettres.

L'opinion eut ses ministres, elle eut aussi ses courtisans parmi les plus grands, les plus brillants esprits de ce siècle. Ce qu'elle leur donna d'influence, elle le leur fit payer par bien des exigences. L'opinion est comme la popularité. A de rares exceptions près, on ne la gagne qu'en s'en faisant l'homme-lige. Quelques âmes hautes, quelques volontés impérieuses l'ont prise de force et domptée. Mais la plupart de ses favoris et même de ses tyrans ont commencé par être ses esclaves; pour la dominer, ils l'ont flattée.

Quand jamais ce servage parut-il plus clairement qu'au dix-huitième siècle? L'opinion est mobile, capricieuse; elle a des engouements et des répugnances inexplicables; elle ne s'en tient ni à l'expression fixe de la vérité qu'elle a une fois adoptée, ni au culte fidèle des talents qu'elle a une fois proclamés. Il faut retenir sa mobilité, fixer ses caprices en l'occupant toujours de soi. De là cette incessante et dévorante activité des écrivains de ce temps, des Voltaire, des Diderot, attentifs à ne pas laisser la faveur publique se distraire ailleurs. De là une improvisation perpétuelle qui ne tourne pas également à la gloire de tous, et qui, même sur les œuvres les plus considérables, a laissé quelque chose d'inachevé et d'incomplet.

De plus, l'opinion se laisse gagner de temps en temps à de généreux enthousiasmes; mais elle ne se tient pas sur ces hauteurs, où elle atteint parfois. Elle est vive, elle est légère, elle aime qu'on l'amuse, au moins autant qu'elle aime qu'on l'instruise. N'est-elle pas formée de cette multitude d'esprits curieux et plus ou moins intelligents, mais chez qui le fond moral est souvent bien inconsistant, bien léger? On pourrait entreprendre de faire l'éducation de l'opinion; il semble que ce soit la tâche des grandes intelligences. Ce serait une noble façon d'asservir l'opinion que de l'éclairer, de la moraliser. Mais la tâche serait ardue, l'entreprise incertaine et longue! Il est plus facile de l'asservir en l'amusant. C'est ce que fit la littérature du dix-huitième siècle.

De là, quelques-uns de ses caractères : trop souvent, au lieu d'être une règle pour l'esprit public, elle fut pour lui une distraction frivole ou licencieuse. Elle flatta ses goûts avec ces satires, ces poèmes grotesques, ces contes parfois charmants, modèles de la plus ingénieuse et de la plus élégante dépravation où l'opinion trouvait encore des raisons suffisantes d'esprit et de talent pour applaudir sans honte. Voltaire fut, de tous les écrivains de ce temps, celui qui sut le mieux régner par l'opinion en l'amusant, parfois même en la corrompant. Mais les plus graves esprits, comme Montesquieu, lui firent d'étranges concessions. Dès qu'il fut avéré qu'un peu de licence dans les écrits n'était pas un moyen inutile de propagande, on chercha dans ces tristes expédients un secours pour les idées les plus sérieuses. Ces espérances regrettables n'étaient pas trompées. Les *Lettres persanes* eurent infiniment plus de lecteurs que l'*Esprit des lois*.

Mais sans même parler de cet art licencieux qui fut mis au service de l'esprit nouveau, ne doit-on pas regretter cette habitude de rire toujours et de plaisanter à tout propos, qui est le caractère propre de ce qu'on a appelé le voltairanisme et qui se manifeste par l'absence de sérieux, même dans les sujets les plus élevés; par une légèreté de critique, une insuffisance d'érudition à laquelle ne supplée pas l'abondance des épigrammes; par une frivolité de discussion tranchante et superficielle, qui fait que, même pour les voltairiens, la critique religieuse de Voltaire est à refaire? Sans récriminer contre une des qualités les plus séduisantes de l'esprit français, n'en doit-on pas blâmer énergiquement l'emploi perpétuel, l'indiscrète application à toute occasion et hors de propos? Cela vient évidemment d'une fâcheuse condescendance de l'écrivain, qui se met au niveau de son public, au lieu de l'élever jusqu'à lui. Quand tous les esprits sont également invités à juger de chaque chose, la tentation est forte pour un auteur de les attirer à lui par la plaisanterie, qui est l'art de montrer chaque question sous son côté vulgaire ou grotesque.

La plaisanterie ne dénature pas seulement les questions sérieuses qu'elle touche. Elle crée une illusion perfide dans les esprits auxquels elle s'adresse. Elle les persuade que là où ils ont trouvé à rire, ils ont suffisamment compris. Combien de nos aimables contemporains en sont restés, sur toutes ces questions, à la plaisanterie séculaire qui les résume! Ils se disent *fils de Voltaire.* Mais Voltaire désavouerait, à coup sûr, ces mauvais plaisants qui ne sont que des échos.

On voit de quel prix l'opinion fit payer à la littérature du dix-huitième siècle la faveur dont elle l'entoura et qui en fit une irrésistible puissance. Elle lui imposa des exigences qui l'abaissèrent. Elle la déshabitua de la réflexion, du travail; elle la mit, au moins pour une part considérable de ses productions, au régime dangereux de l'improvisation; elle lui donna la triste tentation de vulgariser tous les sujets par la plaisanterie, et de chercher dans la frivolité licencieuse une amorce pour les idées.

Ces humiliations acceptées, subies, recherchées même, en vue de plaire à cette souveraine d'humeur fantasque, l'opinion, l'habitude de condescendre aux instincts de l'esprit de tous, lesquels ne sont toujours ni très distingués ni très élevés, voilà, sans doute, une coupable faiblesse de la littérature du dix-huitième siècle. Est-ce tout, et ne devons-nous pas marquer d'un trait rapide quelques autres de ses défauts les plus saillants, ses prétentions non justifiées, ses exagérations, les lacunes de la philosophie qui l'inspire?

Ses prétentions, qui n'en a ouï parler? N'en est-ce pas une, bien connue et bien plaisante, que cette affectation de retour à la nature qui se marque dans un si grand nombre d'œuvres et qui est la chimère de tant d'esprits? On dirait que la nature a été ignorée avant le dix-huitième siècle, et qu'aucune observation n'a encore saisi l'homme dans ce fonds qui ne change pas. C'est Diderot qui va nous le révéler sur la scène, dans cette *Comédie sérieuse* dont la grande innovation sera de substituer la *condition* au *caractère*. C'est Rousseau qui va découvrir au fond de la forêt de Saint-Germain et rapporter de ses solitaires promenades ce type de simplicité et d'innocence, *l'homme selon la nature,* qu'il opposera, avec la monotonie d'une déclamation fatigante et d'une passion fixe à l'image déshonorée de l'homme social. Ce sont tous les écrivains à la suite célébrant l'innocente douceur des passions qui sont la voix de la nature dans le cœur de l'homme, et qu'un ascétisme insensé a immolées jusqu'à ce jour à la superstition. Voilà une des surprises que nous réserve l'histoire, de voir une littérature si peu naïve s'éprendre, par une illusion rétrospective, de la chimère d'un état de nature, et vouloir l'imposer à un siècle enivré de civilisation.

Ses exagérations, on les trouve surtout dans cet esprit de censure à outrance qui ne fait que des ruines, dans cet esprit d'utopie qui reconstruit sur les ruines tant de rêves, et dont l'expression naturelle est la déclamation. Rousseau représente cette double tendance de critique absolue et de chimère. Je me garderai bien de recommencer ce portrait dont j'ai déjà parlé, qui tout en restant individuel, exprime un type et retrace au vif tout un côté de l'esprit du dix-huitième siècle sans rien perdre de son admirable fidélité à la ressemblance d'un homme, son modèle.

J'aimerais, si j'en avais le temps, à montrer les irréparables lacunes que présente l'esprit du dix-huitième siècle et par combien de côtés cette morale sociale qui fut sa passion, j'allais dire sa vertu, se trouve défectueuse, vacillante, incertaine. On préconise les droits, on oublie de parler des devoirs, surtout de ceux qui organisent et fondent la vie privée. On réforme le monde, mais on se dispense de se réformer. Il y a là le plus plaisant contraste entre les mœurs et les doctrines. Il semble que la prédication tienne lieu du reste, et que la grande entreprise d'affranchir l'humanité esclave et superstitieuse soit tellement au-dessus de l'effort qui produit la vertu, qu'elle en dispense le libérateur. Un Lycurgue, un Solon de l'humanité ne peuvent s'abaisser sous la règle qui convient au grand nombre. Les sentiments généraux dominent dans ces âmes privilégiées, il faut les tenir quittes des petits devoirs. Quand la doctrine est si grande et le talent si beau, que prétendez-vous? Que demandez-vous davantage?

On adore l'humanité. Cela n'est-il pas plus utile, cela ne vaut-il pas mieux que de dévouer une vie vulgaire à des devoirs mesquins étouffés dans l'obscur horizon d'une famille? Ainsi pensaient et agissaient, d'instinct au moins, ces réformateurs incapables de donner à leur doctrine la sanction de cette probité sévère, de cette austérité qui s'établit dans l'estime des hommes incapables même, comme on l'a si bien dit, de faire respecter leurs talents par leur vie.

Quelques-uns d'entre eux ont sincèrement aimé l'humanité, mais ils ne l'ont pas respectée, ni en eux-mêmes, ni dans les autres. Rousseau ne l'a pas respectée en lui-même; il en a profané trop souvent l'auguste image par le cynisme affecté de quelques-unes de ses *Confessions*, par le mépris des devoirs les plus simples que la vie impose. Voltaire se moque de l'humanité tout en l'aimant. Il raille ses misères, il les énumère à plaisir, il en triomphe avec sarcasmes contre la Providence. Il défend bien des causes où la dignité de l'homme est intéressée. Mais quel mélange d'idées et de tons disparates! Que de fois il profane sa plume vouée à ces nobles causes! Est-ce donc aimer de la bonne manière l'homme que de vouloir l'affranchir sans l'élever, de prétendre *briser ses fers*, le soustraire à la superstition et au despotisme tout en souillant son imagination?

Ce qui manque à l'esprit du dix-huitième siècle, c'est l'intelligence et le sentiment du christianisme, qu'il interprète avec une ignorance, qu'il discute avec une légèreté incomparable, qu'il détruit dans les âmes, sans le remplacer. Au delà de cette critique implacable et pourtant superficielle des dogmes chrétiens, on rencontre une critique non moins vive, sinon plus approfondie, des dogmes philosophiques. La haine du dix-huitième siècle pour la religion n'a d'égale que son mépris pour la métaphysique. Le doute théologique produit l'incrédulité, du doute métaphysique sort le scepticisme absolu. Dans ces différentes formes de la critique appliquée soit à la religion chrétienne, soit à la philosophie cartésienne, on chercherait en vain quelque sentiment des vérités supérieures, une émotion ou un regret, quelque chose qui marque l'élévation ou la gravité de l'esprit. On fait des ruines, on les entasse en riant. Seul, Rousseau s'est occupé de retrouver Dieu, et cette recherche nous a valu ses pages les plus éloquentes. Montesquieu et Buffon s'occupaient ailleurs. Quant au Dieu de Voltaire, on sent trop qu'il ne remplit, dans son système, qu'un rôle de magistrat. C'est sur une nécessité sociale plutôt que sur une nécessité philosophique que repose son existence officielle. On se tient tout prêt à l'inventer, s'il est démontré qu'il n'existe pas. On a besoin, pour le bon ordre de la société, qu'il y ait un ministre surnaturel de la police, auquel n'échappe aucun délit contre la propriété ou la vie des citoyens. S'il a bien rempli cet office, on le dispense du reste.

On a prétendu que le sacrifice de la métaphysique était un sacrifice nécessaire dans l'intérêt de la tolérance ; que toutes ces questions n'étaient bonnes qu'à entretenir dans cette pauvre humanité de puérils et lamentables conflits ; que renoncer à tout cet ordre de questions était le commencement de la sagesse. C'est une grande erreur qui finira par devenir évidente à tous les yeux. On finira par voir que ce fut là précisément l'erreur fondamentale du dix-huitième siècle, de croire que la morale politique pouvait se passer de principes, de croyances métaphysiques et de foi. L'incrédulité et le scepticisme, à la longue, isoleraient l'homme de l'homme. Si j'aime mon semblable, si je le respecte, c'est que je respecte et que j'aime en lui cette humanité vraiment divine par son origine et par sa fin, cette humanité qui ne peut m'intéresser que si j'y vois une réunion auguste, une perpétuité de pensées, de cœurs, de volontés libres, soumises à une loi immuable, créées par le même Principe pour la même épreuve. Voilà la source véritable du sentiment social. Là seulement, là, dans l'âme affirmée, dans l'âme immortelle et libre, est le foyer sacré de la justice, du droit, du devoir. Là seulement est la raison suffisante de toute vertu, de tout dévouement. Si l'homme n'est que la manifestation aussi fortuite que passagère de forces purement physiques, donnant ou retirant la vie, selon des lois mécaniques, à un concours d'atomes, j'ai beau faire, j'ai beau exciter ma sensibilité, mon imagination ; tout languit, tout reste froid en moi. Je ne puis m'intéresser bien vivement à cette humanité à laquelle aucune espérance commune ne me rattache, avec laquelle je n'ai de commun que le supplice de la pensée dans la misère d'une destinée accidentelle, sans autre issue que le néant incompréhensible ou le retour plus incompréhensible encore à l'Être universel.

II

Malgré toutes ces imperfections et ces lacunes, l'esprit du dix-huitième siècle nous offre de grandes parties et a légitimement remporté de grandes victoires. Les dissimuler ou les amoindrir ne serait pas de notre goût. Ce n'est pas un réquisitoire que nous avons voulu dresser; ce ne sont pas des motifs d'ingratitude que nous avons cherché à nous donner à nous-même; il nous restera encore une admiration sincère pour les grandeurs et les bienfaits de cet esprit immortel dans quelques-unes de ses inspirations. Nous avons voulu seulement écarter les prestiges et les ombres, pour en mieux contempler l'image durable et pour n'admirer qu'elle.

Mais, ici, qu'avons-nous à dire qui puisse être un peu nouveau et que chacun de nos lecteurs n'ait présent à sa pensée? Qui ne connaît ces impérissables résultats conquis par la raison humaine sur l'opiniâtre immobilité des gouvernements, la conscience affranchie, la justice sociale, l'équité établies, l'humanité intrépidement défendue, la pénalité réformée, les législations adoucies, la naissance de l'esprit politique, la science sociale se créant, s'organisant, le droit d'examen et de contrôle revendiqué par l'opinion publique sur les dépenses et les actes des gouvernements, tout un vaste ensemble de théories se developpant simultanément, agitant les intelligences, passionnant le cœur d'un grand pays, aboutissant enfin à ce grand mouvement de 89, qui fut une magnifique explosion de raison et de liberté, de bon sens et d'enthousiasme?

A quoi bon retracer, en traits affaiblis, des tableaux qui vivent dans toutes les mémoires? Dans cette œuvre collective des grands esprits du dernier siècle, chacun peut revendiquer sa part et comme son œuvre propre. Voltaire a défendu la liberté de conscience. Il a aimé et défendu l'esprit humain, ses droits, ses progrès surtout dans l'ordre intellectuel; il a poursuivi constamment un état social où les lumières plus répandues fissent des mœurs plus douces, et bien que cet idéal ne soit pas des plus élevés, il l'a soutenu avec une énergie et une persévérance dont l'histoire lui saura gré. Le véritable nom de l'œuvre qu'il a entreprise, pour laquelle il s'est passionné, c'est la civilisation. A Montesquieu revient une gloire moins bruyante, plus solide peut-être, moins mélangée et plus pure assurément. Comme Voltaire, il a soutenu la cause de la tolérance ; mieux que lui et par des vues plus profondes, il a poursuivi la réforme de la pénalité, l'humanité et l'équité à introduire dans les lois criminelles ; le premier, dans son siècle, il a élevé la voix contre le scandale de l'esclavage ; mais ce qui restera la marque propre de son génie, c'est la science politique définitivement créée, fondée non sur de vagues spéculations, mais sur une comparaison approfondie des différentes constitutions ; c'est enfin la théorie de la séparation des trois pouvoirs, l'analyse de ce qui fait l'essence des gouvernements modérés, de ce qui est à la fois le principe et la règle de la liberté. A Rousseau revient la gloire d'une *inspiration de génie et d'un acte d'homme de bien* : Il osa parler de Dieu et de l'âme à ce siècle, et parmi ses contemporains, qui ne connaissaient guère la nature, il osa l'aimer. Tout n'est pas erreur, même au milieu de ses utopies politiques. Et quelque peu de goût que l'on puisse avoir pour le *Contrat social*, il faut bien reconnaître qu'il y a développé deux des plus importants principes de la démocratie moderne : l'égalité absolue et la souveraineté du peuple.

L'œuvre politique du dix-neuvième siècle semble être de faire entrer un troisième principe dans ce mélange des deux principes de Rousseau, d'où résulte la démocratie. La démocratie ne sera réellement fondée dans le monde que le jour où elle aura démontré qu'elle n'est pas incompatible avec la liberté. Cette cause est gagnée, théoriquement au moins. Espérons donc et relisons Montesquieu.

Son œuvre religieuse est plus délicate encore. C'est de rétablir Dieu à la source, au sommet de la morale sociale, d'où l'avait exilé la philosophie du siècle précédent, et de démontrer que le christianisme, entendu, accepté et respecté comme il doit l'être, ne répugne à aucun des résultats politiques de l'esprit du dernier siècle, chacun de ces résultats n'étant qu'une juste conquête de la raison, et le christianisme s'honorant lui-même par toutes les conquêtes de la justice et de la vérité qu'il a provoquées dans la vie des peuples.

M. NISARD

Études de critique littéraire, 1 vol. in-18, 1858. — Études d'histoire
et de littérature, 1 vol. in-18, 1859.

La haute critique me semble être soumise à deux devoirs contradictoires, l'un qui veut que chaque écrivain sérieux élève un monument littéraire au juste niveau de sa science et de ses talents; l'autre, qui exige de chaque juge autorisé une continuelle intervention dans les affaires littéraires de son temps et de son pays, le témoignage de sa sympathie ou de son blâme sur les événements intellectuels auxquels, seul, il n'a pas le droit d'assister en silence. La difficulté n'est pas médiocre de travailler à sa propre gloire sans négliger les intérêts du public, de concilier ce qu'on se doit à soi-même et ce qu'on doit aux autres. M. Nisard me semble avoir résolu, sans effort, ce difficile problème. Il faut l'entendre parler, avec un égal amour, de ces deux ouvrages que tout auteur a ou devrait avoir sur le chantier : « L'un, c'est le préféré, qui traite d'un sujet déterminé, qui porte un titre et qui doit s'achever; l'autre, sans sujet et sans titre, auquel il travaille par occasion, pour se reposer du premier; celui-ci se continue sans avoir commencé, il s'arrêtera sans finir. C'est moins un ouvrage qu'une manière de *Mémoires* où l'écrivain s'interrompt de son étude favorite pour donner, sur certaines choses ou certains hommes de son temps, son sentiment d'homme vivant de la vie de tous. Livre vrai comme l'autre, s'il pouvait arriver à être un livre, et peut-être le plus vrai des deux; car, tandis que l'un ne marque que la suite des pensées de l'écrivain sur un sujet particulier, l'autre raconte la suite et les vicissitudes de sa vie morale. » Heureux qui peut, comme M. Nisard, mener à bien ces deux grandes entreprises, écrire un livre définitif sur le sujet choisi; le continuer à travers les agitations de la vie publique et les chagrins de la vie privée, l'amener, par un effort suivi et réglé, à sa dernière page, sans avoir pour cela jamais abdiqué ni le devoir d'une noble curiosité qui s'intéresse à tous les symptômes de l'esprit public, ni la juste influence qui s'attache à la parole de ces maîtres de la critique, d'où dépendent, en dernier ressort, après les premières surprises de l'opinion, la fortune des ouvrages et le rang des talents. Pendant que se poursuit cette profonde *Histoire de la littérature française*, l'œuvre d'une vie, dans l'intervalle de deux grands chapitres, M. Nisard, allant à un autre travail comme à un repos, écrit sur certaines choses ou certains hommes quelques-unes de ces pages excellentes et vives, comme celles qu'il donne de temps en temps et qui, plus tard, recueillies en volumes, deviennent des témoignages d'un grand prix pour l'histoire de son temps. C'est d'ailleurs prendre trop de précautions contre la légèreté du lecteur, que de nous avertir, comme le fait M. Nisard, qu'il met à ces pages rapides le même soin qu'aux feuillets du livre qui s'achève, et qu'il goûte trop peu les fantaisies dans les écrits des autres pour s'en permettre dans les siens. Il est de ceux dont le nom suffit pour recommander ce qu'il écrit. Et, bien que la matière des deux derniers volumes que nous annonçons soit fort mêlée, chaque page de ces volumes a la même valeur; chacune porte le signe de son esprit; qu'il s'agisse de morceaux purement littéraires, de souvenirs de voyages, de biographies, d'articles de philosophie morale ou sociale, sans l'ombre de pédantisme, c'est toujours la même doctrine qui se répand dans tous et fait l'unité de tant de sujets divers; c'est toujours la même foi littéraire qui donne, sans nulle monotonie, son accent à tout ce que dit l'auteur.

Deux traits impriment à ces Mélanges leur vrai caractère : c'est un austère et viril amour des lettres et le goût de l'observation morale. Ces deux sentiments me semblent être à la fois l'inspiration des écrits de M. Nisard et la règle qui lui sert à juger les écrits des autres.

L'amour des lettres produit des effets très divers selon les esprits. Il en est chez qui cet amour tourne à une sorte d'épicurisme délicat et qui se contentent de jouir en vrais raffinés des sensations divines qu'il donne. Chez M. Nisard, l'amour des lettres n'est pas seulement une jouissance, j'oserais dire qu'il devient une forme de la vertu, la vertu intellectuelle. Cet amour produit en lui, en même temps que la plus noble des voluptés, l'inquiétude et le besoin d'un devoir à remplir. Il lui inspire le goût des luttes généreuses et l'ardeur du prosélytisme, la volonté courageuse de se porter au secours de la vérité littéraire qui souffre. C'est mal aimer les lettres, selon lui, que d'y chercher seulement des occasions de plaisir. Au-dessus des impressions, il place les opinions, et il fait dépendre les siennes de principes élevés et fixes. Le plaisir littéraire ne doit être, à son sens, que le signe et la récompense de la vérité trouvée. Et s'il est des jouissances moins pures que nous promettent les procédés d'une littérature complaisante, il les condamne avec une sévérité qui n'est que le témoignage de la raison outragée. La raison! c'est d'elle que relève toute sa critique; la raison prouvée par la perpétuité de la tradition, la règle appuyée sur l'exemple des plus excellents écrivains de tous les temps. Il aime l'autorité en littérature comme ailleurs. Il veut que la littérature soit gouvernée, c'est-à-dire défendue contre les entreprises et les tentatives de toutes sortes. Ce n'est pas pour les droits de la fantaisie qu'il tremble, bien persuadé que ces droits, s'ils existent, sauront se maintenir tout seuls et s'exercer au delà même de leurs limites naturelles. C'est pour la raison que le péril lui semble à craindre; c'est elle qu'il redoute de voir trahie et par la légèreté d'une littérature à laquelle toute règle semble insupportable et par la molle complicité d'un public que tout effort d'attention effraye.

M. Nisard n'ignore pas les périls de cette sorte de critique militante. « Elle a, nous dit-il, la prétention de régler les plaisir de l'esprit, de soustraire les ouvrages à la tyrannie de *chacun son goût,* d'être une science exacte plus jalouse de conduire l'esprit que de lui plaire; elle s'est fait un idéal de l'esprit humain dans les livres; elle s'en est fait un du génie particulier de sa nation, un autre de la langue française; elle met chaque auteur et chaque livre en regard de ce triple idéal; elle note ce qui s'y rapporte, voilà le bon; ce qui en diffère, voilà le mauvais. Si son objet est élevé, si l'on ne peut pas l'accuser de faire tort ni à l'esprit humain qu'elle veut contempler dans son unité, ni au génie de la France qu'elle veut montrer toujours semblable à lui-même, ni à notre langue qu'elle défend contre les caprices du goût, il faut avouer qu'elle se prive des grâces que donnent aux autres sortes de critiques la diversité, la liberté, l'historique mêlé aux jugements, la beauté des tableaux, le piquant des portraits. J'ai peut-être des raisons personnelles pour ne pas mépriser ce genre, j'en ai plus encore pour le trouver difficile et périlleux. »

Je soupçonne M. Nisard de s'exagérer quelque peu l'austérité du genre de critique auquel il s'est voué avec une si mâle conviction. En lisant ces deux volumes, on ne s'aperçoit guère, en vérité, qu'il y manque ni cette libre variété des aperçus, ni cette justesse piquante des portraits, ni cette large touche des peintures historiques, dont il semble vouloir se refuser l'attrait. Depuis ce *Manifeste contre la littérature facile* qui a su conserver après tant d'années tout son à-propos, et que l'on croirait écrit pour combattre des ridicules et des travers de la littérature d'aujourd'hui, s'il ne marquait une date mémorable dans l'histoire de la littérature sortie de la révolution de 1830, jusqu'à cette étude sur *Vauvenargues*, une de celles que sa date rapproche le plus près de nous, que de sujets différents et quel art pour renouveler l'intérêt de la doctrine sous les formes les plus piquantes et les plus variées! Citons, au gré de notre mémoire hésitant entre des souvenirs également vifs, *la Critique dans M. Saint-Marc Girardin, Joseph de Maistre épistolaire, Madame de Maintenon*, l'*Étude sur la vie de Bossuet*, le jugement si plein d'autorité sur les *grands sermonnaires français*, les *Discours académiques* qui méritaient à tant de titres de survivre à la journée dont ils ont été l'événement, quelques pages surtout, pleines d'âme, sur *la mort d'Alfred de Musset*.

Dans tous ces morceaux d'une littérature exquise et forte, on peut saisir à travers la variété des ressources littéraires le véritable esprit critique, qui n'exclut pas le don de la sympathie et de l'admiration, mais qui donne ses motifs pour aimer et pour admirer. C'est peut-être cette fermeté de jugement qui manque le plus complètement à la critique contemporaine. Elle a de bruyantes colères et des délires d'enthousiasme; mais ni ses enthousiasmes ni ses colères ne s'expliquent suffisamment. Une épithète merveilleuse coûte moins à trouver qu'un simple motif à énoncer. Il est plus facile d'exalter une œuvre ou de la diffamer que de la juger. Et pourtant la seule critique qui soit utile, n'est-ce pas celle qui peut convaincre, et peut-on convaincre quand on se contente, comme comme cela est de mode, d'étaler bruyamment ses impressions, sans même chercher à les justifier par quelques raisons?

Et que l'on n'aille pas croire que cette pénétration du sens critique ôte rien à la vivacité des sympathies. Savoir pourquoi l'on admire, est-ce une raison pour admirer moins? Et de quel droit l'irréflexion viendrait-elle s'arroger le privilège des sentiments vifs? En quoi cette chaleur turbulente du sang ou des nerfs, qui déborde en exclamations et en images, et dont la critique abuse si fort aujourd'hui, vous semble-t-elle supérieure à cette ardeur réfléchie qui n'est autre chose, à sa source, que la raison émue? Quand on lit avec attention ces pages de libre critique, on n'a pas de peine à se convaincre qu'il n'est pas d'intelligence plus sympathique que celle de M. Nisard à tout ce qui est réellement élevé et beau. La louange n'y est pas rare, et quelle valeur elle emprunte aux motifs dont elle est toujours accompagnée! Certes, si l'on se fiait à ces préjugés absurdes et si puissants néanmoins que la basse littérature propage obstinément contre certains noms dont l'influence lui pèse, parce que ces noms représentent la plus intolérable des tyrannies, le bon sens, si l'on consultait les échos de certains estaminets qui prétendent, à certains jours, être la voix de l'opinion éclairée, on devrait croire qu'il y avait antipathie irréconciliable de race et de situation littéraire entre M. Nisard le grand justicier de la fantaisie, et ce poète charmant qui certes ne fut pas toujours le poète de la raison, Alfred de Musset. Voyez pourtant. Connaissez-vous beaucoup de jugements qui vous semblent plus justes, plus fins, plus sympathiques surtout? La sympathie est si réelle chez le critique que, par une innocente contrainte, il finit presque par attirer à lui le gracieux poète et par expliquer ingénieusement ses plus vives qualités en leur donnant je ne sais quel air de parenté inattendue avec la raison : « Je n'ôterais rien, dit-il, à d'autres poètes illustres en disant que chez eux l'imagination a tous les rôles, tandis que dans Alfred de Musset elle n'a que le sien. La sensibilité vive et profonde n'a point de rhétorique. L'imagination n'en prend point la place et n'y ajoute rien. Nous en sommes d'autant plus touchés que l'expression en est plus discrète. Nous n'avons pas affaire à un poète éploré à froid que mène la rime, mais à un homme vrai qui, loin de nous accabler de tout ce qu'il aurait pu sentir, fait un choix même dans ce qu'il a réellement senti. L'imagination ne se mêle pas non plus à ce qui est proprement l'esprit dans Alfred de Musset... Chez lui l'esprit est si français que ce n'est pas assez de l'appeler français ; on veut encore qu'il soit gaulois, tant il est de toutes les époques de notre nation. Don charmant, aussi loin de la grimace ingénieuse qui s'évertue à lui ressembler que de ce qu'on appelle le mot, genre d'esprit qui a le tort d'être attendu et de tromper l'attente. On ne l'a pas un peu, on l'a tout entier et en perfection ; et quand on l'a, on est de la descendance de Voltaire, de la Fontaine, avec les nuances du temps et de la personne. Ces noms nous définissent cet esprit ; c'est le bon sens, c'est le trait sous lequel il y a toujours une vérité. — Voilà l'esprit chez Alfred de Musset. Il n'égaye jamais sans faire penser. C'est la raison à sa source, dans sa naïveté souriante, quand celui qui en est doué n'a pas encore songé à s'en servir, même pour lui-même, non plus qu'à en régenter les autres. »

Le vérité littéraire, pour M. Nisard, se distingue, mais ne se sépare point de la vérité morale. Les lettres ont cela d'excellent, à ses yeux, que non seulement elles nous apportent les plus hautes jouissances de l'esprit, mais aussi qu'elles tournent à notre profit personnel en nous apprenant à nous connaître. Elles ajoutent à notre valeur morale en nourrissant les sérieuses méditations, en nous habituant à de salutaires retours, en nous avertissant à chaque instant de nous-mêmes. Le fond des lettres, n'est-ce pas l'homme, et le sujet éternel, n'est-ce pas toujours notre cœur? « Le plaisir qu'on goûte à lire les chefs-d'œuvre, c'est celui de l'absent qui rentre chez soi. On relit pour se retrouver, et le cercle n'est pas si étroit qu'il paraît être. Voyage pour voyage, tel qui passe toute sa vie à courir devant lui, à la recherche de tout ce que les hommes ont pensé, fait peut-être moins de chemin que celui qui se poursuit sans cesse dans ses diversités infinies, dans ces pensées qui se cachent derrière la pensée présente, dans ce fond toujours fuyant où nous entrevoyons, à travers des ténèbres transparentes, tout un autre nous-même, qui n'est pourtant pas le dernier. »

Il aime les livres qui parlent à l'homme, de lui et contre lui. Ce qu'il aime dans les livres des autres abonde dans les siens. Nul écrivain n'a au même degré ce goût de l'intérieur, cette curiosité des secrets mobiles de la conduite et du caractère. Mais, qu'on ne s'y trompe pas, rien ne diffère davantage de cette curiosité méprisante du sceptique. Il s'est créé de nos jours je ne sais quelle aristocratie de penseurs (deux peut-être, trois au plus) pour qui sont réservées les pures délices de la haute science, et qui estiment que l'humanité inférieure pourrait bien n'avoir d'autre destinée que d'amuser leur orgueilleux ennui. M. Nisard a horreur de ces vaniteux contemplatifs. Sa curiosité est une curiosité vraiment morale, parce qu'elle procède non de l'orgueil, mais de la sympathie. D'ailleurs il connaît trop bien le fond de l'homme pour ignorer le sien, pour s'excepter lui-même de sa race et s'abstraire de sa nature. Il commence par s'appliquer à lui-même ce devoir de se connaître qui est, si je puis dire, la morale de toute sa critique.

C'est dans la grande étude sur *Vauvenargues* que s'expriment à l'aise son goût vif pour cette *géorgique de l'âme* et ses jugements sur les différents moralistes. Il faut le voir remettre à son rang véritable Vauvenargues, porté trop haut par l'enthousiasme bien naturel de M. Gilbert, tout à côté de La Rochefoucauld, de Pascal, de Nicole, de la Bruyère. Vauvenargues n'est pas de ceux-là, s'écrie M. Nisard. Le trait commun de ces quatre grands moralistes, c'est qu'ils traitent les passions en suspectes; Vauvenargues, au lieu de nous prévenir contre nos passions, nous les recommande; peu s'en faut qu'il ne prenne leur défense contre le mal que ses prédécesseurs nous en ont dit. Cela seul suffit pour que l'autorité lui manque, et le premier rang n'est dû qu'à ces grands hommes chez qui se sent cet effet, qui n'est que l'irrésistible impression de la raison élevée jusqu'au génie. Tout ce morceau est écrit avec la même finesse et la même élévation.

Et pourtant, si je devais choisir, parmi tant de morceaux variés, celui qui me semble réunir au plus haut degré la nouveauté des aperçus, la justesse continue du fond, l'intérêt du sujet soutenu par la vivacité du style, je n'hésiterais pas à désigner l'étude sur *lord Byron et la société anglaise*. On n'avait jamais analysé aussi profondément les étranges contrastes qui abondent dans la vie de lord Byron et qui se prolongent jusque dans la destinée posthume de son nom. Les causes littéraires et morales de la popularité du poète vivant, son exil volontaire, les causes de la disgrâce de l'homme dans la plus grande popularité du poète, les causes de la défaveur où sont tombées les poésies de lord Byron depuis sa mort, enfin l'analyse des beautés durables qui les feront vivre, telle est la division de cette étude où l'homme, le poète, son temps et son pays se représentent à nous dans un saisissant relief. Là est le triomphe de ce genre de critique à la fois littéraire et morale. L'art réussit à faire d'un morceau de critique un vrai drame où la terreur et la pitié sont répandues d'une main d'autant plus sûre de son effet qu'elle est plus discrète. La conclusion a de la grandeur; l'impression générale est de la plus haute moralité, et quand on a suivi avec attention ce récit psychologique, quand on s'est rendu présent, par l'art et l'émotion du narrateur, ce combat à outrance du poète contre l'opinion, bien plus, contre des principes, jusqu'au jour où, vaincu une première fois par les mœurs de son pays, il l'est une seconde fois et irrémédiablement par la mort, on sent jusqu'au fond de l'âme, mais non sans une pitié profonde pour celui qui en fut la victime, la justesse terrible de cette grande loi que le plus puni du scandale d'un livre c'est souvent l'écrivain, et que le génie sans croyance n'est que le plus vulnérable des amours-propres.

C'est à cette même passion pour l'observation morale que je rapporterais ce développement du sens historique, très sensible chez M. Nisard, surtout dans les derniers volumes. C'est encore l'homme que cherche M. Nisard dans l'événement; ce sont ses fautes, ses passions, ses grandeurs qu'il poursuit dans ses larges et lumineuses études sur *Mirabeau*, sur le *Procès de Marie Stuart*, sur *Quelques personnages de la Révolution*, sur *Napoléon I*[er]. L'histoire n'est pour lui que le théâtre agrandi de la conscience ; et si, en ces différents morceaux, il apporte une telle sagacité dans l'analyse des causes les plus cachées et dans la poursuite des effets souvent les plus lointains, s'il pénètre si subtilement dans l'intimité des faits, il n'en faut pas faire honneur seulement à l'historien préoccupé de la vérité du récit ou de la justification de son système; c'est surtout au moraliste épris du mystère, stimulé par la nouveauté ou la grandeur du problème. Cette curiosité sympathique pour l'homme, intimement associée à la sévère passion de l'idéal, n'est-ce pas là ce qui définit l'originalité de M. Nisard? et si cette part est la sienne, a-t-il rien à envier à quelque autre écrivain de ce temps?

TABLEAU

DE LA LITTÉRATURE FRANÇAISE

Au seizième siècle, suivi d'études sur la littérature française du moyen âge et de la Renaissance, par M. Saint-Marc Girardin.

Voici une fort jolie préface. Plût à Dieu que toutes les préfaces fussent aussi spirituelles et aussi courtes! « J'avais un de mes amis en Limousin qui habitait une méchante maison. On le pressait de bâtir, et il promettait de le faire. Un jour, je lui en parlai : — Ma maison est prête, me dit-il, et me menant sur la place, il me montra d'un air joyeux ses pierres taillées, ses poutres équarries, et ses planches sciées et rabotées. — Vous voyez, me disait-il, ma maison est prête; il ne reste plus qu'à la bâtir; ce n'est rien. — Ce rien était tout, et il ne le fit pas, car il mourut. C'est un peu là mon histoire; seulement, je n'ai jamais cru que ma maison fût faite parce que j'en avais amassé les pierres. C'est au contraire la difficulté de l'œuvre qui m'a arrêté. »

Ainsi commence, de ce ton dégagé qu'il aime à prendre avec son public, à la Sorbonne et ailleurs, M. Saint-Marc Girardin, nous présentant la nouvelle édition de ce livre. Il voulait le refaire; il en a été empêché par diverses causes; il doute maintenant du temps qui lui reste, et se contente de nous livrer les matériaux de l'œuvre longtemps projetée, et dont le principal fragment est ce *Ta-*

bleau de la littérature française au seizième siècle, couronné en 1828 par l'Académie française.

Trente-quatre ans dans l'histoire d'un homme ou d'un livre, c'est un espace bien long. On vieillirait à moins. Eh bien! le grand éloge à faire de ce *Tableau*, l'éloge rare et vrai, c'est que dans son ensemble il n'a pas vieilli. Je viens de le relire et j'aurais juré, sans cette date terrible dont M. Saint-Marc a la coquetterie, que le livre était écrit d'hier. L'érudition y est exacte et choisie, le ton rapide et naturel, l'esprit charmant; une main sûre nous guide dans ce brillant tumulte d'événements et d'idées vers quelques conclusions précises.

Au sein des folies théocratiques de la Ligue et des agitations républicaines du calvinisme, nous voyons sortir un catholicisme sage et indépendant, une royauté affermie qui rassemble autour d'elle les forces pacifiées de la France. Des vicissitudes de la poésie, des incertitudes de la langue naît toute une grande littérature. Le seizième siècle finit en nous laissant, comme legs, « la France catholique avec la sauvegarde des libertés gallicanes, Henri IV sur le trône, la langue et la poésie réformées par Malherbe, Corneille près de naître. » Descartes est né.

Sur certains points, ce tableau demande à être complété : sur aucun, on ne pourrait le rectifier. Là même où les aperçus sont trop rapides, ils sont justes, toujours ingénieux, souvent profonds. Une seule lacune grave mérite d'être signalée, l'histoire du théâtre au seizième siècle. Deux ou trois lignes trop dédaigneuses ne suffisent pas à remplir cette lacune, elles ne font que l'indiquer. Plus tard, l'auteur a repris une partie de cette histoire dans quelques pages très intéressantes, ajoutées à la nouvelle édition du livre. L'histoire complète vient d'être faite par notre collaborateur, M. Émile Chasles, qui a consacré plusieurs années de patientes recherches et tout un livre finement érudit, écrit avec un grand sens littéraire, à la *Comédie française au seizième siècle.*

A deux signes seulement, en y regardant bien et de près, on pourrait reconnaître dans le *Tableau* de M. Saint-Marc Girardin la date du livre et l'âge de l'auteur. Je relève ce trait que toute l'histoire de France, l'histoire politique et littéraire semble aboutir.... à quoi? à la Charte. Ce mot, à lui seul, est une date. Certes, je ne suis pas de ceux qui méprisent la Charte et qui désavouent injurieusement toute cette période, pendant laquelle le pays, même trop circonscrit, étouffant dans des limites fictives, essayait, en faisant son éducation oratoire, de se créer un tempérament et des mœurs politiques Mais enfin il est bien permis, à l'heure qu'il est, de renvoyer la Charte aux *neiges d'antan.* Je doute que M. Saint-Marc Girardin lui-même, en 1862, malgré l'honorable persévérance de ses regrets, soit disposé à voir dans la Charte le dernier terme de notre histoire nationale, le suprême effort de l'esprit français, la conclusion logique des agitations religieuses du seizième siècle, et de ces grands mouvements d'idées qui, deux siècles après, ont produit la révolution française. L'avènement de la démocratie est irrésistible comme un fait appuyé sur un ensemble de droits. Il ne s'agit plus de la supprimer, ainsi que faisait la Charte, il faut l'organiser, et la Charte n'y suffirait pas. Le problème n'est pas aisé à résoudre. Pour être possible, il faut que la démocratie soit organisée; pour durer, il faut que cette organisation soit libérale. Si l'une de ces deux conditions vient à manquer, la démocratie est impossible ou odieuse; elle n'est pas viable.

L'âge de l'auteur se reconnaît seulement à une certaine impatience de conclure et de dogmatiser, à quelques vues un peu systématiques sur l'esprit français, sur son développement régulier, continu à travers les phases de notre histoire, qui se façonne, selon le lauréat de 1828, avec un infaillible instinct et une précision presque géométrique, en vue d'un certain idéal politique réalisé à peu de chose près vers cette époque. Si bien qu'il semblerait que l'esprit français, ayant achevé son œuvre, n'eût plus qu'à se reposer, *après avoir donné la liberté* (selon la Charte) *en patrimoine à la France et en exemple à l'univers.* — Pour mon compte, je me défie de ces théories qui imposent à l'histoire d'un peuple une sorte de fatalité, expression de l'*idée* de cette race ou de l'*esprit* de cette nation. Cette méthode est brillante, mais souvent comme elle est fausse! Appliquée à notre histoire nationale, comme elle est gênée à chaque instant, déconcertée par des retours et des détours subits, démentie par des actions et des réactions perpétuelles! M. Saint-Marc Girardin est bien revenu aujourd'hui de ces idées systématiques sur l'esprit français et sur l'histoire nationale expliquée *à priori* par les qualités et les instincts de cet esprit.

Dans un ingénieux *post-scriptum* ajouté au livre après bien des années, il avoue qu'en relisant ces paroles il les trouve orgueilleuses et peu justifiées par l'expérience. Mais ce repentir est rempli d'une secrète malice. C'est moins à la théorie elle-même qu'il s'en prend qu'aux événements qui n'ont pas marché tout à fait à son gré, et à l'esprit français qui, depuis une quinzaine d'années, semble ne plus travailler d'après le même modèle, au profit des mêmes clients et de la même cause.

De sorte que, par une mésaventure cruelle ce pauvre esprit français se trouve, dans le même volume, glorifié et châtié : glorifié comme un guide infaillible, tant qu'il prépare et assure le triomphe de l'école doctrinaire ; éconduit avec une douce raillerie, comme un étourdi qui ne sait plus ce qu'il fait dès qu'il cesse de travailler —

l'ingrat! — pour l'école qui, la première, a retrouvé ses titres et son nom.

Ce n'est pas nous qui nous chargerons de rétablir les droits de l'esprit français, pas plus que ceux de l'esprit humain, à l'infaillibilité. Mais nos raisons sont autres que celles de M. Saint-Marc, moins récentes, si je puis dire, et moins personnelles. Elles ne sont pas suscitées en nous par le chagrin d'avoir vu surgir tel événement qui est venu contrarier notre plan d'une histoire de France idéale; elles nous sont inspirées par une profonde défiance de toutes les théories qui prétendent réduire l'histoire dans leurs formules impérieuses. Dans la marche de l'esprit humain à travers les âges, je ne reconnais guère ce dialecticien subtil, cet artisan suprême d'ingénieux syllogismes, que l'école allemande découvre dans l'histoire, avec quelles tortures d'imagination, avec quelle violence imposée aux faits, on le sait. Je n'y reconnais pas davantage la justification de cette loi aussi impie contre la justice de Dieu que contre la liberté de l'homme, et qui a rencontré, à notre époque, tant d'interprètes et d'avocats empressés, à savoir que tout ce qui est doit être nécessairement et est en réalité pour le mieux. Ils ont beau jeu, en vérité, à expliquer prophétiquement le passé. Pourquoi donc cette même logique, dont ils possèdent si bien les ressorts les plus délicats, ne leur sert-elle pas quelquefois à deviner ce qui sera? Si chaque événement a sa raison d'être, logique et fatale, quelle étrange cécité d'esprit les empêche de découvrir cette loi, tant que l'événement est encore à l'état latent, invisible, mais déterminé? — Il ne faut ni absoudre préventivement l'histoire, ni la flatter. Tâchons de la comprendre, osons la juger. Gardons-nous surtout de lui imposer l'étroite mesure de nos prédilections de secte, de nos convenances d'opinions, de nos habitudes d'esprit. L'humanité poursuit librement un but mystérieux, caché dans l'infini, et comme la nature ne se plie pas à nos systèmes qu'elle brise à chaque instant, parce qu'ils sont trop étroits pour la contenir, de même on n'a jamais vu l'histoire prendre le joug de nos idées et s'assujettir à nos formules. Toujours elles se trouvent trop courtes par quelque endroit; elles se brouillent à chaque instant ou se rompent pour faire place à l'invraisemblable, à l'impossible même, du moins à ce qui semblait tel, à l'imprévu enfin, sous quelque forme qu'il se présente, qu'il vienne de Dieu et de sa justice ou de l'homme et de sa liberté.

J'accepte donc pleinement, mais pour d'autres raisons que lui, cet amendement proposé par M. Saint-Marc Girardin, lorsque, se discutant lui-même et corrigeant des vues ambitieuses qui appartenaient autant à son école qu'à sa jeunesse, il avoue vers la fin de ce volume qu'il y a eu beaucoup d'écarts et de fautes dans notre histoire nationale; que ces fautes sont bien à nous; qu'il vaut mieux en accepter le poids que d'accuser la fortune, ressource des vanités désappointées; que notre histoire de France a de beaux chapitres, mais qu'en définitive elle est plus intéressante que conséquente et logique, ressemblant en cela à l'histoire générale qui prend si souvent des allures de roman, ressemblant à la vie elle-même, qui, chez les plus droits et les plus sincères des hommes, se compose de tant de mésaventures et d'inconséquences.. Quelque déplaisant que cela soit pour nos théories ou pour notre orgueil, voilà le vrai.

C'est une bonne fortune de causer ainsi et de discuter librement avec un livre de M. Saint-Marc Girardin. Il est de ces écrivains qui charment les lecteurs, qu'ils soient ou non de son avis. Qu'on relise tout ce *Tableau du seizième siècle*, mais qu'on ait bien soin d'y ajouter les *Études littéraires sur le moyen âge et la Renaissance*, quelques-unes surtout, du *Roman de la rose*, de l'*Amour chevaleresque*, des *Mémoires au seizième siècle* et l'*Épilogue*; on jouira pleinement de cette variété d'analyses, reliées entre elles par un fonds commun d'idées justes et saines, rajeunies, ravivées à chaque instant par le goût et la sagacité du moraliste. De tout temps, dans sa parole comme dans ses écrits, M. Saint-Marc a uni si étroitement la littérature à la morale, qu'on ne peut plus, chez lui, séparer l'une de l'autre, ni marquer le point par où elles se joignent. Chaque étude littéraire semble n'être qu'une occasion pour saisir quelque aperçu nouveau dans ce monde du cœur humain, toujours exploré, jamais pénétré ni dans ses profondeurs ni dans son étendue. Je me représente M. Saint-Marc comme une sorte de directeur laïque de conscience, très préoccupé des passions et des mœurs, tournant de ce côté toute son activité littéraire, très éloigné du sentiment de ceux qui ne considèrent que l'art dans les choses de l'esprit, moralisant avec une douce ironie, curieux avec passion de tout ce qui touche au cœur humain, plein d'ailleurs de cette indulgence qui est un des fruits les plus doux de l'étude et de la vie. J'aurai ajouté le dernier trait à cette esquisse, quand j'aurai dit qu'à chaque page de ses écrits se marque un esprit vraiment libéral.

Je n'avance pas ce mot au hasard, estimant qu'on le prodigue fort aujourd'hui, qu'on le jette à tort et à travers, sans discrétion et sans tact. Je ne résisterai pas à une si bonne occasion de dire à quels signes je distingue le vrai libéralisme, littéraire et politique (les deux se touchent et souvent se confondent) du libéralisme affecté ou faux.

Pense-t-on faire illusion aux gens sensés quand on se porte pour un défenseur, au besoin pour un martyr, des idées libérales, et qu'on discrédite sa cause par les plus tristes violences du langage et de la polémique? Bien entendu, je ne parle pas ici de ces écrivains de bas étage qui remplissent leurs feuilles obscures d'injures délirantes contre des adversaires dont ils ne connaissent pas même les écrits; dont ils ne pourraient pas discuter sérieusement les idées, et qu'ils outragent de confiance sur la recommandation de quelque haine occulte ou de quelque basse envie : ceux-là ne peuvent tromper personne. Mais au-dessus d'eux, dans une publicité déjà en pleine lumière, combien y a-t-il de ces écrivains soi-disant libéraux que l'ardeur de leur haine emporte, auxquels le sang-froid manque dans la discussion et qui s'instituent, de leur autorité privée, les francs-juges des consciences? Polémistes à outrance, qui relèvent plus de la police correctionnelle que de l'opinion, ils croient tenir école de liberté quand ils tiennent école de scandale. Ils diffament dès qu'ils veulent discuter. Inquisiteurs retournés, leur prétendu libéralisme n'est qu'une intolérance forcenée. Libéraux?... Non, ils ne le sont pas; ce sont des fanatiques.

Libéraux? Le sont-ils davantage ceux que quelque hasard de la vie a poussés vers les partis qui affectent d'en prendre le nom? Libéraux, soit, mais par accident; pour tous ces prosélytes de fraîche date, c'est une loi de racheter par l'excès de zèle la nouveauté de la foi. A ces vanités désappointées, à ces esprits aigris, à coup sûr, ce n'est pas le zèle qui manque. Je ne connais pas de libéralisme plus aigu, plus acariâtre, plus sectaire que celui-là.

Il y a une école qui se dit libérale : à quel titre, si ce n'est parce qu'elle déclame tous les jours contre l'influence du prêtre et contre le pouvoir temporel du pape? En vérité, cela suffit-il pour être libéral? Que dirons-nous de certains athlètes, les plus brillants, les plus éloquents, sans contredit, du libéralisme parlementaire, et qui associent à toutes leurs prétentions politiques le dévouement le plus énergique aux intérêts temporels du ponficat? Il y a une autre école qui se dit libérale, parce qu'elle rêve au delà de la centralisation administrative, qui nous semble bien assez forte comme elle est, je ne sais quelle centralisation sociale où toute liberté individuelle s'absorbe dans l'omnipotence de l'État. Mais dénierons-nous ce titre envié à d'autres publicistes, non moins dangereux, qui poussent la sainte horreur de la centralisation administrative jusqu'au point de croire que c'est payer trop cher, à ce prix, l'unité politique de la France? Ceux-ci, cependant, se disent obstinément libéraux. Chacune de ces sectes diverses revendique pour elle le libéralisme le plus pur et du meilleur aloi. A laquelle entendre?

A vrai dire, ce qu'il faudrait comprendre, ce que l'on comprend mal en France, c'est que le libéralisme est une qualité de l'esprit et du caractère à la fois, une habitude morale, tout autant, plus peut-être qu'une situation politique, qu'une attitude systématique d'opinion, qu'un programme d'idées. Le libéralisme n'est pas sans doute indépendant de l'opinion. Il y a telle opinion extrême qui exclut ceux qui la soutiennent de l'enceinte étroite et comme réservée du libéralisme. Mais à elle seule, telle opinion, quelle qu'elle soit, ne suffit pas pour y faire entrer. Il faut y joindre d'autres avantages, certaines qualités délicates, qui ne sont pas le partage du grand nombre, la culture de l'esprit, l'élévation habituelle des idées et des sentiments, une tolérance éclairée qui ne prétend juger ni les intentions, ni les consciences, mais qui n'ôte rien à la fermeté des principes, une confiance sincère et naturelle dans la raison humaine, l'amour instinctif du droit et de la vérité, partout où on les ren-

contre, et non pas seulement d'un côté de l'opinion.
Encore une fois, c'est le fond de l'homme, c'est l'homme
tout entier, qui, avec ses instincts, ses qualités ou ses
défauts, est ou n'est pas libéral. Ce n'est pas l'idée seule,
ce n'est pas telle ou telle solution politique qui classe un
esprit parmi les libéraux d'une époque ou d'un pays :
c'est un mélange exquis et rare de principes, de sentiments, de haute culture d'esprit, de sociabilité intellectuelle et littéraire.

Si cette définition est exacte, le libéralisme proscrit
également ces deux servitudes : la servitude de l'opti-
misme, l'approbation toujours prête, l'apologie préventive, — et cette autre servitude non moins lourde, la
servitude de secte, l'opposition systématique qui paralyse
en France l'essor de tant de nobles talents ou les détourne
vers d'autres emplois.

Si cette déffinition est exacte, rien de plus aisé à distinguer que l'esprit libéral et l'esprit révolutionnaire. Je
me servirai pour cela d'une formule de Thiers en la mo-
difiant légèrement : qui dit libéralisme, dit respect, développement, amélioration incessante et courageuse du
passé et du présent; qui dit révolution, au contraire, dit
rupture soudaine et complète, déchirement violent, cou-
pure brusque dans l'histoire.

A beaucoup de ces titres, M. Saint-Marc Girardin mérite d'être considéré, même par ses adversaires (si par
hasard il en a), comme un des rares esprits qui, en
France, comprennent et pratiquent les devoirs du vrai libéralisme, dans la polémique comme dans la littérature
et dans la vie.

LA QUERELLE
DES
ANCIENS ET DES MODERNES

Histoire de la Querelle des Anciens et des modernes
par Hippolyte Rigault.

I

Ce livre a réussi deux fois : auprès du public spécial de l'Université, juge exigeant qui veut qu'on l'instruise, et auprès du grand public, juge blasé qui veut qu'on lui plaise. A ce double titre, il mérite un examen sérieux.

Ce n'est qu'au prix d'un grand travail qu'on a pu rendre à cette querelle son intérêt évanoui. M. Rigault n'a pas eu peur de sa peine. Il ne s'est pas épargné à la poursuite et à la lecture d'une foule de livres dont on ne connaissait plus guère que les titres; il a consulté, avec cette patience que donne la passion, toutes les pièces de ce long procès; il a vécu, si c'est vivre, dans les archives, je devrais dire dans les catacombes de la littérature, où tombent ces opuscules, ces pamphlets, ces libelles de tout genre, qui dans toutes les querelles sont la curiosité ou l'intérêt du moment, et que l'heure suivante oublie. Tant de zèle dépensé à une œuvre ingrate a eu sa récompense et devait l'avoir. Son œuvre est vivante. Elle se développe harmonieusement, à la manière d'une tragédie antique. Elle a son exposition, son nœud, ses péripéties, son dénouement. Les personnages qui paraissent successivement sont bien en scène; chacun a sa physionomie marquée, son accent, son geste. Les idées mêmes vivent et se meuvent. Elles ont tour à tour l'éloquence, l'esprit, la passion. Bien que l'action semble parfois languir ou s'égarer, l'intérêt n'est jamais absent, tant l'auteur est habile à rattacher par des liens imprévus les épisodes au sujet, ou à jeter dans les entr'actes les agréables divertissements de son esprit. L'auteur possède et domine cette vaste matière. Le détail, profondément étudié et habilement mis en œuvre, donne au récit cette couleur de vie qui fait illusion. On ne pourrait pas raconter avec plus d'exactitude et de vivacité la guerre toute récente des classiques et des romantiques, que M. Rigault ne l'a fait pour cette querelle plus que centenaire. Il était difficile de mieux saisir les particularités qui marquent le caractère d'une époque.

Mais cet art et ce soin n'auraient peut-être pas suffi à nous intéresser, s'il ne s'y était joint l'attrait supérieur d'une question philosophique. Ici je me sens, à mon grand effroi, entraîné par ma pensée loin d'un critique particulièrement délicat, qui semble regretter de voir paraître, à l'horizon du livre, les brumes de la philosophie. Je sais tout ce qu'il y a de péril pour le goût à ne pas être d'accord avec un juge de cette habileté. Mais en toute chose il faut oser dire ce qu'on pense et être ce qu'on est. Je dirai donc, et je m'en confesse comme d'une hérésie littéraire à M. Saint-Beuve, que l'intérêt principal du livre est, à mes yeux, dans cette introduction lente, mais graduelle, de la philosophie au milieu d'un débat qui n'est d'abord que stérilement pédantesque, mais qui peu à peu, par la force des choses et par l'agitation toujours féconde des intelligences, s'agrandit, s'élève, se transforme, et laisse l'esprit humain aux prises avec un des plus redoutables et des plus grands problèmes qui puissent solliciter sa curiosité. Que serait, je le demande, cette querelle des anciens et des modernes, sans ce dénouement, ou plutôt sans cette transformation? A qui s'intéresser dans les fortunes diverses des deux partis? Il y a du pédantisme des deux côtés, de l'exagération dans la polémique, des invectives sans excuse, des colères sans mesure. L'intérêt n'est nulle part, parce que nulle part n'est la justesse et la modération. C'est la lutte de l'ignorance révoltée et de la tradition aveugle. Tout au plus peut-on dire que la querelle, réduite à ses termes purement littéraires, est une querelle de goût, c'est dire assez la plus inutile des querelles. Mais, au fond, il y a un grand intérêt qui anime et soutient la lutte, même quand elle s'égare : une idée se dégage peu à peu à travers les incertitudes d'un débat mal dirigé, qui ne prend conscience de lui-même qu'au moment où il se termine. L'idée du progrès intellectuel de l'humanité s'agite obscurément dans les esprits, qu'elle passionne à leur insu. C'est elle qui fait lentement son chemin sous les formes diverses qui la couvrent plus encore qu'elles ne la cachent, jusqu'au jour où le dernier masque tombe et où le principe paraît dans tout son éclat. Ce jour-là, la querelle des anciens et des modernes est reléguée dans l'oubli. Fallait-il l'y laisser? Non sans doute; l'historien des idées s'intéresse aux origines; il doit les raconter, s'il veut être un historien sérieux. C'est là ce que M. Rigault a entrepris de faire pour une de ces grandes idées, la plus éclatante peut-être des temps modernes et peut-être aussi la plus périlleuse, parce qu'elle est plus exposée qu'aucune autre à s'exagérer elle-même et à jeter les âmes dans les illusions. Il nous montre comment elle est née de ce que j'appellerais un hasard, si ces hasards n'étaient pas le plus souvent la manifestation d'instincts supérieurs, innés à l'humanité; comment cette idée, recueillie et nourrie dans le sein de la littérature, grandit et s'élève jusqu'à l'heure définitive où la philosophie la reconnait et la produit dans le monde sous son vrai nom. Ce livre n'est donc que l'histoire des origines de la notion du progrès; il nous en annonce un autre où l'auteur, reprenant cette idée des mains de la littérature, racontera ses développements, son avènement, et, je l'espère bien aussi, ses tentatives de despotisme et d'usurpation. L'enfant trouvé du dernier siècle a fait une belle fortune; hardi, aventureux, conquérant, il a vu tout lui réussir. Il n'a plus maintenant qu'à se tenir en garde contre ses propres excès.

J'ai bien peur, en exposant si imprudemment le principe philosophtque qui fait à mes yeux l'attrait sérieux de ce livre, de donner raison à l'objection de M. Sainte-Beuve, et de rallier à son opinion, par la manière dont je la combats, les gens du monde et les littérateurs. Mais je m'empresse d'ajouter, pour être juste et ne pas trahir malgré moi la cause que je veux défendre, que M. Rigault apporte la discrétion la plus recommandable dans le développement de cette idée. Elle domine dans l'*Avant-propos* et dans les *Conclusions*. Ailleurs elle ne se montre qu'avec réserve et quand il le faut absolument. L'ouvrage a un dénouement philosophique, mais son caractère reste tout littéraire. J'ajoute qu'il en est peu où l'érudition se présente avec plus de grâce. C'est véritablement de la science ornée. Il n'est que juste de reconnaître l'agrément vif et varié de cette forme, une des plus aimables de ce temps-ci. On ne pourrait peut-être y regretter qu'un ornement trop continu, une élégance trop ingénieuse dans le détail, si l'on n'y sentait le naturel même de l'écrivain, heureux naturel qui n'a rien à craindre que sa richesse.

On a fait tort à l'auteur en répétant qu'il a infiniment d'esprit. C'est ne rien dire, à notre époque où l'on fait de certains mots un si grand abus. Cette louange est la plus banale et la plus compromettante que je connaisse. Il y a l'esprit de mots et l'esprit d'idées. On confond trop souvent l'un avec l'autre. Le public ne fait pas ces différences, et il applique le même mot à ces deux choses contraires. L'esprit de mots fait de l'art pour l'art. Il lui importe peu de démontrer quelque chose; il lui suffit de se montrer. Quelques écrivains sont arrivés à un prodige d'habileté dans ce genre, et cette jonglerie littéraire trouve des admirateurs. Elle tient école et a son public. Ce qui me plaît dans M. Rigault, c'est qu'il a l'esprit d'idées, je veux dire le jugement vif, la raison alerte, le bon sens armé à la légère. Chez lui, ce sont les idées qui ont de l'esprit plus que les mots. Et je l'en félicite bien sincèrement. Ses agréables qualités littéraires ont toujours un fonds solide de science et de raison. C'est être spirituel de la bonne, de la seule manière. Mais encore était-il bon de rendre son véritable sens à ce mot compromis. L'esprit de mots finira par dégoûter les gens sérieux d'avoir de l'esprit.

Nous avons essayé d'indiquer le caractère de l'ouvrage et celui de l'écrivain. Il nous reste à donner, d'après M. Rigault, un aperçu de cette longue querelle qu'il a si heureusement ressuscitée. Dans toute la période qu'il parcourt, nous n'aurons qu'à suivre l'habile auteur, qui a fait de toute cette histoire un véritable établissement littéraire. Sur un seul point, il nous a semblé qu'il y aurait peut-être à combler une lacune. Nous l'essayerons, s'il n'y a pas trop de présomption de notre part à prétendre qu'on peut compléter cet ouvrage, si substantiel et si bien renseigné.

II

La divison de l'ouvrage, dit M. Rigault, se présentait naturellement. Il y a, dans la querelle des anciens et des modernes, trois périodes marquées : la première période française au dix-septième siècle, avec Desmarets, Perrault et Boileau ; la période anglaise avec Temple, Boyle, Wotton et Bentley ; enfin la seconde période française au dix-huitième siècle, avec La Motte, avec Madame Dacier. Le livre est divisé en trois parties, qui correspondent à chacune de ces trois périodes. C'est la succession même des faits qui a dicté cette division.

On peut assigner plusieurs causes à la querelle des anciens et des modernes : le christianisme, l'influence de Descartes, le vice radical de l'enseignement de l'antiquité et de la traduction au dix-septième siècle, une cause religieuse, une autre philosophique, la troisième toute littéraire.

La notion du progrès n'est pas absente de l'antiquité, mais il ne s'en faut pas de beaucoup. A peine apparaît-elle chez quelques grands esprits, et encore est-il juste de dire que c'est surtout chez des auteurs contemporains du christianisme, comme Sénèque et l'auteur inconnu du *Dialogue des Orateurs*. C'est au christianisme que cette idée doit une conscience plus claire d'elle-même, une précision plus grande et sa diffusion dans le monde. Cette idée est au fond du dogme de la rédemption. Mais il faut bien remarquer qu'il s'agit dans le christianisme de la perfection morale, et non de la perfectibilité indéfinie. La religion nouvelle devait avoir aussi pour effet de créer un autre idéal littéraire, et de renouveler les sources de l'inspiration épuisée ; mais cet effet ne se produisit que beaucoup plus tard dans toute sa fécondité. Pendant longtemps la littérature sacrée fut la seule à sentir l'influence de l'idée religieuse. La littérature profane resta païenne de sentiment, d'image, d'inspiration. La science même reste antique. Le cœur est converti, l'intelligence est toute aux anciens. De temps à autre, seulement une protestation isolée se fait entendre au milieu de l'asservissement universel à l'antiquité : c'est, par exemple, la voix de ce grand et malheureux moine Roger Bacon, *le Condorcet du treizième siècle :* « L'avenir, dit-il, saura ce que nous ignorons et s'étonnera que nous ayons ignoré ce qu'il sait. Rien n'est achevé dans les inventions humaines, et nul n'a dit le dernier mot. Plus les hommes sont nouvellement venus dans le monde, plus étendues sont leurs lumières. Gardons-nous de nous soumettre servilement à toute opinion que nous rencontrons dans les livres. Examinons attentivement la pensée des anciens, afin de suppléer leurs omissions et de corriger leurs fautes, avec déférence et modestie. » Mais cette voix se perd sans écho au milieu du siècle.

C'est avec François Bacon, avec Descartes surtout, que commence l'insurrection contre l'antiquité. On sait que Descartes faisait profession de tout ignorer. Son ignorance, qui à elle seule était un système, émancipa la littérature, comme son doute méthodique émancipa la philosophie. Perrault sera le fils de Descartes, et selon la vive image de M. Rigault, le cartésianisme, comme le cheval de bois des Grecs, portait dans ses flancs une troupe de modernes tout armés qui devaient, tôt ou tard, donner l'assaut à l'antique Ilion. Le mépris de l'antiquité se lie évidemment à l'idée du progrès dans Malebranche et les principaux cartésiens. Sur ce point, Pascal est cartésien malgré lui. C'est lui qui a donné à la notion du progrès sa consécration éternelle dans cette comparaison fameuse de la suite des hommes avec un même homme qui subsiste toujours et qui apprend continuellement. Cette idée qui a été aussi celle de Bacon et de Descartes ne périra plus; sa fortune est assurée. Fontenelle, Perrault, à la fin du dix-septième siècle, Turgot au dix-huitième siècle, la reprendront successivement, les uns pour l'appliquer seulement à la question littéraire, l'autre pour l'appliquer au grand problème social qu'agite déjà son ardente pensée.

Enfin, une cause moins générale, mais non moins active, qui amena la crise d'où sortit cette fronde des esprits, ce fut le déplorable sort de l'antiquité, mal étudiée au dix-septième siècle, mal comprise, traduite d'après le plus faux des systèmes. Il y a, sur ce sujet, tout un chapitre excellent et de nature à rectifier bien des préjugés. On nous y montre « l'antiquité cultivée avec soin à Port-Royal, mais avec une pieuse défiance de l'esprit païen; étudiée sans méthode et sans progrès dans l'Université, du moins jusqu'à Rollin; enjolivée et rapetissée par les jésuites; travestie par les traducteurs, négligée par les gens du monde. Un petit nombre de grands hommes seulement, un Corneille, un Racine, un Bossuet, un Boileau, un la Fontaine, un Fénelon, un la Bruyère, enseignaient, par leurs exemples, l'amour éclairé de l'antiquité; encore ne la comprenaient-ils pas tout entière avec une égale perfection, et n'entraient-ils pas tous au même degré dans le sentiment du génie antique. Comme ces illustres amis des anciens sont les plus grands écrivains de leur temps, nous n'apercevons à distance que ces génies qui dominent leur siècle, et nous prêtons volontiers une part de leurs lumières à leurs contemporains, qu'ils couvrent de leur éclat. Mais le goût public, bien loin d'égaler la pureté du leur, était plus disposé qu'on ne se l'imagine à une rébellion contre l'antiquité. »

L'occasion de la querelle paraît avoir été un livre italien, les *Pensées diverses* de Tassoni, qui purent facilement tomber entre les mains de Boisrobert, et lui fournir le sujet de son premier discours devant l'Académie française. Tassoni se borne à l'Italie; mais, dans ce cercle rétréci où il s'enferme, il pose très nettement la question et la résout en faveur des modernes. En peinture, il justifie sans peine sa thèse de l'infériorité des anciens; dans l'éloquence, il met libéralement Boccace, Savonarole, Speroni et Bembo sur le rang de Cicéron et de Démosthène; en poésie, il sacrifie la gloire de Virgile et d'Homère à celle de l'Arioste et du Tasse. Il ne conclut que pour l'Italie; dans cet ouvrage où se révèle une singulière liberté d'esprit soutenue d'un grand fonds de connaissances variées, pas une fois l'auteur ne s'élève à l'idée collective des forces de l'esprit humain, de même que bientôt la France n'opposera à l'antiquité que les illustrations de la France. L'horizon des esprits est encore borné aux limites géographiques. La littérature comparée est encore à naître.

Il est probable que ce livre, traduit en français par Jean Baudoin, inspira Boisrobert dans sa fameuse attaque contre les anciens, qui ne nous a pas été conservée, mais dont l'écho est venu jusqu'à nous. Ce ne fut là d'ailleurs qu'une escarmouche assez ridicule. Le véritable agresseur des anciens, le père du parti des modernes, fut incontestablement Desmarets de Saint-Sorlin. C'est à lui que commence la guerre sérieuse qui va se dérouler en France et en Angleterre à travers les fortunes les plus diverses, jusqu'à la réconciliation de La Motte et de Mme Dacier, pendant près de trois quarts de siècle. On comprendra que nous ne fassions guère qu'indiquer les groupes, les attitudes des personnages, les principales vicissitudes du combat. On ne résume pas un livre comme celui de M. Rigault, sous peine de dessécher ce qui en est la fleur, de ternir ce qui en est la grâce et l'éclat.

Ce qui frappe tout d'abord l'esprit, dans l'histoire de cette interminable querelle, c'est de voir comment un débat peut s'éterniser par des malentendus et s'égarer dans les infiniment petits de la polémique, en passant à côté des plus hautes idées, sans les voir ou sans en reconnaître l'importance. C'était dans ces idées-là qu'était la lumière; mais cette lumière, on ne voulait pas la voir et l'on continuait à se battre dans une cave. La question n'est pas mal posée dans l'origine par ce fou de Desmarets; mais presque aussitôt elle dévie, et quand on espère qu'elle va rentrer dans le droit chemin, elle fait de subits écarts et se perd dans des subtilités de détail. De temps en temps quelques idées justes, quelques vues élevées se produisent; mais les adversaires semblent ne pas les comprendre; ceux même qui les produisent dans le débat, semblent n'en pas savoir le prix. On dirait qu'ils les ont eues malgré eux, par hasard, tant on les voit empressés à les abandonner et à rejeter la querelle dans le cercle usé des comparaisons stériles. A ce point de vue, le spectacle est instructif. La moralité qui ressort de cette querelle aveugle, c'est la nécessité de définir le terrain du débat et de savoir de part et d'autre ce que l'on veut, avant de se battre. Mais cette moralité sera perdue comme bien d'autres. Tant qu'il y aura des hommes, il y aura des passions, et les passions font un tel bruit qu'elles font taire les idées. Si l'homme n'était que raison, les disputes seraient rares. Après tout, cela vaudrait-il mieux? Je ne sais trop. Je ne redoute rien tant que ces conversations de gens raisonnables où tout le monde est d'accord. A être si parfaitement sensé, je ne vois pas trop ce que nous gagnerions, et je vois clairement qu'il y aurait à y perdre le livre de M. Rigault.

Un fait assez remarquable, c'est de voir les plus illustres écrivains se ranger à peu près unanimement du côté des anciens, et pas un seul ne relever le débat à sa véritable hauteur. Les vues ingénieuses et nouvelles appartiennent aux modernes; ce ne sont que des hasards souvent, mais ces hasards sont parfois très heureux. La nécessité de soutenir une opinion hardie excite les esprits même médiocres et les force à trouver des arguments nouveaux pour une cause nouvelle. Il n'y a pas tant de talent, ni de goût, ni même de bon sens dans le camp des modernes ; il y a incontestablement plus d'idées. Le parti des anciens prendra trop facilement des épigrammes pour des raisons. Personne, moins que Boileau, par exemple, ne comprit la portée philosophique du débat.

De bon compte, il reste quelques idées qui ont survécu à la querelle; ce sont précisément celles qui ont le moins préoccupé les combattants. La question de préséance des anciens et des modernes, la question de savoir si l'*Iliade* est un bon poëme, voilà ce que j'appellerai la partie visible et extérieure du débat. Mais l'historien, qui recueille le sens intime des faits, sent s'agiter d'autres idées qui ne sont que la métamorphose graduelle de la notion du progrès, s'essayant à la vie à travers des phases diverses, et n'arrivant que tard à la conscience et à la possession d'elle-même. Qu'est-ce autre chose, par exemple, que ce principe de la permanence des forces de la nature, principe évident dans sa généralité, et qui n'est contestable que dans les applications indiscrètes qu'on peut en faire ? La nature ne s'épuise pas dans les générations successives des êtres. Elle garde toujours la même vigueur et la même sève. Elle doit produire, à chaque époque, la même quantité de forces intellectuelles, comme elle produit, dans son travail incessant et toujours égal, la même quantité de forces animales ou végétales. Ajoutez à ce principe celui de l'accroissement perpétuel du nombre des idées, et vous aurez la notion complexe du progrès intellectuel. Qui ne voit, en effet, que si la nature ne déchoit pas d'elle-même et fournit à chaque génération humaine la même somme d'intelligence, chacune de ces générations ajoutant ses forces nouvelles à celles de ses devancières, et, si je puis dire, sa vitesse propre à la vitesse acquise, il en doit résulter un avancement continu? Il s'agit seulement de savoir si ce progrès s'applique à toutes les branches de l'activité humaine, s'il ne se déplace pas souvent; si, par le développement continu de certaines facultés, il n'arrive pas que d'autres s'affaiblissent, si enfin les conditions de climat, d'institutions et de mœurs venant à changer, ne produisent pas des modifications profondes dans l'organisation intellectuelle des peuples qui, aux différentes époques de l'humanité, sont chargés de représenter la civilisation. Il fallait enfin distinguer, entre les différentes œuvres de l'homme, celles qui ont besoin du temps et celles qui peuvent s'en passer pour arriver à la perfection. Mais débrouiller toutes ces idées, c'eût été l'œuvre d'une analyse bien délicate, et il ne faut pas s'étonner s'il y a eu tant d'obscurité dans le débat, et partant, une si grande obscurité dans la mêlée. On touchait à tout, mais au hasard, et les vues les plus heureuses, faute d'être éclaircies et démêlées, avortaient misérablement.

Au fond, malgré les misères et les subtilités du détail, il faut reconnaître que les modernes avaient raison dans leur prétention principale : le droit de l'invention personnelle. Si ce droit avait été hautement revendiqué au lieu d'être enfoui sous des parallèles mesquins et sous des querelles de mots, s'il s'était pleinement affirmé et pour cela s'il s'était bien connu lui-même, la victoire n'eût pas été douteuse. Mais l'histoire politique et littéraire est pleine de ces malentendus. Que de fois une bonne cause a été compromise pour être maladroitement présentée ! Que de fois le droit véritable a été nié pour avoir pris les dehors du paradoxe ! D'ailleurs, il faut bien le dire, les modernes manquèrent de modération et de goût. On devait être d'autant plus respectueux envers l'antiquité que l'on réclamait le droit de s'en affranchir. Il fallait, avant tout, prouver qu'on la connaissait et ne pas s'exposer à faire accuser son ignorance. Il n'en fut rien, et le parti des modernes ressembla trop souvent à une émeute d'écoliers qui brûleraient Virgile et Homère pour n'avoir plus de latin ni de grec à apprendre. Boileau se fâcha, et les écoliers reçurent la discipline.

Nous ne faisons que marquer d'un trait, bien incomplet et bien rapide, la physionomie générale du débat. M. Rigault excelle à rendre, sous des formes saisissantes et dramatiques, ces idées abstraites. Il peint les hommes dans les vives attitudes de la lutte, et c'est un charme que cette lecture animée, où l'on voit passer successivement les personnages les plus divers. Chacun est rendu au vif avec son mouvement et sa couleur propre. Voyez cet extravagant Desmarets avec ses deux poèmes de *Clovis* et de *Marie-Magdeleine*. Homme étrange, auquel il échappe des vues ingénieuses, mais qui ne sait qu'en faire et s'empresse de donner, par ses poésies absurdes, des démentis à quelques-unes de ses théories qui ne le sont pas. Et le Père Bouhours, cet excellent homme, doucereux et circonspect, qui glisse son mot dans le débat, en rougissant et craignant presque d'en avoir trop dit ! Fontenelle entre en scène, je devrais dire en campagne, mais *sans bruit*, à *petits pas*, indifférent au vrai et au faux, croyant peu à ses idées et pas du tout à celles des autres. Il invente une poétique nouvelle qui n'est que la théorie de ses pastorales, et réduit tout le débat, en vrai savant qu'il est, à une question d'arithmétique. Nous venons après les anciens, donc nous avons plus d'idées, donc nous valons mieux qu'eux. Le véritable chef, c'est Perrault, homme aimable après tout, franc, décidé d'allures, poëte médiocre, mais bon écrivain et dont le plus grand tort fut de critiquer l'antiquité qu'il connaissait mal. Il eut une qualité rare : la politesse. Par bonheur pour lui, ses adversaires en manquèrent, ce qui les fit passer pour des pédants aux yeux des gens du monde et des femmes. Ce sont là deux puissances qu'il ne faut pas négliger. Ces pauvres anciens furent mal attaqués sans doute, mais ils furent plus mal défendus. A quel point de vue étroit se placent Dacier, Ménage, Francius, Longepierre, Huet, Boileau lui-même ! A-t-on prouvé à un homme qu'il a tort dans ses idées générales, parce qu'on lui a montré des contresens ?

Toute cette phase de la querelle, que nous résumons dans des noms propres, était déjà connue, bien qu'elle n'eût jamais été racontée avec cette précision lumineuse de détails qui remet dans son jour plus d'un fait obscur ou altéré. La véritable nouveauté du livre est dans l'exposition de la période anglaise. Saint-Evremond, exilé en Angleterre, s'y rencontre comme l'introducteur naturel des idées françaises, et ce fut sans doute par son intermédiaire que la querelle émigra de ce côté du détroit. Dans un tableau de genre, dont l'aimable fantaisie vient égayer la gravité du récit, M. Rigault nous montre le charmant vieillard, au café de Will, causant avec Dryden, et faisant librement connaître ses idées sur les anciens, au milieu d'une assemblée de gens de lettres en vieux habits de toile, d'ecclésiastiques en soutane et en rabat, de pétulants écoliers du Temple et de timides étudiants des universités. Il faut dire, du reste, que nulle part la question ne s'égara plus étrangement qu'en Angleterre. Personne ne l'aborda directement, excepté Wotton, qui le premier distingue avec netteté les genres où l'esprit humain peut atteindre immédiatement à la perfection, et ceux où rien ne se fait sans le secours du temps. Chez les autres écrivains qui se mêlèrent à la querelle, ce ne fut qu'une controverse d'érudition, une lutte de partis littéraires qui donna le change à l'opinion, si bien que ceux qui passaient pour les défenseurs des anciens étaient ceux qui les connaissaient le moins, et que ceux qui les avaient le mieux étudiés étaient réputés leurs ennemis. La discussion de Boyle et de Bentley n'a pas été pourtant inutile, comme le montre avec une grande justesse M. Rigault : « Bentley, en apprenant aux lettrés de l'Angleterre à distinguer les vrais anciens des faux, et à les soumettre au contrôle d'une critique vigilante, a rendu l'antiquité d'autant plus vénérable qu'elle devenait mieux connue. Swift sema, dans la discussion, un grand nombre d'idées justes et spirituelles sur l'obligation pour la vraie critique de savoir admirer les beautés ; sur la nature de la poésie, méconnue par Fontenelle; sur l'imitation confondue avec la servilité par des copistes des anciens ; sur l'interprétation des textes antiques, où l'érudition hasardeuse de Bentley avait introduit des nouveautés téméraires. Enfin, s'expliquant en passant sur le fond du débat entre les *anciens et les modernes*, dans l'épisode charmant de l'Abeille et de l'Araignée, Swift a vengé du dédain de Perrault les premiers inventeurs, en revendiquant pour les anciens l'honneur inappréciable d'avoir les premiers éclairé et civilisé le monde. Il a rendu justice aux modernes en les proclamant des *architectes plus habiles*, et, aux anciens, en vantant la *supériorité de leurs matériaux*, c'est-à-dire en rappelant, par une spirituelle allégorie que les anciens parlaient une langue plus jeune que les nôtres, et qu'ils peignaient les premiers, des plus fraîches couleurs d'une imagination dans sa fleur, ce que leurs successeurs ont retracé avec plus d'art, dans des langues moins flexibles, avec un génie plus savant, mais moins simple, moins gracieux, moins éclatant de jeunesse, de force et de beauté. »

Voilà le butin que nous rapportons de notre excursion en Angleterre, à la suite de notre guide. En revenant en France avec lui, nous voyons la querelle se rétrécir : elle se réduit à une dispute sur Homère. M. Rigault parvient cependant à retenir l'intérêt du lecteur par la vivacité et la grâce du récit. Mais ce qui nous intéresse plus encore que l'exposition animée de la lutte de La Motte et de Mme Dacier, et même que l'histoire de leur mémorable réconciliation, c'est un excellent chapitre où Fénelon est peint de main de maître, avec les couleurs qu'il a fournies lui-même dans sa *Lettre à l'Académie*, et sa *Correspondance* avec La Motte. Ces aimables manières d'indiquer son opinion, sans trop la montrer, ces petites ruses innocemment spirituelles pour arriver à dire sa pensée de manière à ne mécontenter aucun parti, cette spirituelle stratégie de l'approbation mesurée et du silence prudent, tout cela nous est rendu avec charme. Il n'y a pas de meilleures pages dans tout l'ouvrage, au moins pour la délicatesse de la touche et le fini du trait. Seulement, la conclusion est bien sévère pour l'aimable et doux prélat. Il me semble que M. Rigault, en finissant, élève un peu trop la voix, et la force, ce qui est une légère dissonance avec le reste du livre. On croirait presque ici que l'auteur parle à la cantonade. « Il faut prendre bien garde, quand les principes sont engagés, que l'aménité du caractère n'ôte rien à la fermeté de l'esprit. » Ne dirait-on pas qu'il s'agit d'une de ces résolutions graves où il va de la moralité d'une vie tout entière? Ne l'oublions pas. Il s'agit uniquement de ne pas chagriner cet excellent La Motte. Qu'importe, après cela, si Fénelon enveloppe sa pensée de ménagements et ne la livre que dans un demi-jour qui n'est peut-être qu'une grâce de plus? Socrate aussi, et dans des questions bien plus graves assurément, se plaisait à jouer autour des sophistes avec une douce ironie qu'on ne lui a jamais reprochée. Je ne croyais pas M. Rigault si sévère à l'égard de ce procédé littéraire qui fait passer une épigramme dans une politesse et une malice dans un compliment.

Nous n'insisterons pas sur les derniers chapitres. Ils nous montrent le passage de la discussion littéraire à la théorie philosophique, dans l'abbé Perrusson et dans Vico. Mais je tiens à citer les dernières lignes qui contiennent un résumé fidèle du livre dans une belle image : « J'abandonne à regret ce travail, au moment où le sentier étroit et sinueux dont j'ai suivi les détours s'élargit enfin et laisse apercevoir un plus vaste horizon. Cette étude ressemble à une excursion dans les pays de montagnes : de temps en temps, au tournant du chemin, par quelque échappée entre deux collines, on croit apercevoir le but près de soi, on dirait qu'on le touche, et pourtant il est encore bien loin. Ainsi plus d'une fois, en voyant au milieu de la querelle littéraire intervenir l'idée du progrès, il semblait que nous allions aborder un terrain philosophique et saisir enfin un plus digne objet de discussion; mais cette terre désirée fuyait devant nous, et nous restions enfermés encore dans les bornes de la critique. Et quand nous arrivons enfin à l'extrémité du débat littéraire, quand nous touchons à la question philosophique, il faut nous arrêter. C'est mon devoir, mais c'est aussi mon regret. » Ajoutons que ce regret, le lecteur le partage, et qu'il accepte de grand cœur la promesse que lui fait M. Rigault d'exposer et de discuter dans un travail prochain la théorie moderne du progrès depuis Condorcet et Turgot jusqu'à nos jours.

III

Le travail de de M. Rigault est bien substantiel et bien complet. Il y manque pourtant un nom, celui de Mme de Staël. Le dernier mot de la querelle des anciens et des modernes, le mot le plus juste, celui qui clôt les discussions pour tous les esprits sérieux, ce mot-là n'est ni dans La Motte, ni dans Fénelon, ni dans Terrasson, ni dans Vico, il est dans Mme de Staël. Ce mot, c'est l'inspiration originale, substituée à l'imitation usée de l'antiquité. Il résume tout un ouvrage essentiel de Mme de Staël sur la *Littérature considérée dans ses rapports avec les institutions sociales*.

Je sais bien que M. Rigault a dessein de parler plus tard de Mme de Staël à propos de la théorie du progrès dont il nous promet l'histoire. Mais l'occasion littéraire sera perdue de nous faire voir comment la querelle, si longtemps stérile, des anciens et des modernes, vient aboutir à cet ouvrage et y rencontre son dénouement, inutilement cherché ailleurs. Comme la question s'élève et se dégage dans le livre de cette femme illustre! Quelle vigueur d'esprit philosophique! Quelle distance entre les arguments de La Motte et la thèse de Mme de Staël! Elle fait passer dans ses pages vivantes et vraiment viriles toutes les idées justes qui se sont successivement produites dans la querelle des anciens et des modernes. Elle y ajoute, par avance, toutes celles qui se produiront un quart de siècle après, dans la querelle des classiques et des romantiques. Ces deux débats célèbres semblent avoir comme leur point de contact dans son livre. Ils y trouvent aussi leur solution, dans la plus juste et la plus agréable mesure.

Rappelons rapidement les circonstances dans lesquelles ce livre fut composé. La période révolutionnaire fut marquée, on le sait, par un singulier appauvrissement de la littérature et par une douloureuse stérilité des esprits. On a remarqué avec étonnement ce bizarre contraste de l'esprit humain poussant à l'excès la doctrine de la liberté, soulevant la société dans ses dernières profondeurs, et s'arrêtant comme désarmé devant les règles traditionnelles du goût, et souvent même devant la faible barrière des bienséances de convention. Ceux qui osaient tout dans la politique n'osaient rien dans la littérature, offrant ainsi cette étrange inconséquence d'une audace sans limite dans l'action et d'une timidité puérile dans le goût. Joseph Chénier, l'ardent révolutionnaire, jette toutes ses tragédies dans un moule usé : l'allusion seule, passant comme un éclair sur le fond un peu effacé de ses tableaux, brille d'un vif et rapide éclat, éblouit l'esprit et s'évanouit dans l'ombre d'une imitation sans vigueur et sans coloris. Dans l'art, David reste attaché presque servilement à la tradition du goût antique : copiste de génie, il marque sur toutes ses œuvres l'ineffaçable empreinte de l'antiquité renouvelée avec vigueur, mais toujours imitée. Des tragédies moulées sur la forme classique du dix-septième siècle, des peintures dans le style antique, de pâles comédies et de fades idylles, plus fades encore par le contraste du sang répandu, voilà l'art, voilà la littérature, à cette même époque où il semblait que l'inspiration dût jaillir énergique, brûlante, passionnée, des profondeurs de la société détruite. Tandis que tout se renouvelait, le théâtre était esclave, la poésie comprimait son élan, et la littérature seule refusait de participer à cet immense mouvement d'émancipation. Boileau prolongeait son empire, là même où la monarchie de Louis XIV avait perdu ses droits.

Il y avait dans ce triste spectacle des lettres dégénérées un démenti apparent à la doctrine de Mme de Staël sur la perfectibilité de la raison humaine; il y avait là comme une condamnation de ses espérances. Comment croire aux progrès de la moralité et des lumières en face des échafauds qui décimaient la France? Comment croire au progrès de l'esprit humain en face d'une littérature énervée, dont l'imitation maladroite ne prenait à l'antiquité que des noms héroïques et des sujets rebattus, sans même comprendre le sens profond et mystérieux de ses traditions, sans même essayer de traduire sur la scène l'énergie des sentiments et la vérité des mœurs de la Grèce et de Rome?

Alors se posa naturellement devant la raison de Mme de Staël cette question des anciens et des modernes qui s'était si longtemps traînée à travers une argumentation monotone et mesquine. Mme de Staël l'élève du premier coup à la hauteur d'une question philosophique; elle se place au cœur de la civilisation moderne, l'analyse dans ses éléments essentiels, et comparant ces éléments à ceux de la société antique, elle tire de ce rapprochement fécond des conclusions de la plus haute portée. Ces conclusions, le dix-neuvième siècle les a presque toutes acceptées; elles étaient en germe dans l'esprit moderne; il ne fallait, pour les faire passer dans la pratique et dans les faits, que l'action d'une haute intelligence qui vînt nettement définir ces pressentiments obscurs, et donner ainsi le sens de l'avenir à cette littérature rétrograde, imitatrice infidèle à la fois et servile du passé.

Mme de Staël ne croyait pas que l'esprit humain fût ainsi condamné à végéter sans éclat sous la tutelle d'un système exclusif. Elle ne pouvait pas croire que les sources de l'invention originale fussent définitivement épuisées; elle osa, et ce fut son honneur, ne pas désespérer de l'éternelle fécondité du génie. D'ailleurs, dans le siècle qui venait de finir, Jean-Jacques Rousseau avait prouvé, par des œuvres éclatantes, qu'il y a, au fond de la conscience et dans les mystères du sentiment personnel, des ressources infinies pour le génie de l'observation et l'éloquence du cœur. Bernardin de Saint-Pierre avait montré, dans une œuvre naïve et charmante, quel parti le talent peut tirer du sentiment de la nature, et quelle richesse de coloris ce sentiment peut répandre sur la plus simple fiction. Ces exemples suffisaient pour relever l'espoir du progrès, en indiquant à quelle source les lettres pourraient se rajeunir et l'inspiration se vivifier. Enfin, précisément à l'époque où Mme de Staël méditait son grand ouvrage de critique, celui où elle devait poser avec éclat la doctrine hardie de l'innovation et de la réforme, Chateaubriand, encore exilé, mais déjà célèbre, écrivait les dernières pages du *Génie du christianisme*, où, justifiant d'abord la théorie nouvelle, il allait montrer à la France et à l'Europe l'alliance merveilleuse de l'esprit chrétien, grave, intime, mélancolique, avec la grâce du sentiment poétique et le charme de la plus brillante imagination. Il y avait là des sources fécondes, où l'invention originale pouvait puiser des sujets nouveaux et surtout des sentiments inconnus aux anciens.

C'était le salut de la littérature; si par un effort décisif, elle ne brise pas ses liens, elle tombera d'épuisement et de décrépitude au niveau de la littérature du

Bas-Empire, cette littérature de sophistes et de rhéteurs, qui n'était plus qu'une vaine déclamation d'école et qu'un ridicule avortement des intelligences. Mais si les lettres s'affranchissent enfin de cette servitude, si elles consentent à être autre chose que l'écho monotone et fatigué des voix brillantes du monde antique, qu'elles osent puiser aux sources sacrées de la conscience et de la nature éternellement jeune, et sans doute elles se ranimeront ; la poésie trouvera des accents nouveaux, et l'esprit humain, rajeuni et vivifié, renouera par une chaîne d'or le siècle nouveau aux grands siècles de la littérature.

Le seul moyen de lutter sans trop de désavantage avec les modèles de l'antiquité, ce sera donc de tenter avec hardiesse des voies entièrement nouvelles, et de mettre à profit ce trésor d'expérience, d'observations et de sentiments, accumulé pendant tant de siècles, trésor que n'avait pas la sagesse antique et que la raison moderne possède stérilement, puisqu'elle ne sait pas en jouir. On ne peut égaler les anciens qu'en se séparant d'eux et en s'inspirant ailleurs. Incomparables artistes, ils resteront nos maîtres pour la perfection soutenue de la forme, pour la fermeté du dessin, pour la pureté du coloris ; essayons de leur ravir ce précieux secret de l'élément simple et de l'art tempéré par le naturel, mais, admirateurs sincères du génie antique, osons être de notre siècle et de notre civilisation. Étudions Homère, Sophocle, Virgile ; mais auprès de ces maîtres de l'art, ouvrons *Ossian*, Shakespeare et Gœthe.

Tel est le sens de l'ouvrage de Mme de Staël sur la *littérature*. Au fond, c'est une comparaison hardie, brillante, originale entre le génie de la civilisation moderne et le génie des civilisations antiques ; c'est une éloquente apologie de la doctrine du progrès raisonnable ; c'est aussi un essai de naturalisation en faveur des littératures étrangères, plus avancées alors que la nôtre dans les voies nouvelles, et plus rapprochées du véritable esprit de progrès.

Mais, remarquons-le bien, Mme de Staël fait d'une main ferme et sûre la part du progrès auquel elle croit, dans lequel elle espère. Ce progrès est surtout un progrès scientifique et moral ; il se marque spécialement par les conquêtes de la science et par l'esprit général de la civilisation chrétienne. La philosophie, la science des principes, a fait un pas immense. La littérature a donc gagné elle-même en tant qu'expression de la philosophie. Mais sous le point de vue de l'art, Mme de Staël avoue de bonne grâce l'incontestable supériorité des anciens ; au reste, ce n'est pas là une objection contre le fond même de sa doctrine ; elle distingue toujours avec le plus grand soin ce qui appartient aux arts d'imagination de ce qui relève, à quelque titre que ce soit, de la philosophie : « Les arts d'imagination, dit-elle excellemment, ne sont point susceptibles d'une perfectibilité indéfinie, tandis qu'on ne peut prévoir le terme où s'arrêtera la pensée. La poésie des Grecs n'a été ni surpassée, ni même égalée par les modernes ; mais il n'est pas vrai que, depuis près de trois mille ans, les hommes n'aient pas acquis une pensée de plus, et c'est un grand tort dans l'esprit de ceux qui condamnent l'espèce humaine au supplice de Sisyphe, à retomber toujours après s'être élevée. »

Dans des limites si sagement tracées, l'idée du progrès intellectuel de l'humanité était incontestable, et Mme de Staël avait raison d'avance contre la critique partiale et méticuleuse de M. de Fontanes. Que reste-t-il de l'ouvrage de Mme de Staël ? Irons-nous au delà du vrai, en disant que cette œuvre a été comme le programme et l'annonce des réformes qui devaient s'accomplir dans la littérature et dans l'art ? C'était en quelque manière la poétique anticipée d'*Atala*, de *René*, et même des *Méditations* et des *Odes et Ballades*. Chateaubriand, dont il est de mode aujourd'hui de dénigrer non seulement le caractère, mais le génie, vint bientôt donner à ces théories nouvelles la consécration d'un grand exemple. Mme de Staël elle-même s'efforça, dans ses œuvres, de réaliser cet idéal qu'elle avait entrevu dans un prochain avenir : artiste enthousiaste, elle excita la jeune génération à la suivre dans sa brillante entreprise. Ce fut elle qui donna le premier ébranlement aux intelligences amoureuses du beau et lasses du passé.

Il nous a semblé qu'il y avait opportunité de rappeler, à propos de la querelle ressuscitée par M. Rignault, le grand rôle de Mme de Staël dans la question. Elle a su, la première, rattacher la critique aux principes mêmes de l'histoire, en montrant quels liens étroits unissent les institutions sociales au mouvement des esprits. Ainsi s'expliquait naturellement la différence des littératures par la différence des nationalités. La pensée n'était plus l'œuvre stérile et isolée du caprice et du hasard; la littérature n'était plus un effet sans cause; elle prenait racine dans le sol; elle se rattachait au mouvement intime des sociétés, et la critique, cessant d'être une aride nomenclature des ouvrages de l'art ou une discussion stérile de détails, devenait, sous la plume magique de Mme de Staël, le tableau dramatique des révolutions de l'esprit humain et la saisissante peinture des réalités sociales : la critique ainsi entendue devenait une des faces, la plus brillante peut-être, de l'histoire.

L'œuvre de Mme de Staël n'était rien moins que cela : renouvellement de la critique par la philosophie; interprétation des littératures diverses par le point de vue supérieur des institutions sociales; conception profonde du caractère des peuples et du génie spécial des civilisations; vive intelligence des révolutions de la pensée et des progrès de l'esprit humain ; enfin recommandation incessante donnée aux lettres françaises de se retremper aux sources intérieures de la conscience, et d'étudier les grands modèles des littératures du Nord, plus libres que celles du Midi de l'imitation classique, et par là plus originales et plus fécondes ; tels sont les traits essentiels par lesquels on peut apprécier ce livre vraiment nouveau, qui faisait pénétrer l'esprit de progrès dans la littérature rétrograde, déshabituait le génie français des systèmes exclusifs et des préjugés nationaux, et donnait droit de cité à Shakespeare, faiblement imité par Ducis, et à Gœthe, presque inconnu de ce côté du Rhin.

Je me demande quel effet cette argumentation éloquente, vigoureuse, philosophique, aurait fait en tombant au milieu de la mesquine querelle agitée autour de l'ombre de l'*Iliade* par une pédante et par un bel esprit. La Motte et Mme Dacier auraient pâli d'effroi. Le nœud de la question était là pourtant. Mme de Staël ne s'y est pas trompée.

Je regrette vivement que ce contraste d'une raison puissante, qui vient clore le débat, avec les esprits médiocres ou prévenus qui l'ont si stérilement prolongé, ait échappé à M. Rigault, ou peut-être qu'il n'ait pas voulu le saisir. Il nous aurait donné le plaisir de lire dans son livre, déjà si riche, un chapitre intéressant qui aurait dignement couronné l'œuvre. Il aurait épargné à mes lecteurs l'ennui de cette incomplète esquisse, qui a le double tort d'en dire trop et de n'en pas dire assez.

UN POÈTE INCONNU

Œuvres posthumes de Maurice de Guérin [1].

La gloire terrestre a ses limbes, silencieux comme les autres, comme eux éclairés d'une pâle aurore qui ne devient jamais le jour. C'est là que se presse une foule d'élite, mais sans nom, talents ravis dans leur première fleur, génies inachevés auxquels la vie a manqué avant qu'ils aient pu élever l'œuvre longtemps rêvée et donner à leur pensée l'immortalité dont ils la sentaient capable. Heureux, dans cette foule d'inconnus qui pouvaient être illustres, ceux qui ont laissé sur la terre des amitiés ardentes, passionnées jusqu'à faire de cette chère mémoire le prix et le but d'une vie entière! Plus d'un écrivain, plus d'un poète, né pour la gloire et mort avant l'heure, a dû à ces dévouements posthumes de revivre avec éclat et d'inscrire son nom parmi les plus célèbres, à une place qui semblait perdue pour lui. La piété d'une famille, d'un ami, fait de ces miracles et corrige l'injustice des morts prématurées. Nous avons eu, depuis un an, deux de ces bonnes fortunes littéraires. Deux noms, séparés par un assez grand intervalle d'années, rapprochés par de singulières analogies de talent et de destinée, sont

---

[1]. Maurice de Guérin, *Reliquiæ*, publié par G.-S. Trebutien, avec une étude biographique et littéraire, par M. Sainte-Beuve. Paris. Didier, 1861. 2 vol. in-18.

sortis tout d'un coup de l'oubli auquel semblait les condamner une vie cruellement abrégée. Leur œuvre, à tous deux, c'était ce *livre interrompu* que tant de jeunes et brillants esprits ont commencé avec ardeur, avec foi, et dont la mort est venue disperser brutalement les feuillets à peine ébauchés. En dépit de la mort, les fragments de leur pensée se sont rejoints à peu près, le livre a pu paraître; il a paru avec cette grâce triste des jeunes ruines, de ces marbres inachevés d'où allait s'élancer, sous le dernier coup de ciseau, quelque figure immortelle, quelque dieu peut-être. C'est une noble joie pour tous les esprits amoureux du beau d'en ressaisir le signe jusque dans ces ébauches par lesquelles le talent prélude et s'annonce, d'achever par la pensée l'œuvre incomplète et de poursuivre, dans une rêverie affectueuse, ces jeunes destins sitôt brisés. Nous avons été des premiers, l'année dernière, à saluer la renaissance d'un généreux et brillant esprit, relevé de sa tombe par la piété de sa mère et la sollicitude d'un ami, Alfred Tonnellé, un des jeunes gens de cette race admirable descendue en droite ligne de Phèdre ou d'Agathon en passant par saint Augustin, vrai fils de Platon devenu chrétien, avide comme eux de beaux discours, passionné pour l'art et trouvant dans une foi assurée un point d'appui contre les inquiétudes de son âme et de son temps. Aujourd'hui c'est un autre nom qui se lève, entouré de cette faveur de l'opinion qui ne se trompe pas envers les morts comme elle se trompe envers les vivants, parce qu'elle n'obéit plus alors au mot d'ordre d'une secte ou d'une coterie, et que son verdict, pour ce cas au moins, est désintéressé. Maurice de Guérin, un vrai poète, un vrai écrivain, nous est rendu. Ce nom n'est pas nouveau pour tous. Produit un instant en pleine lumière, il y a vingt ans, dans quelques pages émouvantes et passionnées de George Sand, il était retombé dans l'ombre où quelques initiés, les *dévots* de cette chère mémoire, l'entouraient d'une sorte de culte attendri et d'une espérance obstinée. Enfin, après bien des tentatives inutiles, à travers des obstacles sans nombre, souvent de la nature la plus délicate, et renaissant comme à plaisir autour de la pieuse entreprise, voici que l'on vient nous offrir les confidences de cette belle âme ingénue, bien que souvent troublée, et les esquisses où s'essayait son imagination comme pour inviter la Muse. Ceux qui comme nous ont une curiosité toujours en éveil pour les libres talents, et qui s'intéressent au moins autant à ces exhumations d'un esprit original qu'à la découverte des vieux murs et des inscriptions illisibles, s'applaudiront de tenir enfin ces deux petits volumes si longtemps espérés et promis.

Avec quelle sollicitude, de quelle main amoureuse, un des meilleurs amis de Maurice de Guérin, M. Trebutien, a préparé ce qu'il appelle si tendrement un *Reliquaire*, par quelle poursuite obstinée il a ressaisi le trésor dispersé de son poëte, avec quelle joie il a recueilli les chers feuillets errants et les a soustraits à tous les hasards de l'indifférence et du temps, nous le savons, mais tous les lecteurs le devineront à voir cette édition où tout a été choisi avec tant de scrupules et de soins, jusqu'au papier et au caractère. Pour orner son reliquaire, M. Trebutien a demandé une de ses perles les plus fines à ce grand artiste, si prodigue parce qu'il est si riche, M. Sainte-Beuve. M. du Breuil de Marzan apporte son témoignage ému sur les jours heureux de son intimité avec Maurice. Ouvrons les précieux volumes. Nous y trouvons d'abord le *memorandum* extrait de ce *cahier vert*, si célèbre parmi les amis de Maurice, sur lequel, pendant quelques années, il nota presque presque jour par jour les impressions variées de sa vie. Puis, ce sont quelques lettres communiquées par la famille, une dizaine d'épîtres familières ou de fragments en vers retrouvés dans le portefeuille des amis; c'est enfin un fragment en prose, mais en prose d'un grand accent, *nil mortale sonans*, le Centaure. Voilà le compte des trésors recueillis avec tant de peine. Peu de chose, si l'on ne considère le talent que dans ses œuvres achevées et dans ses fruits. Richesse inestimable, si l'on a égard aux promesses de la prochaine récolte et à la libre floraison du talent.

Peut-être, à l'appel passionné de l'ami qui s'est fait l'éditeur de Maurice, plus d'un portefeuille s'ouvrira encore, de nouveaux fragments seront rendus à la lumière; nous avons quelque raison de l'espérer. On nous a parlé déjà d'une *Bacchante*, retrouvée depuis l'impression du livre. En attendant que l'œuvre se complète, jouissons délicieusement, sans arrière-pensée, de cette fortune littéraire qu'on nous offre. De pareilles voluptés d'esprit sont douces dans tous les temps, dans ce temps surtout où les talents ne sont pas rares, mais où ils sont rares ceux qui ne s'emploient qu'à la méditation et à la rêverie, qui se consacrent au culte de la poésie et de l'art, désintéressés de tout mobile vulgaire, ne demandant aux lettres d'autre profit ni d'autre honneur que de les servir, sachant estimer à son prix, c'est-à-dire plus haut que tout plaisir humain, l'émotion d'un beau vers ou la jouissance d'*un jour paresseux*, savouré dans la paix divine des champs.

C'est là en effet l'originalité et la grâce de Maurice de Guérin dans ce siècle d'affaires, d'ambition et d'argent. Il fut le plus aimable paresseux du monde, s'il est vrai qu'on perde son temps à cultiver son âme, à orner son imagination, à exercer sa pensée sur les sujets les plus nobles ou les plus délicats, à recueillir et à concentrer en soi les plus profonds bonheurs que donnent les amitiés choisies, la nature et l'art. Il ne fit rien, c'est-à-dire qu'il ne fut ni avocat, ni fonctionnaire, ni financier; il essaya de donner des leçons de latin, mais il se dégoûta vite du métier. Par bonheur, sa lutte avec les réalités de la vie ne fut pas longue. Depuis sa sortie du collège jusqu'aux dernières années, un heureux enchaînement de circonstances, quelques-unes amenées par un pur hasard, la plupart disposées par la providence de l'amitié, avait entraîné sa vie facile et gracieusement errante, soit dans des asiles austères, propices au grand travail de la pensée, soit dans quelque maison aimable, préparée pour le bonheur. Le charme de ces hospitalités diverses l'attirait et le retenait. Il n'avait plus le courage de sortir des lieux où il avait rêvé; il fallait qu'il se fît violence pour s'éloigner, pour quitter cette paix animée par ses pensées, pour se rejeter dans le bruit des hommes et le tumulte de la vie. C'est aux loisirs qu'on sut lui faire dans ces douces retraites que nous devons ses pages les plus fraîches, si heureuses d'éclore, si soudaines et si vives d'impressions, et qui, par une juste réciprocité, gardent les noms amis en consacrant de nobles souvenirs. Plus tard, quand la lutte commence, quand il faut courir du matin au soir, dans les boues de Paris, en quête d'un labeur ingrat, l'accent change sensiblement, il s'attriste; la douceur de vivre se corrompt par l'idée de la rançon au prix de laquelle s'achète la vie. De plus en plus l'esprit se détourne du dehors vers les perspectives intérieures; la rêverie se tourne à l'analyse : la mélancolie gagne et finit par tout envahir. Quand il mourut, à l'âge de vingt-neuf ans, il venait de retrouver, dans son mariage avec une jeune créole, ce loisir assuré, cette heureuse liberté du travail intérieur et du rêve dont le sacrifice lui avait été si dur. Il était à bout de forces, quand il vit s'ouvrir devant lui ce dernier refuge, le plus charmant de tous, contre le labeur forcé de chaque jour, contre les dévorants soucis du lendemain. Hélas! il ne s'y reposa que quelques mois à peine.

Telle est cette vie, si simple au dehors, médiocre d'intérêt, si l'on y cherche autre chose que des événements de sentiment ou d'idée, et que deux mots suffisent à raconter. D'ailleurs, par sa durée aussi bien que par les événements qui la remplissent, elle est bien courte : huit ou neuf années à peine, si l'on en retranche l'enfance et le temps de collège. Mais dans cet espace si resserré de jours, quelle intensité de vie intérieure, que de pensées diverses, quel éveil, quelle promptitude, quelle course agitée d'imagination à travers la terre et le ciel, que d'enchantements alternés avec quelles tristesses! C'est là ce qui marque le poète, c'est là aussi ce qui fait pour nous l'invincible attrait de ces pages où déborde la vie intérieure. Poëte, il le fut vraiment, moins par la forme des vers qu'il employa rarement que par l'inspiration de ses écrits; il le fut par le tour de son esprit, par la vivacité de ses impressions, par leur mobilité même; il le fut aussi par ce je ne sais quoi de léger, d'agile, d'aérien qui semble donner des ailes à chacune de ses pensées. Il le fut surtout par sa manière de sentir la vie et d'exprimer ses sensations très particulières, sous des formes nouvelles, imprévues, avec un accent qui pénètre et qui charme.

Sous quelles influences se développa cette âme qui s'ouvre aujourd'hui à nous? Comment se forma chez Maurice ce fond de sentiments et d'impressions qui reparait dans tout ce qu'il écrit? Ce que nous savons des circonstances particulières de sa vie, de sa nature, de son tempérament même, nous aidera peut-être à comprendre le genre très personnel de son talent, et à saisir à sa source cette poésie sincère, si libre d'allures, si variée d'aspects.

On dirait qu'une destinée indulgente s'est plu à remplir sa vie d'impressions poétiques, à écarter de ses pas ou de ses yeux tout ce qui abaisse l'imagination, la vulgarité pire que la misère. Les personnes et les choses qui l'entourèrent, les lieux où se passa la meilleure partie de sa vie, avaient, par je ne sais quelle grâce spéciale, un caractère de simplicité ou d'élévation, de grandeur ou de beauté singulièrement propre à maintenir l'âme dans un certain ton d'idées et de sentiments : le Cayla, la Roche d'Onelle, la Fontaine des Larmes, la Chênaie, le Val de l'Arguenon, voilà le cadre où se meut sa vie. Ces noms mêmes me semblent avoir leur poésie. Son enfance s'écoule, déjà rêveuse (on nous l'assure), dans ce château du Cayla que ses vers et mieux encore ses souvenirs célèbrent sans cesse, sur cette terrasse couronnée de fleurs que nous connaissons :

> Les soirs d'été, les soirs d'automne,
> Un enfant y venait toujours,
> A l'heure où l'Angélus résonne,
> Pour voir comment meurent les jours.

La liberté de ses premiers pas erre sous ce beau ciel du Languedoc *si bleu, si largement arqué*. Il s'enivre à loisir de lumière et de parfums. Partout, avec elle, la jeune âme emportera le souvenir de ce pays et de ce ciel, de sa famille surtout, une famille singulièrement noble de race et de cœur dans la plus médiocre fortune. La simplicité d'une vie patriarcale, voilà le premier spectacle que lui offre la vie. La tristesse s'y mêle et répand dans l'esprit de l'enfant une teinte de gravité. A l'âge de six ans, il n'avait plus de mère. Mais, à côté de son père, au-dessus de Maurice, grandit une jeune enfant, Eugénie, qui déjà s'annonce par des traits de sensibilité et de raison précoces, et qui plus tard sera pour lui le plus sûr conseil, le plus admirable dévouement, une conscience d'une élévation et d'une délicatesse extraordinaires, cette sœur qui après la mort de son frère marquera si profondément l'empreinte de son pieux désespoir dans quelques pages heureusement recueillies, et dont M. Sainte-Beuve a pu dire en la comparant à Maurice, qu'elle était *son égale, sinon sa supérieure en talent et en âme.*

Bientôt l'âge arrive où il faut quitter tout cela pour la captivité studieuse des écoles. Le collège Stanislas reçoit le jeune exilé du Cayla, et, certes, ceux qui ont habité cette maison, aux environs de ces lointaines années, ne me démentiront pas si je dis que c'était alors la plus riante des prisons, avec ses vastes jardins et ses vieux ombrages, et que les captifs ne se plaignaient guère. Me démentiront-ils si j'ajoute qu'à cette époque le collège Stanislas avait son caractère à part d'enseignement plus libre, moins officiel, de discipline plus paternelle que les plus célèbres écoles du même temps? Guérin y lia de nombreuses et vives amitiés; mais avec personne ce commerce ne devait être plus intime et plus durable qu'avec l'un de ses maîtres, le plus cher de tous, dont l'amitié ne le quitta plus jamais et jusqu'à son lit de mort le suivit de sa tendresse et de ses prières[1].

Après de brillantes études, Maurice dut s'interroger sur son avenir. Toute l'année qui suivit sa sortie du collège, il la passa au milieu des siens. Ce fut une année de liberté adolescente, pleine de rêveries confuses, d'impressions inquiètes, de ces vagues et chères douleurs que l'imagination poétise si facilement, précisément parce qu'elles n'ont pas atteint les racines mêmes de l'âme. Ces premières blessures ont leur douceur. Sentir que l'on aime, souffrir par l'amour, n'est-ce pas un des bonheurs,

---

1. M. l'abbé Buquet.

un des plus vifs orgueils de l'âme qui essaye la vie? Maurice éprouva ce trouble délicieux, et la poésie s'éveilla en lui plus vive, plus gracieuse que jamais. C'est dans l'automne de 1832 qu'il chanta sur la roche d'Onelle sa discrète souffrance. L'ingénieuse perfection de cette petite élégie nous révèle toute la liberté de l'art gardée dans la douleur même :

> Les siècles ont creusé dans la roche vieillie
> Des creux où vont dormir des gouttes d'eau de pluie ;
> Et l'oiseau voyageur, qui s'y pose le soir,
> Plonge son bec avide en ce pur réservoir.
> Ici je viens pleurer, sur la roche d'Onelle,
> De mon premier amour l'illusion cruelle;
> Ici mon cœur souffrant en pleurs vient s'épancher....
> Mes pleurs vont s'amasser dans le creux du rocher....
> Si vous passez ici, colombes passagères,
> Gardez-vous de ces eaux : les larmes sont amères.

Une émotion, un rêve de quelques journées, un vrai chagrin peut-être, recueillant ses larmes dans l'urne d'or de la poésie, et déjà consolé en les voyant si belles, voilà l'histoire de ce premier amour. Ici encore, tout avait été, autour de lui, comme en lui, réserve délicate, pudeur exquise. Tout cela finit par se fondre dans une douce vision qui s'appela *Louise,* et que l'on aimait plus tard à évoquer dans les heures rêveuses ou dans les longues causeries. On s'enchantait de ce souvenir, de ce mystère surtout : c'était le texte préféré des confidences, et comme la légende du cœur.

Au mois d'octobre 1832, Maurice partit pour la Chênaie, où l'attirait une vocation incertaine, mais surtout le prestige de M. de La Mennais, alors dans tout l'éclat de sa gloire et de ses premières luttes, avant le grand divorce, et quand rien ne semblait encore irréparable. Certes, il y avait là de quoi ravir une âme curieuse d'émotions : la réunion de quelques jeunes gens d'élite dans une sorte de Cénacle, de Paraclet, sous la conduite de celui qui semblait concilier en lui toutes les grandeurs du génie, du sacerdoce, de l'apostolat, de la persécution ; cette association d'intelligences et d'études, l'annonce d'une ère nouvelle dans l'Église et dans la société, la gloire de travailler en commun à ce grand œuvre dans les voies de la philosophie, de l'histoire, des langues et des littératures étrangères, voies diverses et librement choisies, mais toutes convergeant vers un but unique, la restauration de la liberté par la Religion et de la Religion par la liberté ; enfin, la tentation même d'un grand péril vaguement pressenti, la séduction des luttes prochaines pour la défense de la vérité dont on s'est constitué le mandataire parmi les hommes ; tout cela devait puissamment agir sur l'imagination de Maurice pieux et croyant, mais inquiet comme un rêveur et un poète. Voici, au juste, quelle idée on se faisait de M. de La Mennais dans cette maison d'où partaient des oracles, et sur laquelle la foudre allait s'abattre. Nous citons ces lignes parce qu'elles nous semblent résumer très exactement, dans leur exagération naïve, l'impression générale des disciples groupés autour du révélateur : « Il est un homme qui a médité toutes ces choses, *qui a précipité son génie dans des abîmes d'humilité*, et dont l'âme est si forte qu'il écrit non pour la gloire du monde, mais pour le bien du monde, sans plier ni faillir. Luttes mystérieuses du génie, mission, martyre. Dieu lui a, en quelque sorte, révélé les dernières profondeurs de la société, et tous les secrets du mal qui la dévore. Il a vu tout cela, et il a été quelque temps sans savoir par quel bout prendre cette société malade, et il a été en proie à de grandes tristesses, à une sorte d'agonie. Enfin, il a rencontré ce qu'il cherchait, et la joie lui est revenue. Il accomplit sa grande mission. Oh! qui connaîtrait les rudes combats de son âme, n'aurait pas assez d'admiration pour un tel dévouement; car les puissances intérieures de cet homme sont sans cesse aux prises avec des pensées qui écraseraient d'autres forces que les siennes; mais il a reçu l'apostolat comme saint Paul, et il évangélise[1]. »

C'était la note de l'admiration officielle autour de M. de La Mennais. Saint Paul au milieu des Gentils, saint Jean dans Pathmos, tels étaient les termes de comparaison. La lutte de ces *puissances intérieures* avec les plus terribles mystères, l'avenir révélé, les abîmes montrés à d'effrayantes profondeurs, la société dévoilée dans ses misères, l'*apostolat* enfin et le prix dont il le faut payer, ces spectacles mystiques, ces grandes images, jetaient les disciples dans une sorte d'exaltation permanente et d'extase agitée. Maurice de Guérin participe à l'enthousiasme, mais il semble que ce ne soit qu'indirectement et comme par reflet. Lui-même avoue à plusieurs reprises qu'il a besoin de faire effort pour s'intéresser à ce grand travail de rénovation philosophique et religieuse qui passionne les intelligences autour de lui. Il se confesse, comme d'une infirmité, de ce qui devient, à nos yeux, le charme originel des pages datées de la Chênaie; il nous dit ses préoccupations inquiètes, ses distractions, toutes ces tentatives de liberté intérieure qu'il essaye de réprimer comme si c'étaient des tentations. Il se plaint à chaque instant de son *délabrement* intellectuel, il s'écrie avec Bernardin de Saint-Pierre : « *Je sens bien que je suis une pauvre créature qui ai peu d'esprit.* » — « Oh! que c'est bien dit, mon cher Bernardin! Comme tu as bien rendu le sentiment d'une âme qu'on s'efforce d'éle-

---

1. Premier volume, p. 12.

ver au-dessus de sa sphère!... J'avance bien lentement du côté de l'intelligence. J'ai le pressentiment de mille choses, mais c'est plutôt un tourment qu'un progrès.... Je me traine sur l'étude des langues ; je suis tardif en tout.... Je me suis trompé de chemin. J'aurais pu faire quelque chose d'utile en prenant une direction tout opposée. Impossible de pousser les expériences plus loin que je ne l'ai fait. » Il est facile de prévoir que ce genre d'esprit n'aura qu'un médiocre succès dans le Cénacle, tout préoccupé de démocratie mystique, de philosophie religieuse et sociale. Il semble que M. de La Mennais ne pressentit rien ni de cette âme ni de ce talent, et que Maurice passa près de lui une année sans être remarqué. Un jour, cependant, le rêveur s'enhardit. Dans la réunion du soir, il osa lire, sans doute, quelques pages sur un point de philosophie ou d'histoire; mais l'épreuve ne fut pas heureuse, et *le cahier vert* reçut les confidences de l'amour-propre blessé, disons mieux, de ce noble esprit humilié, presque désespéré. L'échec de Maurice nous a valu une des plus belles pages de son journal. Ne le plaignons pas trop :

4 juillet. J'ai reçu le coup de grâce. Me voilà bien et dûment atteint et convaincu de la plus lourde maladresse qui se puisse imaginer. Je regarde cette histoire-là comme un jugement sans appel, et tant mieux d'un côté : cela m'apprendra à me priser enfin ce que je vaux.... Voilà ce que c'est que d'écouter les vaines pensées; je me suis moqué de moi-même, j'ai fait le fanfaron, et aujourd'hui me voilà repoussé honteusement dans mes lignes. Oh! je jure bien par ce que j'ai souffert et par le respect que je dois à mon âme, que c'est là ma dernière sortie. Je veux me barricader chez moi, m'y murer pour m'ôter toute tentation, ne bougeant pas plus qu'un terme, dussé-je sécher sur pied. J'ai lu quelque part que des milliers d'animalcules nagent à l'aise dans une goutte d'eau.... O mon petit monde, ma gouttelette imperceptible, tu es à moi seul, et désormais à toi seule je serai. S'il se rencontre quelque vivant aussi menu que moi qui me prie de lui donner entrée, je le recevrai cordialement ; je le promènerai par toute ma demeure, livrant tous les détails à sa curiosité, comme on ferait d'un palais ; nous causerons avec charme de mille petites, petites choses, qui seront grandes affaires pour nous : bonheur, peines, travaux, découvertes, philosophie, poésie, tout cela passera dans nos entretiens, mais dans des proportions convenables à l'étendue infiniment bornée de nos conceptions et à l'exiguïté de nos âmes. Après nous être donné à cœur joie de causeries et d'amitiés, je reconduirai mon hôte jusqu'à la porte, et lui laissant un baiser et un adieu, je pousserai les verrous et me tiendrai coi dans mon univers microscopique, jusqu'à ce que le marteau m'avertisse encore qu'il y a au dehors une *pensée qui pense à moi.*

Ainsi se repliait sur elle-même cette intelligence, ingénument défiante, refermant ses trésors imprudemment ouverts, blessée de l'indifférence de ces spéculatifs, qui créaient un monde et ignoraient cette belle âme. Du reste, Maurice gardait pour lui le secret de sa souffrance que son journal seul a trahi. Ses lettres à ses parents ou à ses amis, à sa sœur Eugénie, à M. de Bayne, n'en laissaient rien reparaître. Au contraire, dans sa correspondance, soit que par une sorte de honte il ne veuille pas avouer qu'il s'est trompé de route, soit que sa délicatesse se refuse à inquiéter les autres, il se montre tout différent de ce qu'il nous apparaît dans son journal. Si l'on rapproche le *memorandum* et les lettres aux dates à peu près correspondantes, on remarquera cette différence qui est trop dans la nature pour que la sincérité de Maurice en reçoive quelque atteinte. On a beau faire, il y a des circonstances qui nous imposent un rôle vis-à-vis des autres, surtout vis-à-vis de ceux qui ont été les témoins des grandes résolutions de notre vie. Ce rôle, peut-être Maurice le prend-il à son insu. Dans toutes ses lettres,

il s'applaudit de la décision qui l'a entraîné à la Chênaie;
il peint les délices intellectuelles qu'il a trouvées dans
cet asile des fortes études et des vastes espérances; il
s'exalte à décrire l'apostolat accepté par *le grand et saint
homme;* il excelle surtout à montrer M. *Féli* (Félicité
La Mennais) dans l'intimité de sa vie et de son caractère,
dans le charme de ses causeries, le soir, après souper,
quand le cercle se forme autour de l'immense sopha,
sous le portrait de la grand'mère : « Alors, si vous entriez dans le salon, vous verriez là-bas, dans un coin,
une petite tête, rien que la tête, le reste du corps étant
absorbé par le sopha, avec des yeux luisants comme des
escarboucles, et pivotant sans cesse sur son cou; vous
entendriez une voix tantôt grave, tantôt moqueuse, et
parfois de longs éclats de rire aigus. *C'est notre homme....*
Philosophie, politique, voyages, anecdotes, historiettes,
plaisanteries, malices, tout cela sort de sa bouche sous
les formes les plus originales, les plus vives, les plus
saillantes, les plus incisives, avec les rapprochements les
plus neufs, les plus profonds; quelquefois avec des paraboles admirables de sens et de poésie.... Un peu plus loin,
c'est une figure pâle, à large front, cheveux noirs, beaux
yeux, portant une expression de tristesse et de souffrance
habituelle, et parlant peu : c'est M. Gerbet, *le plus doux
et le plus endolori de tous les hommes.* C'est un tableau
achevé; l'intérieur de la Chênaie s'ouvre à nous. Il y
manque un trait pourtant. Nous ne voyons pas Maurice.
Il est là, mais perdu dans l'ombre, écoutant dans une
attitude d'admiration timide, glissant quelques paroles
inaperçues, gêné de se taire toujours, effrayé de parler,
rougissant et un peu contraint.

Sa vie, à lui, ne commence qu'au moment où chaque
soir la réunion officielle se disperse, dans ces heures
nocturnes où la rêverie s'élève plus librement, où les cau-

series intimes à deux, à trois au plus, s'ébattent sur tout sujet, favorisées par le mystère, invitées par le silence. Toute contrainte a disparu. Il est là avec ses amis préférés : non pas Élie de Kertanguy, le disciple favori de M. de La Mennais, et qui porte dans toute sa personne, comme dans le tour de ses idées, je ne sais quelle impression trop sensible du maître; ni M. Cazalès, ni Eugène Boré, trop préoccupés des graves problèmes ; mais François de Marzan, Hippolyte de la Morvonnais, les confidents de ses souvenirs et de ses essais. On prolonge bien tard la veillée en racontant ces mille impressions délicates et nobles dont se composent ces innocentes vies. Le nom de Louise revient comme une note émue dans ces entretiens dont s'étonnerait si fort M. Féli et qu'il comprendrait si peu. Ou bien on traduit ensemble, dans une lutte poétique, quelque beau chœur des tragiques grecs, on tente d'imiter ces grands modèles, on en désespère, on recommence mille fois l'épreuve, on s'approche enfin du but ; un vers énergique et simple brille comme une veine d'or, longtemps cherchée. Voilà les enchantements de ces belles heures, savourées avec ivresse, attendues longtemps, dans les intervalles qui séparent les voyages des deux amis de Maurice. Quand il est seul, c'est avec lui-même qu'il cause ; ses meilleures fêtes sont celles où la nature s'égaye et se pare. Il est si peu mêlé aux intérêts transcendants qui s'agitent autour de lui, que le grand événement de sa vie de la Chênaie est une excursion à travers la campagne. La date à jamais mémorable pour lui, c'est le 11 avril, le jour où, dans un petit voyage qu'il fit à pied jusqu'à Saint-Malo, il aperçut la mer. Ce jour-là sa joie fut plus vive que si La Mennais avait vaincu à Rome la vieille Église.

La séparation n'en fut pas moins très cruelle pour Maurice, quand l'autorité ecclésiastique enjoignit au Cénacle de se disperser et qu'il fallut quitter la Chênaie. Ces âmes délicates, qui semblent tissues de rêverie et de sentiment, s'enracinent partout où elles se posent. Les souffrances mêmes qu'elles ont ressenties les attachent à certains séjours par une sorte de charme qui ne se rompt qu'avec effort. « L'habitude de vivre avec M. Féli, écrivait à cette date Maurice, faisait que je ne prenais pas garde à ce qui se passait dans mon âme; mais depuis que je ne le vois plus, j'y ai trouvé comme un grand déchirement. » A ce sentiment douloureux se joignait pour Maurice un vague effroi de voir sa vie de nouveau livrée au monde, au hasard, à la lutte sociale. Tous ces périls, avec lesquels les volontés positives aiment à se mesurer, troublent cette âme contemplative. Elle se réfugie éperdument dans ce passé qui l'abandonne et dont elle oublie déjà qu'elle a souffert plus d'une fois. Guérin essaye de se tromper lui-même : « Oh! c'est que ma place était bien là, et malgré mes caprices et mes boutades mondaines j'y tenais par le fond de l'âme. *Je commençais à voir clair dans ma destinée*, et voilà que je recommence à n'y plus rien comprendre. » Ajoutons, pour satisfaire à de pieuses inquiétudes qui veillent sur sa mémoire, qu'il ne garda rien de la doctrine condamnée, et qu'il revint sans effort à la simple foi de son enfance, sauf quelques années de trouble où son imagination eut d'ailleurs plus de part que sa raison.

M. de la Morvonnais vint au secours de ses perplexités; le Val de l'Arguenon reçut le fugitif, et la vie du poète se fixa pour quelques mois dans *une de ces extases tempérées et tranquilles* qui ravissent l'âme hors d'elle-même sans lui ôter la conscience d'une tristesse permanente et de l'orage intérieur. Ce fut une époque d'épanouissement pour son talent analytique et descriptif, qui jamais ne fut plus prodigue de ses dons. Les pages qu'il écrivit dans la paix de cette vie de famille où sa place fut sitôt faite, sur ce rivage secoué par l'Océan, en ces nuits d'hiver où il abîmait sa pensée dans le tumulte de la mer et du vent, sont au nombre des plus belles qui garderont sa mémoire. Une de ces jeunes femmes qui savent faire de leur vertu même une grâce nouvelle, était l'âme de cette maison. « Jamais ce parfum qui circule dans tous les appartements d'une maison pieuse et heureuse ne m'a si bien enveloppé. C'est comme un nuage d'encens invisible que je respire sans cesse. Tous ces menus détails de la vie intime dont l'enchaînement constitue la journée sont pour moi autant de nuances d'un charme continu qui va se développant d'un bout de journée à l'autre. » Si l'*invisible encens* l'enivra, ce fut une légère et douce ivresse qu'on devine à quelques symptômes, mais qui ne devint à aucun instant une souffrance, ni plus tard un remords, quand il fallut partir. Il laissait derrière lui, en quittant la *Thébaïde des Grèves*, une belle et séduisante amitié dont le souvenir vint prendre place, sans effort, à côté de Louise, au-dessus peut-être, dans le monde poétique de ses rêves.

Le Cayla, la Chênaie, le Val de l'Arguenon, voilà les noms enchantés qui reviennent à chaque instant et se mêlent sous sa plume. Ce sont là comme trois étapes de sa vie errante. Dans ses divers séjours, Maurice n'a puisé que des impressions nobles et délicates; les circonstances propices l'ont préservé de toute souillure, de tout spectacle bas, de tout contact avilissant; il a vécu tour à tour dans le voisinage d'un des grands esprits de ce siècle et dans une intimité d'élite; son imagination a été constamment tenue en éveil et s'est montée d'elle-même à un ton élevé. Les vulgarités de la vie ne se sont approchées de lui d'aucun côté; rien n'a rapetissé ni défloré son âme. Il y a là un singulier bonheur dont il était digne sans doute, mais qui a donné à son talent ce je ne sais quoi d'exquis et de simple en même temps, une grandeur sans affectation, une harmonieuse pureté sans fadeur, qui est peut-être sa marque originale au milieu des bizarreries et des violences de l'imagination contemporaine.

Ce n'était pas sans raison que Maurice redoutait ce qu'il appelait le *tourbillon*. Il n'était guère préparé ni par sa vie antérieure ni par ses dispositions naturelles à s'y jeter impunément. On dit que, vers les dernières années de sa vie, il finit par prendre un goût vif aux entraînements et aux succès du monde, que des amis plus vaillants que lui l'eurent bientôt enhardi par leurs exemples comme par leurs savantes leçons, et que le rêveur des grèves bretonnes se lança même pendant quelque temps dans un dandysme effréné. Tout cela est possible. Que ne peuvent l'imagination excitée et l'amour-propre piqué au jeu? Ce qu'il y a de sûr, c'est qu'on ne trouve dans le *memorandum*, trop tôt suspendu, rien qui nous aide à peindre cette nouvelle phase de sa vie et les états de l'âme qui durent y correspondre. Ce que nous rencontrons à chaque page du journal intime, c'est au contraire, le sentiment de son insuffisance qui l'accable, de son inexpérience qu'il exagère, de sa gaucherie au milieu des hommes. Si donc il se corrigea plus tard de cet excès de modestie, s'il se plut, comme d'autres, à conquérir dans le monde une situation nouvelle et presque trop hardie, ce fut une sorte de gageure avec lui-même, crise violente et factice qui sans doute n'aurait pas duré. Ce sont là des rôles qu'on s'impose, mais qu'on ne garde pas. Considérons-le dans sa vraie nature, tel que le *memorandum* nous le présente. C'est un tempérament d'âme *débile et tardif*; lui-même nous le dit, et nous devons l'en croire. Il se demande avec effroi quelles forces de résistance il opposera aux rudes chocs de ce combat merveilleusement réglé, qu'on appelle la société. « On me déconcerte avec un rien, on me culbute d'un souffle, un enfant gouverne ma timidité; qu'arrivera-t-il donc quand mon existence se trouvera liée à des hommes tout hérissés de préjugés, fiers et absolus dans leurs opinions serviles, gourmés, ampoulés, et les mains toujours prêtes à garrotter les faibles?... Il arrivera qu'ils me feront horriblement souffrir dans les parties faibles et désarmées de mon âme; mais leur dard ne mordra pas ailleurs. Tandis qu'ils me réputeront vaincu, mon âme pressera contre elle-même ses opinions libres et généreuses, sa foi affranchie de toutes les menues chaînes dont la chargent les hommes. »

Pur contemplatif, la société lui fait peur : « Quitter la solitude pour la foule, s'écrie-t-il à chaque instant et sur tous les tons de la plainte, quitter les chemins verts et déserts pour les rues encombrées et criardes, passer du quiétisme à la vie turbulente, a toujours été pour moi un échange terrible, un retour vers le mal et le malheur.... Je voudrais vivre, non pas en sauvage, mais en homme de solitude sur les limites de la société, *ayant toujours derrière moi un champ de liberté vaste comme le ciel.* » Il est, comme tous ceux de cette nature, tout à fait impropre à la vie pratique. Il y a des jours où son âme frissonne et semble défaillir si la pensée d'un acte extérieur à accomplir passe devant elle. Même quand la pressante nécessité de la vie l'envahit, quand il faut livrer ses heures nonchalantes au travail extérieur, il fait effort pour ne donner de lui-même que ce qui est indispensable, et pour réserver la meilleure part de son âme. « Tout ce tracas de vie affairée absorbe une certaine partie de ma pensée, mais c'est cette portion flottante que je laisse aller à tout vent. Je n'y ai aucun regret. Ce sont les vagues qui viennent sur la grève; le sable en boit, l'homme les écume, la mer en fait abandon à qui les veut. Ainsi ma pensée, sur les bords, est prise par les soins et les soucis de la vie active; mais au large, rien n'y touche, nul n'y puise, rien ne s'en va de ses flots que par l'évaporation continuelle de son onde aspirée par une puissance inconnue. » Mais ce partage est le plus souvent bien difficile à faire, et un jour arrive où il se plaint amèrement de la longueur des courses, de la diversité des tâches. *Son fleuve se perd dans les sables.* Il n'a presque plus de réserves dans cette immense usurpation de la subsistance journalière sur le temps de la pensée; il prévoit avec désespoir que dans sa vie il lui faudra toujours jeter de cette divine proie à la nécessité.

Les hommes ne comprennent pas sa peine. Ils vont tumultueusement à leurs affaires, à leurs plaisirs. Pourquoi parlerait-il? La vraie sagesse est de se taire. « Il y a plus de force et de beauté dans le secret bien gardé de soi et de ses pensées, que dans le déploiement d'un ciel entier qu'on aurait en soi... Ce que tout homme d'une certaine nature, *plutôt écartée que supérieure*, garde avec le plus de vigilance, c'est le secret de son âme. J'aime ce dieu Harpocrate, son index sur la bouche. » Il s'exhorte ainsi sans cesse au silence. Il n'a jamais rien gagné à vouloir ouvrir son âme devant les hommes, toujours plus ou moins indifférents et frivoles. Il se repent chaque fois qu'il s'est laissé ravir à la perfide douceur des entretiens du monde. Il y a compromis ce qu'il y a de meilleur en lui et s'est dissipé en stériles efforts de paroles qui appauvrissent la vie intérieure. On n'a jamais si sensiblement exprimé la dispersion de la parole externe : « Pour nourrir le discours, j'y jette mes pensées favorites, celles que j'aime le plus secrètement et avec le plus de sollicitude. Ma parole timide et embarrassée les défigure, les mutile, les jette au grand jour, désordonnées, confuses, demi-nues. Quand je m'en vais, je recueille et serre mon trésor répandu, mais je ne remets en moi que des rêves meurtris comme des fruits tombés de l'arbre sur des pierres. » De combien d'âmes délicates Maurice écrit ici la confidence en ne croyant faire que la sienne!

Le voilà au vrai, s'analysant lui-même. Le tumulte de la vie sociale le fatigue et le trouble. Il se sait désarmé pour la lutte, se sentant indifférent à la victoire. Pour combattre, il faut au moins que l'on tienne à vaincre. Mais le prix de la lutte lui semble si médiocre, les intérêts en jeu si vulgaires, les adversaires remplis de passions si furieuses et si mesquines, qu'il se retire d'avance du combat et s'isole de plus en plus dans une sorte de quiétisme hautain. C'est le sentiment de son inaptitude à la vie pratique qui l'a de bonne heure poussé vers les mystères de la nature et de la vie intérieure. Sans misanthropie, sans déclamation, toute son âme, refoulée hors du monde, se porte, par un élan naturel, à contempler les grandes harmonies de la vie universelle ou à surprendre les mouvements délicats de son âme. Voir vivre la nature, se regarder vivre soi-même, ce fut l'emploi de ses plus douces heures. Il y porte une curiosité passionnée et un charme incomparable. On l'a dit avant nous, dans le paysage, Maurice n'a pas de supérieur. Il faudrait tout citer pour donner une idée exacte de cette prodigieuse variété de tons, de cette magnificence aisée et simple. Deux exemples seulement, tous deux tirés des pages écrites au Val. C'est d'abord une nuit de tempête; c'est ensuite une nuit calme, bienfaisante, recueillie, que nous mettrons en contraste avec la première pour mieux faire sentir la diversité du talent qui les a décrites :

> Voilà trois nuits de suite que je suis réveillé en sursaut par un de ces grains qui passent régulièrement vers l'heure de

minuit. Ils livrent à la maison un si furieux assaut, que tout est mis en tremblement et frissonne. Je me dresse à moitié sur mon lit et j'écoute passer l'ouragan, et mille pensées qui dormaient, les unes à la surface, les autres au plus profond de mon âme, s'agitent et se lèvent. Tous les bruits de la nature, les vents, ces haleines formidables d'une bouche inconnue qui mettent en jeu les innombrables instruments disposés dans les plaines, sur les montagnes, dans le creux des vallées ou réunis en masse dans les forêts; les eaux, qui possèdent une échelle de voix d'une étendue si démesurée, à partir du bruissement d'une fontaine dans la mousse jusqu'aux immenses harmonies de l'Océan; le tonnerre, voix de cette mer qui flotte sur nos têtes; enfin cette émission continue, universelle de bruits, cette rumeur des éléments toujours flottante, dilatent ma pensée en d'étranges rêveries et me jettent en des étonnements dont je ne puis revenir.... S'éveiller à minuit aux cris de la tempête, être assailli dans les ténèbres par une harmonie sauvage et furieuse qui bouleverse le paisible empire de la nuit, c'est quelque chose d'incomparable en fait d'impressions étranges : c'est la volupté dans la terreur.

Quelques jours après, la même plume trace ce ravissant tableau de la nature qui s'endort paisible et calmée par un beau soir :

Les vents se taisent et l'Océan ne m'envoie, quand je vais l'écouter sur le seuil de la porte, qu'un murmure mélodieux qui s'épanche dans l'âme comme une belle vague sur la grève. Les oiseaux, gagnés les premiers par l'influence nocturne, se dirigent vers les bois et font siffler leurs ailes dans les nuages.... Le bruit des hommes, qui se taisent toujours les derniers, va s'effaçant sur la face des champs. La rumeur générale s'éteint, et l'on n'entend guère venir de clameurs que des bourgs et des hameaux, où il y a jusque bien avant dans la nuit des enfants qui crient et des chiens qui aboient. Le silence m'enveloppe, tout aspire au repos, excepté ma plume qui trouble peut-être le sommeil de quelque atome vivant, endormi dans les plis de mon cahier, car elle fait son petit bruit en écrivant ces vaines pensées. Et alors, qu'elle cesse, car ce que j'ai écrit et ce que j'écrirai ne vaudra jamais le sommeil d'un atome.

Ici rien n'excède; tout est dans son droit et sa mesure. Mais il y a eu des heures dans la vie de Maurice, surtout pendant son séjour à la Chênaie, où il semble qu'il ait été comme fasciné et subjugué par le prestige de la nature, et qu'il se soit laissé entraîner jusqu'à confondre et mêler son âme, dans une sorte d'extase panthéistique, avec la vie universelle. Sans doute, il ne faut pas voir les choses trop rigoureusement et de trop près. Maurice parle en poète, non en philosophe, et son ivresse n'est pas une doctrine. Mais en même temps que la pensée manque de sobriété, l'art lui-même me semble être en péril. En toutes choses il y a un point où la vérité s'arrête et que l'écrivain ne dépasse jamais impunément. Les excès de ce naturalisme mystique auxquels se porte parfois l'ardente contemplation de Maurice se trahissent par l'obscurité et l'affectation, signes certains d'une pensée exagérée et contrainte. Je fais allusion surtout à une théorie passablement prétentieuse sur l'immense circulation de la vie qui s'opère dans le sein de la nature, et qui, obéissant à son mouvement d'ascension, monte de règne en règne, toujours s'épurant, jusqu'au cœur de l'homme, où elle est mise en contact avec la Divinité, descendue dans notre cœur par l'immolation eucharistique. Il y a là toute une page que ne désavouerait pas un disciple de Jacob Boehm ou de Saint-Martin, et dont l'effet, très attentivement cherché, est des plus médiocres. De pareilles erreurs de goût sont rares chez Maurice, et cette petite débauche de symbolisme est suffisamment rachetée par tant de libres et larges peintures, où la fermeté et la délicatesse du dessin se parent de toute la magie du pinceau.

Pressenti depuis longtemps, annoncé comme un grand peintre de la nature, Guérin n'est pas moins habile à exprimer dans ses nuances plus mobiles encore et plus délicates la vie intérieure. Ce côté moins connu de son talent n'est pas inférieur à l'autre. Dans une langue presque toujours excellente et saine, il réussit en s'étudiant obstinément lui-même à être à la fois exact et nouveau. Il arrive aux dernières précisions des phénomènes, les poursuivant dans leurs transformations, les saisissant dans leur fuite. C'est un mélancolique, passionné pour l'analyse de ses propres souffrances, et qui essaye de s'en consoler en les décrivant. A-t-on jamais mieux peint les défaillances de l'âme et ses secrètes langueurs? « Autrefois mes douleurs étaient comme trempées : elles sont devenues arides. Les amertumes contenaient quelques gouttes d'un baume en solution dans leurs flots ; aujourd'hui la liqueur toute pure ne dépose plus rien de doux à goûter secrètement et longuement. — L'étendue morale qu'embrasse ma vie est comme une solitude couverte d'un ciel pâle, immobile, sans saisons. La température y est assez animée pour avoir excité une certaine fermentation dans la fécondité du sol; mais comme elle garde éternellement le même degré, la sève intérieure, soulevée et échauffée jusqu'au point correspondant, ne peut monter au delà et se trouve condamnée à fermenter d'une manière égale, sans repos et stérilement.... Il en résulte pour moi une souffrance continue, subtile et opiniâtre. Avide, inquiet, entrevoyant, mon esprit est atteint de tous les maux qu'engendrerait sûrement une puberté qui ne s'avancerait pas.... Une étrange stupeur me saisit ; je demeure immobile, ne sentant rien que la fixité lourde, accablante de la vie. »

Mais voici le réveil, voici la santé de l'âme qui renaît par intervalles et dans laquelle la vie recommence à s'agiter délicieusement : « Quand la souffrance s'est éloignée et que la vie vous reste, pâle, affaiblie, mais confiante et goûtant une volupté calme aux derniers ressentiments du mal qui s'éteignent, l'âme la plus contenue a du penchant aux discours prolongés, un peu incertains, mélangés de souvenirs douloureux et de mille projets qui sourient. Les premières lueurs de bien-être qui rentrent dans l'existence y pénètrent chargées de rêves languissants et d'images douces et confuses, comme autant d'atomes qui nagent dans leur sein. Cet état est plus cher à l'âme que la santé. C'est dans ces moments que de divers côtés de mon être, comme d'une campagne calme sous un ciel grisâtre et sans mouvement de nuages, s'élèvent des rumeurs modérées, marques d'une vie qui revient de loin. Ces rumeurs sont produites par mes pensées qui, sortant de leur engourdissement douloureux, font une légère agitation de joie timide et commencent des entretiens pleins de souvenir ou d'espoir. »

La cause de ce *mal-être* dont Guérin se plaignait si amèrement, en ses dernières années, c'est qu'il sentait s'accumuler en lui la sève intérieure et qu'il en était comme tourmenté sans savoir encore à quelle œuvre il devait appliquer tant de forces perdues, d'imagination et de poésie. Il souffrait de cette dispersion du trésor dont il avait conscience, et qui se répandait misérablement en conversations mondaines, s'il ne se dissipait en stériles agitations de la pensée. La rêverie avait été la passion de son adolescence et de sa première jeunesse; elle commençait à faire, sans qu'il s'en doutât peut-être, son secret supplice. Il était puni cruellement par où il avait si délicieusement péché. Sa pensée s'évaporait en formes, en visions fuyantes, en vaines images, dont il ne pouvait retenir ni fixer aucune. Pour ceux qui comme nous ont étudié de près les confidences de ce charmant esprit, il n'est pas douteux que telle fut la cause de ce désespoir mal défini qui dévorait une pensée supérieure à ses rêves. Il arrive un âge où, selon la belle image de Platon, l'âme, pressée d'un amoureux désir, veut engendrer dans la beauté. Si ce désir est trompé, il se tourne en amertumes, en défaillances, en langueurs. Ce fut le mal de cette âme. Épris de l'idéale beauté, Guérin opposa trop de scrupules et trop de délais à la douloureuse impatience qui le pressait de produire une œuvre d'art; ses chagrins vagues, ses désespérances infinies, n'avaient pas d'autre cause que l'inquiète puberté du génie, souffrant de cette inaction agitée où la timidité de Maurice le retenait trop longtemps.

La poésie affluait en lui. Lui-même nous parle, vers les dernières pages du journal, de ces mouvements d'âme violents, de ces bouffées d'une chaleur puissante et enivrante, qui se répandaient parfois dans son sein; de ces rêves nonchalants et indécis qui prenaient de la consistance et devenaient actifs, se transformant insensiblement en pensées fortes et pleines. Quand il décrit si bien le remuement étrange qui se fait dans ses idées, la croissance presque subite de plusieurs de ses facultés s'enhardissant et se tirant par un élan vif des langueurs de sa longue enfance, à des symptômes pareils comment peut-il se tromper et croire que c'est la liberté qui réclame l'énergique emploi de son activité renaissante? Ce n'était pas la liberté qui sollicitait sa jeune ardeur, c'était l'Art. Il y eut là un singulier malentendu.

Il comprit trop tard cette sollicitation poétique. Quelques efforts enfin concentrés et dirigés produisirent trois belles études, *le Centaure*, *la Bacchante*, un fragment en vers sur *l'attrait de la mer*. Dans ces pages d'une inspiration complexe, harmonieuse pourtant et singulièrement puissante, Guérin nous a rendu quelques accents de l'antiquité, à laquelle il consacra la passion de ses dernières années. On mesure avec étonnement ce qu'il aurait pu faire s'il avait vécu. Toutes mutilées qu'elles soient, je n'hésite pas à dire que ces études marquent un écrivain

de premier ordre par la nouveauté savante, par la grâce et
par la force de l'imagination, par l'ampleur de l'idée,
par la vigueur du souffle qui l'anime et la soutient.
Mais déjà, quand ces études se commençaient avec
une fiévreuse et tardive ardeur, cette jeune vie était
atteinte dans ses racines. Elle déclina rapidement
et ne fit plus que languir jusqu'au jour où, par
un dernier effort, Guérin se transporta mourant au
château du Cayla, d'où il était parti, sept ans auparavant,
avec le cortège charmant de ses rêves et de ses espérances. Toutes ne l'avaient pas trompé. Il laissait derrière lui des amitiés dont vingt années n'ont pas fatigué
l'admirable dévouement; il laissait aussi les fragments
épars d'un magnifique talent qui ne demandaient qu'à être
réunis pour justifier le pressentiment de sa gloire, obstinément gardé, à travers tant d'événements et d'années,
par tous ceux qui l'avaient connu.

ALFRED TONNELLÉ

D'après les Fragments du journal d'un jeune homme [1].

I

Quand je rencontrai pour la première fois l'auteur de ce livre, quelques mois avant que la mort vînt le frapper sur une page inachevée, j'avais souvent entendu parler de lui, et bien que son nom n'eût pas encore franchi un cercle très restreint de relations choisies, j'avais un singulier désir de connaître ce jeune homme qui avait fait concevoir à ses amis une telle estime et de si vives espérances. On parlait de lui comme d'un de ces privilégiés de la vie que la plus indulgente destinée semble avoir marqués pour le bonheur et qui se mettent en mesure de le mériter. Il réunissait, disait-on, toutes ces conditions d'une existence idéale que l'on voit si rarement réalisées. Que lui manquait-il? Ceux qui le connaissaient s'accordaient à reconnaître en lui tous les signes d'une âme noble, quelque chose de loyal et de discret, de délicat et de fier, de sympathique et de contenu à la fois qui donnait un prix singulier à ses avances d'amitié. Le sérieux de sa vie, le ton de ses idées, sa curiosité libérale pour

---

[1]. *Fragments sur l'Art et la Philosophie*, suivis de *Notes et Pensées*, recueillis dans les papiers d'Alfred Tonnellé, publiés par G. Heinrich. Tours, 1859. 2ᵉ édition.

toutes les sciences qui ornent ou élèvent l'esprit, une merveilleuse organisation pour les arts; enfin, l'habitude et le goût de la vie intérieure, la réserve d'une âme plus naturellement tournée en dedans que répandue au dehors, tout cela sans ombre de vanité mesquine ou d'affectation, lui composait une physionomie vraiment originale qui tranchait sur la plate turbulence et l'impertinente banalité de la jeunesse à la mode.

Les circonstances de sa vie n'avaient pas peu contribué à donner à ce jeune esprit un tour sérieux et délicat. Il avait rencontré, dès sa naissance, cet ensemble de conditions propices qui ne créent ni les qualités de l'intelligence ni celles du caractère, mais qui développent ces dons naturels et les mettent dans tout leur relief. Sa famille, d'abord, une de ces familles qui sont l'exemple et l'orgueil d'une ville; un patrimoine d'honneur et d'illustration locale fondé par deux générations de médecins distingués; la fortune, enfin, si précieuse pour un jeune homme garanti contre les périls grossiers par son propre instinct ou par des conseils écoutés, et qui sait trouver dans la richesse les vrais biens qu'elle apporte, le loisir et l'indépendance, l'affranchissement du temps et le libre emploi de l'esprit.

Son éducation avait été comme une œuvre d'art pour toute sa famille, dirigée de haut par le grand sens de son père, surveillée par sa mère, une femme d'un tact et d'un jugement rares, sans que ce souci eût jamais rien d'étroit et de minutieux, secondée par des maîtres d'un mérite supérieur. Il faut lire les détails de cette éducation privilégiée dans le récit de cette vie rapide, tracé en quelques pages d'un accent si juste et si touchant par le plus jeune de ses maîtres. Éducation habile et large qui, sans opprimer cette jeune intelligence par un excès de sollicitude ou de direction, sans la déshabituer de son initiative, sut conduire sa propre volonté aux sources les plus élevées de la science et de l'art, éducation dont on ne retrouverait l'analogue que dans quelques grandes maisons de l'aristocratie britannique où tout est disposé, avec la plus active prévoyance, pour orner l'intelligence et former le goût du jeune héritier.

Dès les premières années de l'enfance, son esprit, merveilleusement souple, se familiarisa avec les langues étrangères, avec l'anglais et particulièrement l'allemand qui devint pour lui une habitude et une passion. Il aimait, plus tard, à penser dans cette langue, à laquelle il confiait certaines nuances délicates de sa pensée, intraduisibles dans les mots de notre langue, que déflorait pour lui la banalité de l'usage et de la vie. La langue allemande finit par devenir pour ses idées je ne sais quel poétique refuge où elles se retiraient volontiers pour se recueillir et s'entretenir avec elles-mêmes. De très fortes études classiques, commencées à Tours, couronnées à Paris par les plus brillants succès, un travail suivi et réglé également appliqué aux lettres et aux sciences, avaient donné à son intelligence ce fonds de connaissances nécessaires et cette heureuse discipline que ne peuvent suppléer ni la facilité ni l'esprit, et dont l'ineffaçable lacune se marque dans la carrière de quelques-uns des plus beaux talents de notre époque. Sorti très jeune du collège, après y avoir épuisé tout ce qu'on pouvait lui apprendre, il comprit aussitôt que l'éducation véritable, celle qui fait les hommes, ne s'arrête pas aux limites d'un programme, et il continua la sienne dans la compagnie de jeunes maîtres qui étaient pour lui bien moins une tutelle et une surveillance imposées que de sérieuses amitiés choisies et recommandées par sa mère.

Ce furent là de belles années de libres et nobles études, suivies dans toutes les voies élevées de la pensée.

Heureux qui peut ainsi se réserver, sur ce temps sacré de la jeunesse, une large part pour ce travail indépendant de l'esprit, s'initiant avec une curiosité passionnée aux plus grands résultats des sciences, aux plus beaux spectacles de l'art, réglant son humeur sans la contraindre, enrichissant chaque jour son intelligence sans l'asservir! Comme elles sont rares les existences qui peuvent se donner le luxe de cette liberté intellectuelle! A notre époque, surtout, la vie n'attend pas. Hélas! qui de nous, écrivains, ne sent la justesse de cette dure parole? Qui de nous a jamais eu seulement une année d'études calmes et désintéressées? C'est à grand'peine que nous pouvons, dans cette existence hâtive, dérober quelques heures à l'âpre souci qui nous dévore. Les plus humbles ont une réputation à établir ou à défendre, un nom à honorer, une carrière à faire, des intérêts sacrés à protéger. Quelques mois de repos, dans cette course haletante, et déjà vous êtes effrayé de la distance perdue. La mêlée est si ardente, les concurrents si nombreux, le but si incertain, la vie si courte! Et, pourtant, quelle joie plus pure et plus noble que de prélever sur cette existence si rapide, de divins loisirs, et de se les consacrer à soi-même par les jouissances exquises de la poésie et de l'art, ou même par ces délicieuses fainéantises, ignorées des ambitieux, pleines de pensées ébauchées et d'utiles rêveries, qui ne sont bien souvent que le travail intérieur de l'esprit se renouvelant lui-même. Paresse féconde où le talent se répare, où germe silencieusement la pensée.

Ces heures d'indolence méditative et de jouissance esthétique, personne ne les connut mieux et n'en fit un plus fructueux usage qu'Alfred Tonnellé, dans ces années de loisirs que sa famille crut devoir abandonner à sa discrète indépendance. Certes, ce ne fut pas là du temps perdu. Il ne fit rien, dans le sens vulgaire du mot; non, mais il se fit un fonds personnel de sensations délicates, d'impressions choisies, de voluptés idéales et de mâles pensées dans la lecture des grands livres de tous les temps, dans la fréquentation des hommes éminents et des chefs-d'œuvre de l'art. Ces longues journées consacrées à l'étude de quelques toiles illustres dans les salles du Louvre, ces soirées passées dans cette stalle des Italiens, à laquelle il était si fidèle, malgré sa prédilection marquée pour les maîtres allemands, ces nuits trop nombreuses données à l'interprétation de Gluck, de Bach, de Mozart et de Beethoven, ces voyages en Allemagne, en Angleterre, aux Pyrénées et dans le midi de la France, ces stations prolongées devant une vieille église, dans quelque vallée obscure, sur quelques sommets perdus, dans la glyptothèque de Munich et sur les ruines du théâtre d'Arles, tout cela, sans doute, n'avançait pas sa carrière dans le monde. Mais qui pourrait dire ce que cette vive intelligence y gagna, combien elle y développa la délicatesse de son sens artistique, combien elle épura son goût déjà si pur et si droit! Ces années de rêveries, plus dirigées au fond qu'elles n'en avaient l'air, et de libres études que réglait, à défaut d'une méthode précise, l'instinct élevé des belles et grandes choses : voilà ce qui lui composa ce trésor de pensées dont la mort devait nous livrer le secret, voilà ce qui forma cette originalité exquise dont la jouissance est maintenant, pour nous, cruelle comme un regret.

Chez les esprits légers, le travail même et la pensée se tournent au plaisir. Les esprits sérieux ont cette faculté que leur plaisir même n'est qu'une occasion de pensée. Tel se montrait Alfred Tonnellé. Toutes les impressions vives que lui donnaient la nature et l'art se convertissaient chez lui en réflexions et en jugements. C'étaient là, pour son esprit, comme autant d'excitations à penser.

Personne ne ressentait plus profondément que lui le noble besoin de rapporter chacune de ses émotions à la raison et de se donner à soi-même le motif de ses sympathies et de ses admirations. Une jouissance d'art n'avait de valeur, à ses yeux, qu'à une condition, c'est qu'elle eût passé par l'épreuve d'une analyse sincère et qu'il fût avéré qu'elle n'était bien réellement que le signe sensible et la récompense de la beauté ou de la vérité trouvée, l'écho de la raison émue. C'est ainsi que, par un appel perpétuel à la réflexion, par l'habitude excellente de notes étendues sur chacune de ses lectures et de ses impressions esthétiques, il provoquait le libre et viril développement de son esprit et achevait son éducation d'homme, tandis que, aux yeux des témoins superficiels de sa vie, il n'avait l'air que d'un amateur d'arts. Ce dilettantisme apparent cachait une doctrine et un caractère : une doctrine qui chaque jour gagnait en précision, un caractère qui se fortifiait en s'élevant.

Un des événements de sa vie intellectuelle avait été la rencontre d'un prêtre qui méditait alors dans une retraite laborieuse un système hardi, une sorte d'*instauration* catholique de la philosophie et qui devait prendre du premier coup un rang éminent parmi les écrivains de notre époque par l'originalité de ses idées, l'éclat de son imagination, la brillante nouveauté de son style, le P. Gratry, de l'Oratoire. D'irrécusables témoignages ne nous permettent pas de douter de la profonde impression que cette amitié philosophique et religieuse laissa dans l'âme d'Alfred Tonnellé. Il subit le charme. Tant d'idées ou nouvelles ou singulièrement renouvelées; tant d'excitations et d'élans de l'imagination, de la raison et du cœur, mêlés dans une dialectique parfois confuse de méthode, mais irrésistible d'effet; cette éblouissante synthèse d'analogies, d'hypothèses ou de preuves empruntées à tous les ordres de la réalité et à toutes les sciences; cette doctrine large et hardie où la raison et la foi semblaient se réconcilier sans effort, sans qu'il en dût coûter à la raison d'autre sacrifice que celui de ses préjugés ou de ses rancunes; ces sources à chaque instant jaillissantes, sous des textes et à travers des discussions arides, d'une éclatante et mystique poésie; la promesse et l'initiative vaillamment tentée d'un grand mouvement religieux et intellectuel qui devait transformer les sciences en ramenant chacune d'elles de son point de vue exclusif et de sa partialité jalouse à ce point de vue supérieur où toutes uniraient leurs forces et concentreraient leurs lumières; ce magnifique programme, développé avec une éloquence irrégulière, mais ardente; cette conviction enflammée : tout cela dut agir et agit profondément sur une âme neuve aux doctrines, préparée aux grandes pensées et naturellement religieuse. Le P. Gratry, dans une lettre ajoutée à l'*Introduction*, nous peint la douce familiarité de leurs travaux communs. Cette page curieuse à recueillir se rapporte à l'époque où Alfred Tonnellé, très jeune encore, venait de quitter les bancs du collège : « J'ai pu, dit le P. Gratry, étudier cette rare intelligence pendant les deux années où nous avons travaillé ensemble la philosophie dans ce cabinet du Luxembourg que vous connaissez bien. Dans les bons jours, nous étions là, lui et moi, chacun à notre petite table, plongés depuis sept heures du matin jusqu'à cinq heures du soir, sauf l'intervalle indispensable, dans un profond et silencieux travail. Vers cinq heures, ordinairement, j'appelais Alfred près de moi et lui communiquais mes idées de la journée. Les premières fois que je fis cet essai, mon étonnement fut grand en voyant ce commençant de philosophie saisir avec rapidité, précision, profondeur, des idées à l'état de lueur naissante, nouvelles pour moi-même, et que je lui offrais d'ailleurs sous les formes les plus abruptes. « Je comprends, » disait-il; et le lendemain, en effet, il avait découvert dans Platon, dans Aristote, dans Leibnitz et, aussi, dans Hégel, tous étudiés et scrutés très à fond, chacun dans leur texte original, les curiosités philosophiques les plus précieuses, se rapportant merveilleusement à l'idée que, la veille, je croyais incompréhensible pour lui. Je puis dire qu'il m'a réellement aidé et que, pendant le temps que nous avons pensé en commun, il a été pour moi un allié intellectuel important. » A ces confidences aimables, il faut joindre quelques nobles conseils que le P. Gratry donnait souvent à son jeune collaborateur : « Dans quelle carrière spéciale pouvait-on enfermer cette rare et précieuse puissance intellectuelle, composée à la fois d'étendue et de précision, de profondeur et de clarté, d'analyse et de poésie; cette aptitude si universelle, qu'on ne peut dire si elle était plus grande pour les lettres que pour les sciences, pour les sciences que pour les arts, ou, enfin, pour la philosophie qui embrasse tout? » Pour moi, d'accord avec ses parents, voici ce que je lui disais souvent : « Que votre carrière, Alfred, soit la recherche de la vérité dans toutes les directions de l'esprit, pendant votre vie entière. Soyez un serviteur de la vérité seule. Tâchez de savoir tout ce qu'on peut savoir aujourd'hui ; mais au lieu de vous disperser, ne laissez jamais votre cœur et votre foi pour courir aux curiosités de l'esprit ou à ses gloires. Restez profond par l'amour et par l'humilité. C'est le secret de donner sa vraie sève à l'esprit. »

L'influence du P. Gratry sur le développement de cette jeune intelligence fut réelle, et dans quelques pages du livre que nous avons sous les yeux, on en peut retrouver la trace. Mais cette influence n'eut jamais rien d'étroit et de servile. Ce ne fut pas un système qu'Alfred Tonnellé alla puiser dans le commerce du célèbre oratorien, ce fut un encouragement à penser par lui-même. C'est là l'utilité véritable de ces talents originaux dans la science et dans la vie. Ils excitent les esprits, il les réveillent de leurs langueurs, ils les tirent de vive force de leurs habitudes paresseuses, ils les contraignent à secouer les vieilles formules, à briser la trame de la routine. On ne pense pas toujours d'après eux, mais si c'est par eux que l'on pense, leur œuvre n'a pas été stérile. Tant mieux, si au lieu de créer une école, c'est-à-dire une dynastie d'idées, il se trouve qu'ils ont créé des sources nouvelles d'idées, des intelligences. Alfred Tonnellé dut, sans contredit, à l'active parole du P. Gratry la fécondation de quelques belles pensées. Il dut surtout à l'exemple que lui donnait le religieux philosophe, dans ces longues journées de leur commun labeur, le courage intellectuel, le goût des recherches personnelles et de la libre initiative en matière de philosophie et d'art.

Telles avaient été les circonstances intellectuelles au milieu desquelles s'était formé ce remarquable esprit, et comme les phases principales de cette éducation vraiment originale, composée de libres études, de conversations, de rêveries, de voyages. Le jour où je rencontrai Alfred Tonnellé dans une maison amie, il frappa et retint mon attention par un air de réserve délicate. Ajouterai-je, puisque je veux donner une idée complète de cet aimable jeune homme qui devait rester si peu de temps au milieu de nous, que toute sa personne avait du charme? Une physionomie attirante, un front ouvert, un regard loyal et droit, ce ne sont pas là, après tout, des avantages de peu de prix dans la vie. Il avait cet abord heureux et cette distinction aisée qui appellent la sympathie. Or, quoi de plus naturel, chez ces natures bien douées, que de répondre par des sentiments affectueux à la bienveillance qui les accueille? Ce n'est pas un paradoxe que de marquer l'influence de ces circonstances toutes physiques sur la tournure des idées. Il y a certaines laideurs qui font nécessairement des misanthropes ou des saints. Elles aigrissent l'âme quand elles ne l'améliorent pas. Il semble au contraire que telle physionomie rende la misanthropie impossible. Alfred Tonnellé était de ces jeunes gens auxquels leur bienvenue rit dans tous les yeux. Il plaisait à première vue. Pourquoi aurait-il détesté ou méprisé le genre humain, comme quelques autres le font de parti pris, même avant une sérieuse expérience de la vie? Il avait pourtant en lui un fonds intérieur de tristesse, mais de tristesse grave, sans colère et sans aigreur. Sans attacher plus d'importance qu'il ne faut à cette remarque, constatons ces réactions que subissent souvent l'âme et le caractère, et ne négligeons rien dans l'observation morale de certains effets.

Ce soir-là, il causa peinture, musique, voyages, simplement et sobrement, mais avec cette fermeté d'idée et de langage où se révèle une pensée qui est autre chose qu'un écho de l'opinion courante ou de quelque livre à la mode. Il était évident que chacun des sujets qu'il traita en passant lui était devenu familier par une sorte de passion réfléchie. Il ne parlait jamais au hasard, mais il n'abandonnait pas ses idées, quand il en avait avancé quelqu'une, et il les défendait dans la mesure où son exquise politesse ne lui interdisait pas d'avoir trop raison. Qualité rare et digne d'être notée dans nos mœurs banales de salon où le plus grand nombre des opinions sur la littérature et l'art ne sont que des ombres et des reflets d'idées, que chacun met autant de complaisance à retirer quand il s'élève une objection sérieuse, qu'on a mis de savoir-vivre à les mettre en avant pour alimenter une conversation mourante. On ne tient pas à des opinions que l'on ne s'est pas faites et dont on se sert comme d'une monnaie banale avec laquelle on paye son écot. Alfred Tonnellé s'intéressait vivement au sort de ses idées, parce qu'elles venaient de lui et qu'il les avait pensées, j'oserais dire qu'il les avait vécues. C'était sa fortune intellectuelle, il y tenait.

Je me promettais un sérieux plaisir à revoir souvent ce jeune homme et à tâcher de pénétrer plus avant dans la connaissance de cet esprit qui portait en lui tous les signes d'une élévation et d'une maturité précoces. Mais comme il arrive toujours, la vie nous entraîna chacun de notre côté et je ne le revis pas. J'appris quelque temps après qu'il était retourné à Tours où des devoirs impérieux de famille le rappelaient souvent. On me dit, à quelques mois de là, qu'il était parti pour une longue excursion dans le midi de la France et les Pyrénées.

Vers la fin d'octobre 1858, avec les premiers froids et les derniers soleils, nous apprîmes un jour que ce brillant, cet excellent jeune homme était mort. Il avait vingt-sept ans. Rien ne peut peindre l'étonnement douloureux de tous ceux qui le connaissaient, la stupeur de ses amis. Une vie qui s'annonçait sous de si brillants auspices, une jeunesse si pleine de promesses, que tout le monde aimait et enviait, une intelligence si curieuse et si ornée, une âme si droite et si aimante, tout cela si promptement, si cruellement ravi !

Il n'avait rien publié. Son affectueux biographe nous dit qu'il méditait un important ouvrage sur la *Philosophie du langage en Allemagne*, ajoutant qu'une conscience littéraire, trop scrupuleuse, un sentiment peut-être exagéré de l'importance d'une publication le retenaient toujours. Dès qu'il abordait un sujet, paraît-il, son esprit pénétrant voyait sans cesse s'ouvrir devant lui des horizons nouveaux ; le champ de ses recherches allait ainsi s'agrandissant outre mesure, et il ne pouvait se décider à donner à un travail sa forme définitive avant d'avoir épuisé toutes ces questions préparatoires qui pour lui ne s'épuisaient jamais. Il avait le défaut des hautes intelligences, de n'être jamais satisfait de lui-même et de rêver sans cesse pour ses idées une forme plus pure et plus parfaite. D'ailleurs, pourquoi se fût-il hâté quand tout semblait lui assurer la pleine et libre possession du temps si long que lui promettait sa jeunesse?

Le livre ne devait jamais s'achever. La mort vint surprendre Alfred Tonnellé au milieu de ses matériaux dispersés. Heureusement cet ami que nous avons souvent cité, ami dévoué à sa mémoire comme il l'avait été à sa vie, M. Heinrich, écrivain distingué lui-même, ne devait pas laisser périr tant de travaux inédits, de méditations élevées, de belles pages commencées sur l'art, sur la philosophie, la poésie, la nature. Sans essayer de mettre un ordre artificiel dans ce qui n'en comporte pas, il a réuni d'une main pieuse ces notes, qui tiennent le milieu entre un livre ébauché et un journal intime. Quelques pages, par l'élévation soutenue du ton, rappellent le grand ouvrage entrepris depuis plusieurs années. D'autres fois, c'est le vrai journal de la vie intellectuelle d'un jeune homme dans le piquant désordre de ses idées fortuites et de ses sensations délicates. Nous savons, pour notre part, un gré infini à M. Heinrich de nous avoir donné ainsi les prémices, même un peu confuses et mêlées, de ce beau talent. Le dirai-je? J'aime presque mieux ce désordre où il me semble que j'ai moins de peine à retrouver l'accent de l'homme que dans un ouvrage achevé. Ce qui m'intéresse souvent dans cette lecture, c'est l'impression de sincérité qui en résulte. Ce que j'y cherche, c'est une âme se peignant dans sa naïveté souriante ou émue, grave ou passionnée, au moment même où elle pense, où elle sent, où elle vit. Oui, c'est l'histoire d'une âme qui va se raconter elle-même dans ces fragments dont la mort a fait des débris avant le temps. Tel est, en effet, ce livre auquel s'attachent deux sentiments contraires. Il a la grâce d'une ébauche et la tristesse d'une ruine.

II

S'il avait vécu!.... voilà le cri qui s'échappe de nos lèvres en feuilletant ces pages où se pressent tant de germes d'idées qui n'attendaient pour éclore en pleine floraison que l'heure propice et le rayon de soleil.

Essayons de suivre cette pensée à la trace errante qu'elle a laissée à travers tous ces fragments. Quelques simples analyses, quelques citations donneront la mesure de ce qu'était déjà cette intelligence et l'idée de ce qu'elle fût devenue.

Des morceaux considérables sur *le Langage*, quelques vues générales sur *l'Art*, des notes très nombreuses sur *la Peinture*, *la Sculpture*, *la Musique* et sur les principaux maîtres dans tous les genres, des *Pensées diverses*, religieuses, poétiques, morales, des *Réflexions philosophiques*, enfin de nombreux extraits des *Notes de voyage*, telle est la division de ce livre, selon la nature même et l'analogie des sujets. Tout est là : le philosophe, l'artiste, le poète, l'homme surtout qui porte dans tout ce qu'il pense et qu'il écrit ces trois caractères, ce triple don d'émotion, de raison et de goût.

Une pensée unique, nous dit son biographe, reliait pour lui ses études philosophiques sur l'art et sur le langage. Celui qui, introduit inopinément dans sa bibliothèque, y eût trouvé le lexique hébreu-latin de Gésénius à côté d'un livre sur la peinture ou d'une *Vie de Mozart*, eût peut-être eu quelque peine à comprendre la relation de deux ordres d'idées en apparence si opposés. Et cependant, pour lui cette relation était étroite, intime, et il voulait la rendre évidente pour les autres comme il la sentait évidente pour lui-même. Ce qu'il voulait retrouver partout, c'est la loi qui unit l'idée et le signe et qui nous permet de retrouver sous le signe l'idée qu'y a attachée l'artiste et l'écrivain. C'est bien, en effet, ce point de vue qui fait l'unité de toutes ses études. C'était le programme qu'il s'était donné à remplir pour toute une vie qui aurait pu être longue sans suffire à une telle entreprise.

L'art, comme la nature, n'est qu'une forme de l'universel langage. Mais le jeune philosophe, avant de s'engager dans les difficultés infinies de cette synthèse, avait circonscrit son point de départ. Il devait commencer par l'analyse des grandes œuvres de la philologie allemande, résumer les principaux résultats des mémoires des Grimm, des Bopp, des Guillaume de Humboldt, organiser ces résultats, en déduire quelques larges et lumineux principes sur les procédés communs à tous les idiomes, sur la philosophie du langage, où se reflètent merveilleusement les lois mêmes de l'esprit humain, la psychologie tout entière, toute la science de l'humanité intellectuelle et morale. Il aurait accompli peut-être, avec des connaissances exactes et sous la tutelle de principe fixes, cette œuvre immense qui a tenté de nos jours tant d'ambitions hâtives et de talents inquiets que l'incertitude de leur pensée empêchera de conclure, et qui ne réussiront qu'à multiplier les tristes preuves de leur critique négative, au lieu de faire œuvre du plus utile et du plus haut dogmatisme qui fût jamais en donnant à la science de l'esprit humain une base inébranlable dans le grand fait historique des langues.

De ce vaste plan nous n'avons que des vues éparses.

Mais quel esprit vif, agile, net circule dans ces fragments! Que d'ingénieuse sagacité! Que de définitions heureuses! Dès les premières pages, je remarque ces réflexions sur le lien qui unit le signe à la pensée. Comme chaque détail de la question qu'il traite est renouvelé par une observation, par une image, par la bonne fortune d'un mot !

De même que l'âme ne va pas sans le corps et tire des phénomènes de sa vie sensible la première conscience qu'elle a d'elle-même, ainsi la pensée arrive par le signe à la conscience claire d'elle-même ; et comme les sens sont la base et la première et nécessaire condition de notre existence, ainsi l'élément sensible est comme la base et l'appui nécessaire de notre pensée.

.... Du reste, ce corps donné à la pensée dans le langage est composé pour ainsi dire de ce qu'il y a de moins matériel dans la matière, et de plus pénétrable à l'esprit, le son, c'est-à-dire un mouvement de la matière, chose passagère, mobile, légère, qui n'a ni couleur, ni grandeur, qui n'est ni visible ni tangible ; et le son articulé, c'est-à-dire divisé, analysé pour la commodité de l'usage : articulé, c'est-à-dire déjà travaillé et formé, qui se diversifie et se façonne à l'infini en durée, inflexion, force, accent, par mille nuances délicates.

Toute pensée, si l'on y réfléchit, se formule plus ou moins dès qu'elle apparaît, et on n'a conscience de son apparition que par la formule et dans la formule qu'elle revêt ; formule faible et aux contours indécis, nuageux, comme une vapeur lointaine qui se forme (*sich gestaltet*), pour toutes les pensées sourdes et presque inaperçues qui reposent au fond de nous, mais enfin formule quelconque. Je défie de trouver jamais et nulle part la trace d'une pensée qui n'a pas de corps.

La pensée reste rudimentaire et indécise tant que l'expression l'est. Toute pensée se présente sous un signe, toute beauté se présente sous une forme. Ce n'est que plus tard que l'esprit s'élève à la pensée et à la beauté métaphysiques. C'est bien la doctrine platonicienne, l'âme s'élevant des beaux corps aux belles âmes. Et cette première forme donnée à la pensée ou à la beauté réagit sur l'intelligence pour y éveiller de nouvelles idées.

La pensée étant inséparable de l'expression de la pensée, si l'homme nait pensant, il nait parlant. Sur ce point délicat de l'origine du langage, il faut suivre l'auteur dans ses raisonnements si fins et si fermes à la fois. Il repousse la solution panthéistique, qui suppose le développement entièrement spontané de la parole, chose aussi impossible, dit-il, que la création spontanée elle-même. Quelque chose a été donné, voilà ce que l'on peut affirmer. Mais on discute à perte de vue pour établir quoi? Ici, avec le même tact des difficultés du problème, il repousse la doctrine des traditionalistes, qui admettent une révélation *au sens étroit et presque matérialiste du mot*. Sa solution, très fortement établie sur une foule d'inductions délicates et sûres, c'est que Dieu a créé l'homme parlant; ce qui revient à dire que les lois de notre nature, de notre entendement nous sont imposées, que ce n'est pas nous qui les faisons, et que notre vie, au moment même qu'elle nous est donnée, est soumise à ces lois qui la règlent sans cesse. Une certaine forme est donnée à notre entendement comme à notre corps, psychologiquement comme physiologiquement : physiologiquement, par les fonctions organiques; psychologiquement, par le langage, qui est une fonction organique de l'âme.

Il y a, dans ces pages brisées, reprises, interrompues, toute une métaphysique, aussi ingénieuse que savante, des mots : « Double excitation nécessaire : excitation intérieure de l'esprit, qui attache d'abord l'idée naissante à je ne sais quel signe imparfait extérieur; excitation extérieure du mot qui recueille cette idée et la formule sous un signe aisé, courant, toujours retrouvable et toujours mobile.... Le mot est, de plus, un signe abrégé, abstrait; il mobilise l'idée et la rend dépendante de notre volonté, la détache des objets qui ne dépendent pas de nous, et rattache le signe à notre organisme physique. » A chaque instant on rencontre de ces vues jetées comme en passant, et qui se seraient développées plus tard dans le sein de la théorie, mais non peut-être sans perdre de cette force d'expression condensée, de cette vivacité d'images indiquées d'un mot, de cette promptitude brillante. L'écrivain est déjà au complet dans cette rapidité originale qui dévore la pensée. Tout serait à citer dans le chapitre presque achevé sur la distinction *du sens réel et du sens idéal des mots*. Il y est démontré, par une foule d'analogies ou de contrastes curieux, que chaque mot a un double sens, un sens exact, précis, usuel, un sens variable, poétique, oratoire ; qu'il dépend du talent de l'écrivain de dilater, d'étendre le sens d'un mot ; qu'un grand esprit, un grand artiste, parvient à attacher définitivement à un mot qu'il a employé d'une façon nouvelle cette nouvelle quantité de sens qui n'avait pas été entrevue avant lui. Et à ce propos une page de la plus aimable et de la plus juste fantaisie pour expliquer ce qui fait que nous exagérons volontiers la poésie des mots dans les langues étrangères. Cela vient de ce qu'un mot n'ayant jamais été profané par nous et avili par l'emploi vulgaire, nous y enfermons volontiers, mieux que sous le mot de notre langue, tout l'ensemble des idées poétiques qu'éveille en nous l'objet qu'il exprime. Il a je ne sais quelle fraîcheur et quelle vivacité particulières, mais que nous lui donnons en partie. Chaque mot a son sens et sa valeur primitive pour nous quand il en a perdu l'intensité première chez le peuple même. Prenons pour exemple des noms de lieux : *Montrouge*, *Valfleuri* présentent-ils à notre esprit quelque idée autre que celle de deux affreux villages de la banlieue, et ne sommes-nous pas, au contraire, portés à attacher une idée poétique aux noms de *Liebethal* ou de *Schœnbrunn*, qui n'en ont plus sans doute pour leurs habitants? La philologie, traitée de cette manière, devient une des formes les plus variées et les plus piquantes de l'étude de l'esprit humain.

La philosophie de l'art, pour M. Tonnellé, ne devait être, on le sait, qu'une application de la philosophie générale du langage. Les arts sont des langues; leurs éléments sont des signes d'idées, rien de plus. Jetés au milieu de ce monde sensible de sons, de formes, de couleurs, nous avons su le transformer en signes pour nous représenter les idées de beauté que nous concevons et auxquelles nous aspirons; pour les fixer, les développer, les agrandir, et nous en servir comme d'échelons pour monter plus haut. *Chercher l'esprit dans la lettre et l'idée dans le signe*, c'est *toute la théorie de l'art*. Les arts peuvent être matérialisés ou spiritualisés, suivant qu'ils penchent plus à considérer l'élément sensible pour lui-même, ou seulement comme signe contenant quelque chose de plus que lui-même.

C'est là le principe d'où découle toute son esthétique. Je la résume. L'art se dégrade et s'éloigne de son objet quand il s'attache au signe; il s'élève dans la mesure où il s'attache à l'idée. C'est qu'en effet *tout dans l'art est signe, jamais objet vu*. Que représente ce signe? moins l'objet lui-même que l'impression de l'artiste en face de l'objet. L'artiste exprime non les choses, mais sa pensée vis-à-vis des choses; il l'exprime d'une autre manière et par d'autres moyens qu'elles. Dans la peinture, il est vrai, il se trouve que comme signes vous prenez justement les objets mêmes dont vous voulez rendre l'idée et l'impression; et c'est là ce qui a fait croire que le but était de les copier. Mais vous ne les copiez pas, vous vous servez d'autres moyens qu'eux pour dire la même chose. Ceci renverse le réalisme et la théorie de l'imitation en peinture. Qu'est-ce donc, d'après cela, qu'*idéaliser?* C'est tout simplement mettre une idée, enfermer une idée dans la forme, faire de l'objet, matière de l'art, un signe d'idées, lui faire dire quelque chose, lui ôter sa valeur propre pour lui en donner une d'expression. Idéaliser l'objet, ce n'est donc pas l'embellir, mais le transformer, le faire changer de nature et de but; auparavant il ne représentait que lui-même, à présent il représente une idée que vous le chargez d'exprimer, et, à ce sujet, il n'est pas de portrait véritable, s'il n'est idéalisé; car jamais on ne regarde un portrait sans l'animer, sans l'interpréter. Combien de fois nous arrive-t-il de dire d'un portrait ressemblant, d'une photographie : « Et pourtant cela n'en donne pas l'idée ! » Expression instinctivement juste. *Il y a un je ne sais quoi qu'on ne retrouve pas, et c'est cela que l'artiste doit rendre.* L'erreur de l'école réaliste est de ne pas voir que l'art n'est jamais qu'une affaire de *rapports;* que les rapports seuls et l'harmonie qui en résulte sont l'objet de l'art, constituent pour l'esprit la beauté, et que le monde sensible tout entier n'est jamais poétique que par les rapports que notre esprit y découvre, jamais par la valeur absolue d'aucune de ses parties, d'aucun de ses éléments. Le *rapport*, c'est là l'élément immatériel, abstrait, par lequel seulement la matière est belle, c'est le principe de l'harmonie, de l'ordre, de la beauté : c'est le seul élément qu'il faut vouloir concevoir et conserver dans l'art. Si vous tenez à conserver les termes ou l'un des termes exact, alors vous rompez complètement le rapport lui-même; ils ne sauraient exister ensemble dans votre reproduction; jugez lequel il est préférable de sacrifier. Les réalistes jugent que c'est le rapport, la photographie aussi.

Cette doctrine est d'une vigueur et d'une élévation rares, mais enfin c'est une doctrine, et par conséquent l'abstraction y règne. Dans les derniers fragments, ceux qui marquent la place où devaient se développer les conclusions de l'ouvrage projeté, c'est là que la pensée religieuse de l'art éclate et que le sentiment des grandes choses retrouve son libre et divin accent; c'est là que, dans quelques pages d'une éloquence vive, entrecoupée comme une voix que l'émotion presse, Tonnellé démontre à grands traits la faiblesse de l'art isolé et séparé de Dieu, l'inanité de l'art considéré comme étant sa fin à lui-même, comme étant à lui seul une religion. Avec quelle hauteur de vues on nous dénonce dans le culte de la beauté ainsi compris une autre idolâtrie vaine et coupable comme l'autre, puisqu'elle adore comme beauté la pensée humaine qui est renfermée dans l'art, et comme infini ce qui n'est que l'élan du fini. « Quel serait, à un moment donné, le désespoir de l'homme s'il s'appuyait uniquement sur l'art séparé de sa source et de son but, s'il croyait que l'art se suffit à lui-même et suffit à la soif intérieure de son âme? Qu'on se rappelle les larmes versées par Heine aux pieds de la Vénus de Milo, le jour où il s'aperçut pour la première fois qu'il avait besoin de s'appuyer sur quelque chose de plus fort et de plus haut que lui, où cette âme d'artiste, cette nature si profondément esthétique, ressentit amèrement l'insuffisance de cet art qui avait été toute sa religion, et vit tomber ce *beau humain* qu'il avait entouré d'un culte ardent et unique. » Une page plus loin, je trouve cet hymne adorable à l'art rapporté à sa source et à son but : « Je ne connais qu'un bien ici-bas, c'est le beau; et encore n'est-ce un bien que parce qu'il excite et avive nos désirs, non parce qu'il les comble et les satisfait. Ce n'est pas une pure distraction, une récréation facile que je cherche dans les arts et dans la nature. Dans tout ce qui me touche, je sens que l'amour que j'ai pour le beau est un amour sérieux, car *c'est un amour qui fait souffrir*. Où chacun trouve des jouissances, ou du moins les adoucissements et les consolations de la vie, je sens comme une nouvelle et délicieuse source de tourments. La splendeur d'une soirée, le calme d'un paysage, un souffle de vent tiède de printemps qui me passe sur le visage, la divine pureté d'un front de madone, une tête grecque, un vers, un chant, que tout cela m'emplit de souffrance ! »

Ces grandes aspirations s'accordaient chez le jeune écrivain avec la connaissance la plus exacte du détail, avec le jugement le plus net sur la valeur de chaque homme et de chaque œuvre. L'esthétique, même portée à ces hauteurs de l'idée et du sentiment, ne fit jamais tort en lui à la critique d'art la plus minutieuse et la plus précise. Parcourez ces innombrables notices sur Albert Durer, Rubens, Van-Dyck, sur Fra Angelico, Raphaël, Titien, Paul Véronèse, particulièrement sur Poussin ; lisez ces jugements si fins sur Bach, Gluck, Mozart, Beethoven ; enfin, comme dernière épreuve, analysez d'aussi près que vous voudrez les opinions qu'il exprime, en quelques coups d'un crayon hâté, sur Shakspeare ou Goethe, sur *Horace* et *Mithridate*, vous admirerez la rectitude de ce sens que ne troublent jamais d'aveugles engouements, et qui aime à se prouver à lui-même, en un excellent langage, que ses sympathies ont raison. Son criterium ne varie pas ; qu'il s'agisse de peinture, de poésie ou de musique, il reconnaît toutes les grandes œuvres à ce caractère unique : c'est que l'artiste ou le poète fasse tout concourir à exprimer l'idée qu'il veut manifester, et que pour cela il se serve de chaque élément sensible qui est à sa disposition, qu'il lui confie une part de l'impression qu'il veut éveiller en nous, et, selon une énergique expression, qu'il *le sature d'esprit*. Mais si ce principe, qui n'est que la formule de toute son esthétique, ne varie pas, avec quelle délicatesse, de quelle main habile et légère il est appliqué à la définition des œuvres diverses que le jeune écrivain considère! quel art pour en renouveler l'expression et présenter sous des aspects variés les conséquences qu'il en tire!

Toute cette esthétique est empreinte d'un caractère idéaliste. Aussi ne faut-il pas s'étonner si, en quelques pages pensées et écrites de très haut, M. Tonnellé défend la littérature du dix-septième siècle contre le reproche qu'on lui a fait si souvent de nos jours, d'avoir négligé quelque peu la nature ou de ne l'avoir que médiocrement sentie. Peut-être, dit-il, est ce là un signe de force. Il ne faut pas en vouloir à ce grand siècle d'avoir consacré tout son génie à célébrer la valeur de la personne humaine, de la liberté, de la moralité, du monde supérieur, de Dieu; de s'être beaucoup plus préoccupé du monde de l'âme que de celui du corps; d'avoir élevé haut cette image de la Divinité, empreinte dans les attributs de l'esprit humain. Et encore l'homme, l'humanité, les voyait-il, les peignait-il dans leur grandeur, dans leur idéal, et non, comme nous, dans leur laideur, dans leur réalité. Choisir, épurer les modèles de ses portraits, cela convenait au siècle qui proclamait avec Descartes que l'esprit est plus facile à connaître que le corps. Et si le dix-septième siècle a exagéré cette doctrine, au moins était-ce au profit de l'homme.

Notre siècle tombe dans l'excès contraire. On n'a jamais plus profondément connu et plus finement décrit cette maladie littéraire de notre temps, l'idolâtrie de la nature. C'est chez nous, dit-il par contraste avec les hommes du dix-septième siècle, c'est chez nous manque de grandeur et de virilité. Cette perpétuelle effusion de l'homme qui se répand tout entier à chaque instant dans la nature, dans les choses inanimées et sensibles, n'est-ce pas quelque chose de mou et d'énervant? Cela ne touchet-il pas au panthéisme? N'est-ce pas descendre? N'est-ce pas retomber volontairement dans ce qui nous est inférieur? C'est que l'âme n'a plus assez de force pour vivre avec elle-même. Cette rêverie, *alliance de l'âme au-dessous d'elle-même*, ne peut être un bien. On dirait qu'étant incapables de supporter notre propre personnalité, et bien moins encore de nous élever jusqu'à Dieu, nous aimons à nous perdre et à nous absorber dans ce monde insensible, inconscient, indifférent au bien et au mal; à y abdiquer notre moralité, notre liberté, notre conscience qui nous pèsent. Nous descendons de l'intelligence et de la volonté pour nous réduire au monde extérieur, sensitif, plastique. Nous détournons de son but la faculté de l'infini, qui est toute la poésie, pour la répandre dans la nature que nous divinisons. De là ces regrets, ces désirs adressés au monde sensible, cette mélancolie, cette rêverie matérialiste; de là, au théâtre et dans le roman, ces apostrophes rêveuses à la nature, ce témoin indifférent et toujours le même, qui voit successivement les actions bonnes et mauvaises, les situations heureuses ou malheureuses des hommes; et cette tendance à nous perdre en elle, à nous rendre autant que possible, par ce commerce, semblables à elle, c'est-à-dire indifférents. Platon ne dit-il pas qu'on devient semblable à l'objet de sa contemplation?

Platon! c'est bien là vraiment son maître; le *Phèdre* est bien vraiment son évangile profane. L'auteur était de cette grande race des platoniciens qui se continue à travers les siècles pour l'honneur de l'esprit humain; c'était un adorateur de la beauté, mais de la beauté rapportée à sa source. Il concluait comme Socrate voulait amener Phèdre à conclure. Comme lui il recueillait avec passion tous les vestiges épars du beau sur la terre, mais comme lui aussi il ne s'en servait que pour exciter plus sensiblement dans son âme la réminiscence de l'idéal et l'amour du Bien. Certes, on se tromperait étrangement si on croyait que ce jeune idéaliste fût un contemplateur impassible de l'univers. Il ressent autant que personne, plus que bien des poëtes effrénés, la contagion de cette ivresse souveraine qu'apportent à nos âmes, par tous nos sens, les rayons, les parfums, les splendeurs, les harmonies de la nature vivante. Il se défie, il est vrai, de cette ivresse, il craint ce délire; mais pour le combattre avec tant d'insistance, tant d'énergie, il faut en avoir bien profondément connu l'atteinte. Tant de passion dans le combat révèle la gravité éprouvée du péril. Ce n'est pas en vain qu'il s'exhorte, à chaque instant, à user sévèrement, sobrement de la nature, à bien se garder de prendre le signe, le symbole pour le sens et l'esprit, la copie pour le modèle, le reflet pour la source de la lumière. Ce n'est pas en vain qu'il s'encourage sans cesse à la mâle pratique de la dialectique platonicienne qui veut que nous ne cherchions dans la nature que des bases et des points d'appui pour notre élan vers l'infini. Il y a là tout un ordre d'idées et de sentiments délicats, d'aspirations en haut et de réactions sensibles, énergiquement combattues; il y a là quelque chose comme d'involontaires et discrètes confidences d'une âme qui, se craignant elle-même et redoutant l'attrait des choses inférieures, excite toutes ses forces vers le principe et se contraint généreusement à ne pas s'arrêter en chemin, à ne chercher son repos que dans le but.

Mais quand il est tranquillisé sur ce que j'appellerais volontiers la conclusion religieuse de son esthétique, quelle vive explosion d'âme devant la beauté de la nature! Quels fragments de poëmes nous retrouvons dans ces notes rapides, dans cette prose si ferme à la fois et si légère et qui semble toujours soulevée de terre comme par un souffle! Au milieu de tant de morceaux qui nous invitent également, nous en choisissons deux d'un caractère très différent, qui peut-être donneront quelque idée du sentiment de la nature et de la poésie dans cette âme.

LES CHANTS DES MONTAGNES

Les mélodies nées dans les pays des hautes montagnes, dans les solitudes ou les déserts, ont un caractère particulier qui présente à l'âme l'image de l'infini. Des intervalles mineurs; pas d'accords pleins et sonores, pas de cadences achevées; la chute manque; la voix reste suspendue, et exprime cette sorte de mélancolie, ce sentiment de désir qu'éveille et que laisse dans l'âme la contemplation de l'immensité. Ce qui caractérise encore ces chants, c'est de soutenir, de filer très longtemps les sons; il y a des points d'orgue à perte de vue. Le son se prolongeant va se perdre et mourir au loin, dans le vague, dans l'infini. Enfin, ils ont un mouvement lent, un rhythme peu marqué, parce que le rhythme marqué s'attache aux mouvements rapides, décidés, aux contours arrêtés, et que l'horizon lointain n'a pas de formes précises. Cette influence de la nature éveille chez les peuples les plus différents un sentiment moral analogue, et donne un cachet de ressemblance à toutes ces mélodies, malgré la différence des lieux, des langues et des civilisations.

L'ingénieux symbolisme, et quelles délicates analogies retrouvées entre le caractère de ces mélodies et l'aspect des montagnes!

Nous aimerions à citer tout entière une belle page datée de la vallée du Tech, aux environs de Céret, du 25 août 1858. Au détour d'un chemin qui serpente à mi-côte, tout d'un coup le jeune voyageur aperçoit une ligne brillante. L'horizon s'élargit, se recule, s'éclaire. C'est la mer, c'est la Méditerranée! Il la voit pour la première fois et sans s'y attendre. La voilà donc cette mer qui baigne les plus beaux rivages de la terre; qui a vu naître, se développer, passer, se croiser, s'échanger sur ses rives toutes les civilisations grandes, délicates, précieuses de l'humanité; *cette mer qui est vraiment le cœur et le charme du monde.* — Il faut savoir borner même ses plus nobles plaisirs. Tant d'autres pages nous sollicitent, celle-ci entre autres qui, pour le sentiment, semble une élégie détachée de quelques feuillets inédits de Lamartine. « O tranquillité, ô douceur insinuante et triste, ô calme de la lumière, du ciel, de l'atmosphère d'automne! » — Mais en voici une que nous citerons, en l'abrégeant toutefois, et qui me paraît une merveille de grâce mélancolique :

L'ATTRAIT DE L'EAU

(Écrit après une promenade dans une île de la Loire.— 13 février 1857.)

Être le petit poisson, pour se plonger dans ces abîmes transparents, dans cette lumière, cette clarté liquide qui pénètre jusqu'au fond! Être la goutte d'eau, pour couler dans des espaces sans fond et sans bornes, perdu, abîmé, absorbé!

C'est le besoin de l'âme de se noyer et de se perdre dans quelque chose de plus grand que soi. Le *pêcheur* de Gœthe....! Cet admirable sentiment de la vie de la nature qu'aucun peuple n'a eu comme les Allemands, les Grecs l'ont senti, l'ont personnifié; mais le sentiment moderne est supérieur. Comparez le mythe d'Hylas et le *pêcheur* de Gœthe.

.... Ce bouillonnement de l'eau infatigable, inépuisable (divin et éternel, auraient dit les Grecs)! Ces eaux qui ne s'arrêtent jamais et se renouvellent toujours, se précipitant constamment dans le même mouvement, vague après vague, se gonflant, se brisant, écumant, résonnant de la même façon, sans se lasser ni se reposer! Quelle force les pousse! quelle unité puissante les anime! On conçoit l'admiration et l'adoration des anciens devant ces forces de la nature. Ils les expliquaient par des êtres à leur image. De cette conception concrète à la conception moderne plus abstraite, à ce mouvement de la nature conçu comme le résultat de forces mystérieuses et d'une vie secrète qui pénètre toutes choses, il y a progrès;

progrès dans la vérité et la poésie; non parce que les causes sont plus connues, non parce que l'esprit humain a passé du surnaturel à une explication naturelle; mais progrès, au contraire, parce que le mystère est plus grand, et envisagé plus en face, plus accepté.

C'est le supplice et le besoin de l'homme de se sentir entouré de mystères. Il sent qu'il ne peut se suffire. Il a soif de quelque chose qui le surpasse, et, malgré ses conquêtes, il se sentira toujours petit devant ces grandes forces. Si son esprit avait tout pénétré, tout éclairé, tout amené au niveau de sa compréhension, s'il n'avait plus rien devant quoi se sentir petit, il ne pourrait plus vivre; il prendrait le monde en singulier dégoût pour ne pas valoir plus que lui, si misérable et si faible.

Aussi le progrès ne consiste pas à détruire le mystère, mais à le grandir. C'est pourquoi je me figure que lorsque ce globe sera connu et exploré tout entier, et qu'il n'y aura plus de recoin lointain ni fabuleux qui nous agrandisse les proportions de notre demeure, l'humanité ne pourra plus l'habiter; elle y étouffera et s'y desséchera.

Telle est l'admirable unité de cette vie intellectuelle et morale dominée, animée par l'idée et le sentiment de Dieu. Dieu se rencontre au terme de toutes ses aspirations, de tous ses rêves, de toutes ses jouissances. C'est une âme profondément religieuse. Comme frappée du pressentiment d'une mort prématurée, elle s'exerce de bonne heure au détachement des plaisirs même légitimes et des biens les plus innocents de ce monde. Elle se reproche parfois comme une sensualité la délicatesse de sa vie : elle se prépare à ce coup terrible qu'elle sent comme suspendu. Le texte presque perpétuel de ses méditations, le fond de sa pensée qui revient à chaque instant et presque à tout propos, avec une insistance vraiment touchante dans un jeune homme si favorisé de la vie, c'est la fuite des jours, la fuite de toutes les choses aimables et belles de cette terre, la jeunesse, l'amour, l'appel énergique et incessant à un retour sur soi-même, au recueillement de cette vie dispersée, dans la vie pleine, toujours identique à elle-même ; la considération de l'immuable et du divin en face de ce temps morcelé et fugitif. On dirait qu'il n'osait rien entreprendre sur cette terre, tant il sentait que son passage y serait rapide. M. Heinrich nous raconte qu'un jour, à Luchon, il reçut une lettre de sa mère qui l'engageait à songer au mariage. Il hésitait, nous dit-on, partagé entre le désir de sa mère qui parfois aussi devenait le sien et cette ardeur de voir et de connaître qui l'eût entraîné par moments jusqu'aux extrémités du monde. Ému de la lettre de sa mère, il rentra dans sa chambre, et imitant involontairement le tour de langage de son livre de prédilection, l'*Internelle Consolacion*, il retraça les mille pensées contradictoires qui l'agitaient sous la forme d'un long et sublime entretien entre son âme et Dieu. « Mon père, disait-il, j'ai souvent rêvé que le bonheur et la perfection de cette vie seraient d'avoir un centre où se rattacheraient toutes mes pensées, toutes mes espérances et mes souvenirs ; de concentrer mes affections sur un être tendrement aimé, de borner tous mes vœux dans un foyer, dans une famille, et de ne pas laisser s'égarer mes désirs ou mes rêveries hors de ce petit horizon et de ce lieu unique de la terre. — Puis, d'autres fois, croyant planer plus haut, j'ai souhaité d'être seul, libre et sans liens, pour parcourir le monde en tous sens, pour m'abreuver à toutes les sources de beauté qu'il présente, et élever mon âme sur tous ses hauts sanctuaires. J'ai tremblé à l'idée qu'il y eût un coin de ces spectacles, un coin des œuvres de Dieu et des créations de l'homme qui échappât à ma recherche curieuse. — Mais, derechef, j'ai pressenti le vide et la lassitude de cette course errante, de cette variété qui se répète, et de cette fatigue qui doit saisir l'âme isolée, perdue dans cet espace à la fois trop vaste et trop étroit pour elle, trop divers et trop monotone. L'image et la promesse de ces deux bonheurs se sont partagé mon âme et s'y sont combattues. Et je me suis plaint de cette vie, qui est trop courte pour être complète, et qui nous impose des regrets, parce qu'elle exige un choix ; j'ai pensé qu'il faudrait deux vies pour satisfaire ce double besoin dont mon cœur ne peut se résoudre à sacrifier aucun... »

Cette lettre était écrite le 23 juillet 1858. Le 14 octobre suivant, Alfred Tonnellé avait cessé de vivre. Dieu avait choisi pour lui.

Je me suis effacé, autant que j'ai pu, entre le lecteur et cette intelligence que j'ai voulu lui faire connaître dans sa sincérité et dans sa grâce. Je l'ai laissée parler elle-même, et presque toujours je lui ai emprunté l'expression résumée de cette vie si active par la pensée, si curieuse de tout ce que la nature et l'art ont de noble et de beau. J'emporte de cette lecture, consacrée par la mort, une consolation souveraine. J'ai la conviction qu'Alfred Tonnellé fut heureux. Il se répand dans chacune de ses pages, même au milieu des expressions les plus mélancoliques, je ne sais quelle sécurité et quelle sérénité qui élève et rassure. On sent que cette âme vécut en paix avec elle-même. Bonheur bien rare à une époque comme la nôtre, où les intelligences sont non seulement divisées entre elles, mais en elles-mêmes, où chaque conscience se déchire et se torture dans cette anarchie d'idées que la plupart d'entre nous cachent sous la surface indifférente ou frivole de la vie. Il nous a semblé qu'il serait d'un grand intérêt, en face des incertitudes douloureuses qui caractérisent ce temps philosophique et religieux, de peindre une âme assurée dans sa voie, et de montrer ce bienfait suprême, cette récompense plutôt (car ce bienfait n'est pas gratuit), la paix des idées dans un noble cœur.

UN MORALISTE INÉDIT

M. DOUDAN D'APRÈS UNE PUBLICATION RÉCENTE

Mélanges et Lettres de M. X. Doudan, avec une introduction par M. le comte d'Haussonville et des notices par MM. de Sacy et Cuvillier-Fleury.

C'est toujours une épreuve délicate pour un nom de sortir de la pénombre d'un cercle intime, propice aux engouements et aux illusions, et de passer brusquement au grand jour. Cette épreuve, le nom de M. Doudan vient de la subir et d'en triompher. On ne pouvait craindre raisonnablement que la faveur, j'allais dire la ferveur de dévotion intellectuelle dont cet esprit était entouré dans quelques salons, fût une pure illusion de coterie. On avait, pour se rassurer à cet égard, quelques-uns de ces pressentiments éclatants qui avertissent ou devancent l'opinion. Sans prendre au pied de la lettre l'hyperbole de M. Cousin, s'écriant un soir « que personne depuis Voltaire n'avait eu tant d'esprit, » pour s'expliquer à lui-même sa surprise d'avoir trouvé un champion capable de lui tenir tête, on avait beaucoup remarqué, vers 1866, une note de M. Sainte-Beuve jetée au bas d'une page des *Causeries du Lundi*, où il révélait au public sous ce nom ignoré « un de ces esprits délicats nés sublimes, nés du moins pour tout concevoir, et à qui la force seule et la patience ont manqué ». Plus d'une aimable indiscrétion de M. Saint-Marc Girardin, de M. de Sacy, de M. Cuvillier-Fleury, d'Hippolyte Rigault, était venue nous avertir qu'il y avait là un observateur d'une rare finesse, une intelligence toujours en éveil sur les hommes et les choses, quelqu'un, en un mot, qui n'était facilement dupe ni des autres ni de lui-même. Malgré tout, parmi les amis survivants, il pouvait y avoir des appréhensions, non sur la sympathie publique, mais sur le degré de cette sympathie. Le jour où parut ce livre qui allait dire le dernier mot de cet esprit et déterminer son rang dans l'opinion, j'ai recueilli l'écho de plus d'une prévention défavorable, soit dans le public, qui n'aime pas que l'on se défie de lui, soit de la part de quelques juges non consultés et mal disposés pour une réputation qu'ils n'avaient pas faite. Cela me rappelait l'histoire de cet homme qui seul ne pleurait pas à un beau sermon, tandis que tous les assistants fondaient en larmes, et qui s'en excusait en disant froidement : « Que voulez-vous? Je ne suis pas de la paroisse. » Il s'est produit ici quelque chose de semblable; il y a eu l'opinion de ceux qui n'étaient pas de la paroisse et dont quelques-uns ont d'abord résisté au charme. On a bientôt vu que cette résistance n'était pas juste et ne prévaudrait pas contre le sentiment du grand public.

Ces deux volumes de lettres nous montrent, sous un aspect inattendu, toute une partie de l'histoire et de la société contemporaines. Ce n'est pas sans quelque surprise qu'on se voit invité à ce spectacle, et l'on serait tenté, au premier abord, de se reprocher le plaisir qu'on y trouve comme une sorte d'indiscrétion. C'est la première fois, à ma connaissance, que cette partie de la société française, la plus ombrageuse à l'égard de la publicité, le monde doctrinaire (puisqu'il accepte ce nom), vient s'exposer ainsi presque sans voile et en pleine lumière à la curiosité des indifférents et des adversaires. L'épreuve tournera à son avantage; on sent dans ces lettres, écrites au jour le jour, la marque d'une vie intérieure élevée, le souci presque unique des choses de l'esprit, le désintéressement de tout ce qui est bas et commun, l'horreur du commérage et de la vulgarité, la passion exclusive des idées générales, la recherche ardente des formes les plus hautes de l'art et de la pensée, et par-dessus tout la liberté de l'opinion la plus complète. Mais enfin, c'est toute une révélation de ce monde très particulier et très réservé, je dirais même une révolution dans ses habitudes de discrétion. Qui eût dit au mois de juin 1844, quand M. Doudan racontait avec un si bel entrain les fêtes données à Gurcy, qui eût dit alors à M. Doudan que trente-deux ans après, jour pour jour, sa lettre paraîtrait, avec tant de jolis détails si intimes, tant de traits si expressifs et fins sur les rôles, les acteurs et les actrices. n'aurait trouvé assurément en lui qu'un incrédule. Alors tout cet aimable monde disait comme lui : « Nous espérons bien que les journaux voudront bien ne pas disserter sur ces amusements de Gurcy; » et ce fut tout un événement qu'un feuilleton de la *Presse* qui vint troubler cette sécurité. Que les temps sont changés ! C'est le récit de ces fêtes charmantes qui va maintenant, comme par une pente naturelle, aux journaux. La publicité est entrée partout de nos jours, tantôt par effraction, tantôt par persuasion. Est-ce un bien, est-ce un mal? la question reste douteuse. En tout cas, ici, c'est la persuasion qui a seule agi. On s'est convaincu que le plus sûr moyen de mettre le public d'accord avec les amis de M. Doudan sur un si rare mérite, c'était de le mettre de moitié dans leurs plaisirs littéraires, de tout lui donner, sans autre réserve que celle de certaines bienséances.

M. le comte d'Haussonville a placé en tête du premier volume une introduction qui est tout un portrait vif et brillant. Il a appelé en témoignage MM. de Sacy et Cuvillier-Fleury, qui ont répondu à son appel par quelques pages d'une sincérité pénétrante et d'un accent qui ne trompe pas. Pourquoi de si bons juges, de si vrais amis se sont-ils tenus à l'écart du travail préparatoire d'où est sortie cette publication? Il y a une vingtaines de lettres et plus qui auraient pu être sacrifiées pour faire place à cet opuscule si distingué, *les Révolutions du goût*, qu'on a bien voulu me communiquer et sur lequel j'aurai l'occasion de revenir. Et puisqu'il fallait faire un choix dans cette ample correspondance, je pense, en comparant certaines lettres publiées, à d'autres qui ne l'ont pas été et que j'ai sous les yeux, qu'on aurait pu parfois autrement ou mieux choisir. Après tout, c'est affaire de goût personnel et de tempérament. Ce qui est moins sujet à discussion, c'est l'inexpérience trop visible qui a présidé à la revision du texte et qui se marque par une foule de traits. C'est une chose difficile et délicate que de publier ses propres écrits, à plus forte raison ceux des autres; il y faut une attention extrême, un soin infini du détail. J'imagine M. Doudan relisant ces lettres, d'un goût si exact et si pur, par lesquelles il charmait ses amis, dans l'édition offerte au public. Combien ce délicat humaniste, cet ami d'Horace et de Virgile, aurait d'occasions de se fâcher ou de rire, surtout à propos des citations latines qu'on lui attribue et de certains *errata* plus invraisemblables encore par lesquels on prétend les corriger! Je le vois en rire de bon cœur (c'est définitivement le parti qu'il prendrait), comme il le faisait un jour, des fautes qui déparaient l'éloge de l'ancien M. de Sacy, publié dans un journal fort sérieux cependant et fort bien fait, où on lisait : cet *honorable chrétien* au lieu d'*humble chré-*

tien[1]. L'*honorable chrétien* faisait la joie de M. Doudan. « Après tout, ajoutait-il, on lit vite de notre temps, et l'on n'y regarde pas de si près. » Il se consolerait de la même manière aujourd'hui et n'en serait pas moins touché des soins qu'une amitié délicate a rendus à sa mémoire ; mais je crois bien que, s'adressant à ses amis de l'Académie française, il serait tenté de leur dire, de cet air qu'ils connaissaient bien : « Franchement, vous auriez bien pu revoir les épreuves de mes lettres, puisque j'en étais empêché. »

I

« Il serait difficile, dit M. d'Haussonville, à qui n'en a pas été témoin, de se figurer la place occupée par M. Doudan dans la société qui fréquentait habituellement le salon du duc de Broglie. Ceux-là même qui n'ont fait que le traverser ont dû y remarquer, non sans curiosité, la physionomie singulièrement aimable et spirituelle de cet hôte si discret, mais si entouré, dont les visiteurs les plus illustres s'appliquaient à rechercher l'entretien particulier. Rien dans sa figure n'indiquait un âge plutôt qu'un autre. On eût dit qu'il n'en avait point, tant il y avait à la fois de maturité et de jeunesse dans ses traits fins et réguliers, qui rappelaient ceux d'Érasme, avec lequel il ne trouvait pas mauvais qu'on s'amusât à lui chercher certaines ressemblances. Son regard était doux et profond, le plus souvent bienveillant, bien qu'un sourire d'ironie involontaire courût sur ses lèvres chaque fois qu'il entendait exprimer une idée commune ou un sentiment affecté. Tout était tempéré dans sa personne.

---

1. Lettre du 5 mai 1840.

Cependant la discussion, qu'il ne fuyait pas, sans la provoquer jamais, sinon comme une joute entre de purs esprits, venait-elle à l'animer, la transformation était soudaine, et sa verve était incomparable. Combien de fois ne l'ai-je pas vu croiser le fer sans désavantage, en politique, avec M. Guizot et M. Duchatel, en philosophie avec M. Cousin ou M. de Rémusat, en littérature avec M. Villemain ou M. Saint-Marc Girardin! Avec lui, les paradoxes n'étaient pas de mise; il en avait horreur, et toute déclamation était impossible. parce que d'un mot il la faisait tomber à terre. Cette rigueur de logique qu'il mettait dans ses raisonnements, il l'imposait aux autres. Jamais homme ne se paya moins que lui de phrases, si belles qu'elles fussent, ni de saillies, si heureuse qu'en fût la tournure, lorsqu'elles ne faisaient pas avancer la controverse.... C'était le propre de M. Doudan de ne jamais faire le sacrifice de la moindre nuance de ses opinions à ceux qu'il prisait le plus ou qu'il aimait le mieux; ni le respect, ni l'affection n'avaient de prise sur l'indépendance de ses jugements. Il mettait une sorte de fierté modeste à demeurer et à se montrer tel qu'il était. »

Tel je le vis un soir, il y a douze ans, tel il me semble le voir encore dans un coin de cet austère salon, avec sa figure fine, un peu railleuse sous un air de bonhomie apparente, curieux des livres nouveaux et des mouvements d'idées qui pouvaient se produire en dehors de ce cercle distingué, mais restreint, où le confinaient ses habitudes et ses goûts. Ce qui frappait le plus, au premier abord, dans ce milieu qu'on aurait cru inspiré et dirigé par une pensée unique, c'était l'accent libre et varié des différents esprits, souvent de la même famille, qui s'y rencontraient. C'est la marque ineffaçable de ce salon dans le souvenir de tous ceux qui l'ont traversé. Nulle part ailleurs on n'aurait trouvé dans Paris, avec le même fonds d'idées générales et la même culture, une plus franche diversité d'opinions, surtout en matière philosophique et religieuse. Les nouveaux venus, même quand ils n'apportaient aucune illustration du dehors, n'avaient aucun effort à faire pour surveiller leur manière de penser ou de sentir et ne pas heurter celle de leurs hôtes. On ne leur demandait que d'être eux-mêmes et on leur savait bon gré de l'élément de variété qu'ils introduisaient; on se donnait la peine d'étudier leurs idées et d'observer les nuances de leurs jugements; on les encourageait à penser tout haut par curiosité courtoise et par ces interrogations discrètes qui étaient une sorte d'invitation à produire leur pensée dans sa sincérité et dans sa mesure. Noble et délicate hospitalité de l'intelligence, qu'exerçait avec l'instinct du plus libéral esprit le duc de Broglie, déjà vieux quand j'eus l'honneur de le connaître, mais dont l'activité intellectuelle ne s'était jamais montrée plus grande ni déployée plus à l'aise dans la sphère des idées pures. A cette époque, éloigné de la politique active depuis près de quinze années, *grande mortalis œvi spatium*, il ne s'en désintéressait pas assurément, comme l'a bien prouvé le livre qu'il a intitulé *Vues sur le gouvernement de la France*, véritable testament de l'homme d'état et programme définitif de cette école libérale et constitutionnelle qui cherche ses modèles au delà de la Manche sans se résoudre à passer l'Atlantique. — Cependant on sentait qu'à mesure qu'il avançait vers les sommets de la vie, le noble vieillard, embrassant sous son regard plus de ciel et de lumière, plaçait plus haut l'objet de ses méditations. C'est le problème religieux, sous sa forme scientifique et dans son rapport avec la philosophie, qui attirait les derniers efforts de cette pensée si ferme, jamais plus vigoureuse qu'à ce moment de sa vie, plus sûre de sa méthode, plus maîtresse d'elle-même, plus assurée dans sa dialectique et dans ses conclusions. Il est resté du travail de ses dernières années un ouvrage considérable, un monument qui, s'il est publié un jour, comme nous l'espérons, étonnera, par l'ampleur de ses lignes et la solidité de ses constructions, l'activité languissante et si vite découragée des générations nouvelles. Le point de vue d'où procède l'œuvre est d'une hardiesse calme et calculée qui marquera, je le crois, une date dans l'apologétique chrétienne. Rien de pareil n'avait été, je ne dis pas conçu (l'évêque anglais Butler, dans son *Analogie*, a eu quelque dessein semblable), mais exécuté avec cette résolution et poussé jusqu'à son dernier terme avec ce courage logique qui ne fatigue pas à travers les problèmes les plus ardus, qui ne se dément pas un instant, et qui se développe vers le but comme un théorème, sans exclure, chemin faisant, l'emploi des facultés les plus libres et les plus délicates de l'esprit.

On ne doit pas s'étonner qu'avec de pareilles préoccupations les recherches et les discussions philosophiques fussent à l'ordre du jour dans ce salon, au moins vers les dernières années. Je ne doute pas que M. Doudan n'ait eu une grande part dans l'ouvrage de M. le duc de Broglie, parce qu'il en avait une grande dans la conversation de chaque jour. Il représentait l'objection; il n'y mettait aucune obstination, aucun parti-pris; mais enfin c'était sa tournure d'esprit, c'était l'aspect sous lequel il se montrait tout d'abord, excellant à saisir le point faible d'une doctrine, et par là que de services il rendait à ceux qui jouissaient du libre commerce de sa pensée! D'un mot, il avertissait les esprits entraînés sur la pente de leur idée, il les mettait en défiance contre un raisonnement trop facile, il montrait la contradiction possible sous l'argument d'école, il arrêtait d'un sourire la tentation de l'infaillibilité, qui se rencontre en philosophie comme ailleurs, et dans toute cette partie du grand ouvrage de M. le duc de Broglie où sont exposées avec un art implacable les difficultés de tous genres et les antinomies des doctrines, il semble bien que l'on reconnaisse souvent l'écho de cette fine dialectique contre les systèmes, l'ironie de ce nouveau Socrate, un Socrate tout intime et tout familier, sans l'*Agora*, sans les disciples, mais aussi sans la prison et sans la ciguë.

C'était certes une physionomie originale et qu'on n'oubliera plus, si on l'a vue une fois. Quant à la biographie de M. Doudan, elle était aussi simple que possible, et c'est une de ces histoires où il n'y a eu, à vrai dire, que des événements d'idée ou de sentiment. Il n'aimait pas d'ailleurs que la curiosité, même celle de ses amis, y pénétrât. On nous dit qu'il usait de ruses innocentes pour dérouter les conjectures sur son âge, sur son passé, sur sa famille. Il ne parlait jamais de lui-même pendant sa vie ; ce que l'on a appris depuis sa mort se réduit à fort peu de chose. Les souvenirs de M. de Sacy en ont fourni la meilleure part. Né à Douai, au commencement du siècle, d'une famille modeste, après des débuts pénibles, nous le retrouvons, de 1820 à 1825, répétiteur au collège de Henri IV, se préparant à prendre ses grades dans l'Université, se consolant de son métier laborieux et de sa pauvreté dans l'intimité de quelques jeunes gens, animés comme lui des plus belles espérances de la vingtième année, remplis des plus nobles ardeurs. M. de Sacy nous a peint, avec l'enchantement des jeunes souvenirs, ces soirées de la rue des Sept-Voies (je puis assurer à M. de Sacy que cette jolie rue existe encore), et ces promenades au jardin du Luxembourg, où M. Doudan déployait, nous dit-on, « avec cette fraîcheur de jeunesse que la maturité ternit toujours un peu, tout ce qu'on a pu lui connaître de profondeur et de délicatesse d'esprit, de grâce et de séductions. »

Le sujet de ces entretiens, on le devine : c'était moins leur avenir personnel qui intéressait et passionnait ces jeunes gens que l'avenir de leur pays, pour lequel ils faisaient de si beaux rêves de grandeur et de liberté, l'avenir même de l'humanité, à laquelle ils ouvraient une ère radieuse de justice universelle et de progrès raisonnable. Pour préparer cette ère nouvelle, pour en hâter l'heure, ils s'essayaient à l'éloquence dans une conférence qu'ils avaient placées sous les auspices de Montesquieu, et où chacun des jeunes orateurs était tour à tour, selon le sujet ou l'inspiration, Royer-Collard, Foy, Benjamin Constant. D'autres fois c'était l'art, c'était la poésie, dont on suivait d'un regard curieux et troublé les premiers efforts pour s'affranchir et les premières innovations. On relisait ensemble le livre de Mme de Staël sur *l'Allemagne*, on comparait les littératures étrangères entre elles et avec la nôtre : Shakspeare, Byron, Walter Scott, Schiller, Goethe, ouvraient en tout sens des horizons nouveaux à ces jeunes intelligences et les inclinaient peu à peu vers le romantisme, innocent encore, parce qu'il ne faisait que de naître. On était heureux de discuter sur tous ces grands et aimables sujets, heureux aussi quand par hasard on était d'accord, mais on l'était rarement; on ne peut pas l'être à trois. Il arrivait souvent à M. Doudan et au jeune Saint-Marc Girardin de penser de même et de sentir à l'unisson, mais on se trouvait alors en face de M. de Sacy, et comment être d'accord avec « ce classique obstiné qui n'admettait pas une autre langue poétique que celle de Racine et qui trouvait à redire (il s'en est repenti plus tard) aux plus heureuses hardiesses de Lamartine et et de Victor Hugo? » Enfin c'étaient les plus hautes questions philosophiques et religieuses qu'on agitait, chacun y apportant la note particulière de son esprit ou l'humeur passagère de son âge, tous trois se croyant très hardis dans des limites qui sembleraient étroites aujourd'hui aux jeunes libres penseurs du jardin du Luxembourg, celles d'un spiritualisme très décidé, parfois égayé d'une nuance voltairienne, parfois obscurci par quelque nuage d'idée allemande passant sur le fond très clair de ces esprits bien français.

Un jour, l'aimable petite société se trouva dispersée. Pendant qu'on agitait l'avenir de la France et du monde, pendant qu'on discutait sur la nature et les limites de la raison, sur le fini et l'infini, on s'aperçut qu'il fallait vivre; on ne s'en était pas douté jusqu'alors. L'heure fatale arrive toujours où ces petits cénacles disparaissent, emportant les beaux loisirs, les rêveries en commun, les espoirs enchantés, tous les mirages qu'allume un rayon de soleil dans le nuage et qu'un coup de vent dissipe. La vie sérieuse, la vie active commence. M. Doudan parti, M. Saint-Marc Girardin entra au *Journal des Débats*, M. de Sacy l'y suivit bientôt. Ils se jettent tous les deux avec intrépidité au plus fort de la mêlée, ils s'y plongent avec ardeur, avec délices; ils font de leur vie nouvelle deux parts, une pour la politique, l'autre pour les lettres. Tous deux, avec des fortunes variées, deviennent ce que chacun sait; après avoir brillé au premier rang dans la lutte, tour à tour victorieux et vaincus dans ces combats politiques où le succès ne dure qu'un jour, mais où il n'y a pas de défaite irréparable ni de jugement sans appel, après avoir épuisé sur eux les traits et la colère des partis sans rien perdre de leur dignité ni de leur courage, tous deux ont fini, à leur heure, par entrer dans ce port tranquille de l'Académie avec le renom incontesté des beaux talents qui honorent un temps et un pays. Seul, le troisième ami d'autrefois n'est arrivé à rien : il n'a été rien, *pas même académicien,* et si de pieuses mains n'avaient recueilli quelques pages fugitives, vingt personnes, trente au plus, se douteraient, à l'heure qu'il est, que ce nom obscur cache un des talents les plus originaux, un des esprits les plus vifs de ce temps, et le vague souvenir de ce qu'il fut se serait bien vite éteint avec la vie de ceux qui l'ont aimé.

Comment cela s'est-il fait? Comment s'expliquer cette disproportion étonnante dans la destinée de ces trois jeunes gens, nourris des mêmes études, enflammés des mêmes ardeurs, amoureux des mêmes idées, tous trois élancés du même essor vers l'avenir? — Au fond, rien de plus naturel. M. Doudan a passé la vie la plus active à ne rien faire, j'entends à ne rien faire au dehors. Il a eu l'existence qu'il s'est choisie, très remplie au dedans, si l'on estime comme on le doit la plénitude de la pensée et du sentiment, silencieuse et inactive en apparence, si l'on ne tient pas compte de l'action très grande, mais difficilement appréciable, qu'il a exercée sur les esprits autour de lui.

En 1826, M. Villemain avait désigné le jeune répétiteur du collège de Henri IV à la famille de Broglie, qui cherchait quelqu'un pour diriger l'éducation de l'enfant que Mme de Staël avait laissé de son mariage avec M. de Rocca. M. d'Haussonville marque en quelques traits cette vie qui finit par s'absorber et se fondre entièrement dans la famille où il venait d'entrer : entre M. Doudan et cet intérieur qui lui fut ouvert, l'accord des sentiments et des idées était si complet, qu'au bout de très peu de temps il y vécut sur le pied de l'ami le plus intime. Après les événements de juillet 1830, le duc de Broglie, appelé au ministère de l'instruction publique, insista pour faire de M. Doudan le chef de son cabinet. Il ne tint pas moins à le garder auprès de lui, dans la même situation, quand il devint plus tard ministre des affaires étrangères et président du cabinet du 2 octobre. Pendant ces cinq années, M. Doudan n'a pas un instant cessé d'être en relations suivies avec tout ce que la France et l'Europe comptaient de personnages les plus considérables. La tradition de la famille constate les grands services que M. Doudan a rendus alors à M. le duc de Broglie, par sa mesure, son tact, son esprit toujours prêt, sa loyauté fine et sa discrétion spirituelle. En revanche, on sait que le duc de Broglie avait une confiance sans bornes dans M. Doudan, qu'il l'a constamment initié à tous les actes de sa vie politique et consulté dans toutes les circonstances les plus importantes. Quand il se retira définitivement des affaires, en 1836, il proposa à M. Doudan, en récompense de ses services, de le faire entrer au conseil d'État. Les différents ministres qui l'avaient connu lui offrirent des fonctions publiques qu'il ne voulut jamais accepter. « Après la mort de la duchesse de Broglie (septembre 1858), il devint évident que jamais il ne consentirait à se séparer d'un intérieur où un tel vide venait de se produire et dans lequel ses affections étaient désormais concentrées. » S'il était permis d'ajouter un mot en un sujet si délicat et si intime, on pourrait voir dans cette résolution irrévocable un hommage rendu à une pure et noble affection, de l'ordre le plus rare et le plus élevé, une manière de l'honorer par le don de soi et de sa vie entière, quelque chose comme une consécration intérieure à une mémoire discrètement adorée.

On dirait d'ailleurs qu'ayant vu de près, pendant quelques années, les agitations de la politique et touché même à quelques-uns des ressorts qui font mouvoir les choses humaines, il avait pris vite en dégoût la peine qu'on s'y donne et qui est si grande pour de si petits résultats. Dès 1835, à l'âge où l'on a devant soi les horizons largement ouverts, il écrivait ces mots, où se laissent pressentir la fatigue prématurée de la vie active et l'abdication des vastes espérances : « *Quand on n'est pas M. Fox où le général Bonaparte, ce n'est pas la peine d'être sur la scène ou au parterre du monde politique....* Vanité des vanités, et tout est vanité dans ce monde, hors ma chambre avec ma fenêtre qui regarde vers l'Italie, par-dessus les Voirons. » Cette disposition ne fit que s'accroître avec l'expérience et l'âge. On pourrait en recueillir les symptômes à chaque page de la correspondance : « Je me sens de plus en plus incapable, écrit-il sans cesse à ses amis, et fatigué de chaque petit détail de la vie plus que je ne puis dire.... Quand je vois ouvrir ma porte, je prends en haine celui qui entre, soupçonnant avec raison qu'il faudra lui répondre s'il me parle, ou faire quelque chose pour lui s'il me le demande[1]. » Sans doute il ne faut pas prendre ces aveux misanthropiques au pied de la lettre; ce sont fantaisies d'humeur et boutades d'un homme d'esprit que ses nerfs tourmentent; mais au fond il y a chez lui sinon inaptitude à la vie pratique (le tact, la discrétion, la finesse, qui sont des conditions pour y réussir, il les avait au plus haut degré), du moins une lassitude précoce du mouvement, de l'agitation, des démarches et manœuvres de toute sorte qui sont nécessaires en ce monde pour conduire les choses ou les hommes.

Sa santé, dont il ne cesse pas de se plaindre, fut pour beaucoup dans ce goût de plus en plus prononcé pour la retraite studieuse où il enferma sa vie. Il fut, pendant les soixante-douze ans qu'il vécut, persuadé qu'il était mourant, et le sentiment de lassitude morale qui se marque en lui n'est peut-être que le contre-coup de petites sen-

---

1. 15 février 1840.

sations physiques accumulées, exagérées par l'imagination et capables à la longue de produire de grands effets : « Connaissez-vous cette odieuse maladie de la fatigue, la fatigue chronique? Encore si c'était comme la fatigue après une longue promenade, on aurait le plaisir du repos; mais ordinairement cet accablement est mêlé d'agacement nerveux. J'ignore si l'âme de Brutus ou de Caton, tout stoïciens qu'ils étaient, aurait résisté à ce genre de captivité ; mais ces anciens ne connaissaient probablement pas ces désordres nerveux, et le diable n'avait pas fait encore sa découverte[1]. » — Et ailleurs : « Je suis toujours dans un très misérable état de nerfs. Tous les médecins disent que je n'ai rien; mon bon sens me le dit aussi; mais je n'en suis pas moins repris de mes dragons tous les jours, dès que je suis seul[2]. » — Je remarque, à ce propos, que plusieurs des plus fins psychologues et des plus délicats observateurs de la vie morale, un Joubert ou un Maine de Biran, ont été, comme M. Doudan, des malades réels ou imaginaires. Une santé robuste, des nerfs baignés dans de larges afflux de sang, des muscles solides, des poumons infatigables, voilà d'utiles engins pour l'action, pour la lutte, le journal, la tribune ou la guerre ; c'est l'appareil physiologique du combat. Changez tout cela, modifiez ce tempérament, faites prédominer les nerfs sur les muscles, vous aurez non pas assurément le principe qui fait les esprits délicats et fins, mais l'organisation appropriée à cette nature d'esprits. En s'écoutant vivre, non parfois sans inquiétude, ils se sont habitués à quelque chose de plus utile et de meilleur, ils se sont entendus penser, et en s'observant jusqu'à l'excès eux-mêmes, ils ont pris l'habitude d'observer les

1. Mai 1868.
2. Août 1858.

autres dans leur fond intime, au delà des surfaces menteuses et des apparences agitées.

Indépendant de toute fonction, maître absolu de ses heures, excusé à ses propres yeux de son dégoût pour la vie active par une santé qui lui donnait la sensation ou l'illusion de souffrir toujours, assujetti seulement (et encore dans la mesure de son humeur et de ses goûts) aux relations et aux sympathies de son milieu intime, M. Doudan put s'abandonner, sans scrupule et sans réserve, à sa passion dominante, la lecture. Sans compter ses chers auteurs classiques, son Horace, son Virgile, qu'il relit sans cesse, ou quelques ouvrages du dix-huitième siècle, qui étaient devenus des classiques pour lui, pas un livre nouveau de quelque importance n'a certainement paru, depuis un demi-siècle, qui lui soit resté étranger, et dont l'idée principale au moins n'ait passé sous une forme quelconque dans la substance de son esprit. Ce qu'il acquit par là de variété de connaissances, d'éléments de comparaison, de perceptions neuves, ce qu'il y goûta de plaisirs délicats, de sensations vives et fines, on le devinait à l'agrément substantiel de sa conversation et à cette abondance de germes d'idées jetés négligemment dans la moindre de ses lettres; mais il faut bien le dire, cette passion de la lecture, si innocente en apparence, n'est pas sans péril. Elle trompe à la longue, et par son excès même, l'activité de l'esprit, en lui donnant du dehors un mouvement qu'il ne produit pas de lui-même; elle l'agite et le remplit sans toujours le féconder, souvent même en l'empêchant de creuser dans sa propre substance et d'en faire jaillir ces sources de fécondité interne qui ne se trouvent que par un effort prolongé de méditation et dans l'éloignement des sources extérieures. Il est bon de lire pour s'exciter à penser soi-même; mais, l'impulsion une fois donnée, il faut fermer le livre et ne plus lire qu'en soi, ce qui ne s'obtient pas sans fatigue. Il faut donc se défier de la tentation des lectures indéfinies et prolongées. L'esprit s'y engourdit dans la volupté facile des idées qu'on lui apporte et des jouissances toutes préparées qui lui viennent sans effort. Nul mieux que M. Doudan n'a senti le péril et l'excès, et nul plus que lui n'a complaisamment cédé au charme. Voyez comme il s'en rend compte à lui-même, avec une lucidité qui analyse le mal sans pouvoir s'en délivrer : « Je sais bien, dit-il, que cette curiosité infinie est un genre de paresse, et peut-être le pire de tous, parce qu'il fait l'effet du travail[1]. » Il est toujours pour les plans sans bornes et les grandes entreprises, et les lectures les plus multipliées sur les mêmes sujets. « J'ai une rage d'apprendre qui ne fait que croître et embellir. Il n'y a de véritable originalité en tout que sous les dernières couches de l'érudition. Quand on ne sait rien, on se croit trop facilement des idées neuves. Ce serait une sage résolution de ne rien penser par soi-même jusqu'à ce qu'on sût bien ce que tous les siècles ont pensé[2]. » Oui, voilà bien l'illusion de cette nature d'esprits dans la première moitié de la vie. Mais cette moitié est bien vite passée ; déjà on descend la pente et l'on s'aperçoit qu'on a employé son temps à amasser des matériaux, à polir des instruments, à raffiner son esprit, et le moment d'exécuter ce qu'on a rêvé n'arrive jamais : *ars longa, vita brevis*. Alors on sent les illusions, on reconnaît les pièges de cette méthode charmante et paresseuse. Sans doute, on a lu beaucoup, et lire comme le faisait M. Doudan, c'est exercer son jugement, sa faculté d'analyse et de critique, c'est en ce sens travailler, c'est-à-dire se perfectionner soi-même ;

1. 4 décembre 1837.
2. 11 décembre 1835.

mais enfin ce n'est pas produire, et parfois le sentiment de cette stérilité relative devient une souffrance véritable, presque un remords. « J'ai au fond de moi-même, écrivait-il, une irritabilité maladive qui s'exalte de jour en jour. Parler m'ennuie; parler sans produire le moindre effet m'est impossible. Albert me reproche de parler plus avec les étrangers. C'est que j'ai du moins la sensation qu'ils ont la curiosité de ce que je dirai. Dès que rien ne renvoie le son de vos paroles, on perd la force de rien dire. Après avoir renoncé à la parole, je m'achemine à renoncer à la pensée[1]. »

Comme c'est bien là le cri mélancolique d'un esprit qui a senti sa force et qui craint de l'avoir dissipée! C'est l'aveu de ce mal que j'essaie d'analyser : le mal de cette paresse active qui s'est épuisée dans les livres et qui se sent comme écrasée de ses acquisitions sans but, de ses conquêtes sans fin et de ses trésors sans emploi. Il s'est trompé heureusement, et, grâce à d'admirables pages jetées au hasard, ou plutôt à l'amitié, et que l'amitié lui a pieusement rendues, sa pensée ne sera pas morte sans écho, et une élite de lecteurs lui *renverrait le son de ses paroles*, s'il vivait encore pour cela. Mais enfin il a pu craindre souvent que tout ne fût perdu sans retour; ce sont là de ces rapides instants de tristesse, de désespoir même, auxquels on n'échappe pas quand on a la conscience de ce qu'on vaut, de ce qu'on peut, de ce qu'on aurait fait, si l'on ne s'était pas « noyé sous dix pieds de livres. » — Or assurément il savait ce qu'il valait; sans l'ombre de vanité, il pouvait prendre intérieurement sur lui-même la mesure des œuvres et des auteurs, et garder un juste sentiment de fierté en se comparant à ceux qui réussissaient le plus bruyamment dans le monde. Un jour,

---

1. 16 mars 1840.

vers les derniers temps de sa vie, ce sentiment, longtemps comprimé, éclata dans une page superbe où il ne tient qu'à nous de voir la tardive revanche du talent inconnu contre les œuvres à la mode et les auteurs à succès. « Ne soyez pas si méprisante, écrit-il à une femme distinguée, mais un peu sceptique, à ce qu'il paraît, à l'égard des prétendus beaux esprits qui n'ont rien écrit, soyez un peu moins méchante pour *votre prochain obscur.* » Et, rappelant avec à propos la charmante pièce de vers de de Gray, il développe cette pensée du poète, qu'il y a dans les cimetières de village bien des Milton qui n'ont point chanté, des Cromwell qui n'ont point versé le sang.... « Pour moi, je ne passe jamais dans une petite ville de province sans soupçonner qu'il y a là des inconnus qui, dans d'autres circonstances, auraient égalé ou surpassé les hommes qui remplissent aujourd'hui le monde de leur nom. *Il y a beaucoup de cages où sont des oiseaux qui étaient faits pour voler très haut...* Croyez-le : la nature est très riche et il ne lui fait rien que des inconnus de grand talent n'entrent pas dans la gloire. *Ils vivent de leurs pensées et se passent de l'Académie française...* Si le monde était si exactement écrémé que vous le voulez, tout ce qui n'a pas de renommée, c'est-à-dire la presque totalité de l'espèce humaine, serait digne d'un peu de mépris; tout de même qu'il y avait à Athènes un temple au dieu inconnu, il ne serait pas mal d'élever un panthéon aux grands esprits inconnus. Vous êtes terriblement aristocrate, madame[1]! » Il est difficile de ne pas sentir là un accent tout particulier, tout personnel, celui des grands inconnus, dont il se reconnaît le frère et l'égal, qui se résignent à ne pas entrer dans la gloire, mais qui prétendent garder leurs droits.

---

1. Septembre 1865.

Et il avait raison. Si le goût d'une perfection inaccessible, ce sentiment « d'un idéal placé trop haut qui décourage *les suprêmes délicats* », l'empêcha de produire une de ces œuvres définitives où un esprit donne sa mesure à l'opinion publique, il n'en avait pas besoin pour faire sentir la supériorité du sien à tous ceux qui entraient en quelque commerce avec lui. Il était un maître de goût, reconnu comme tel, consulté par les écrivains les plus célèbres. Son suffrage était la consécration d'une réputation et d'un livre. Tel auteur en renom, comme M. Saint-Marc Girardin, sollicitait d'avance cette amicale censure avant de rien publier. On nous le montre dans son emploi véritable de directeur de consciences littéraires. C'était, à ce qu'il paraît, un spectacle divertissant de voir les appréhensions mal déguisées de M. Villemain, si ombrageux à l'égard de l'opinion, si inquiet pour chacun de ses ouvrages, lorsqu'après avoir mis au jour quelque nouvelle production, il rencontrait pour la première fois M. Doudan et attendait son jugement. « M. Doudan, nous dit-on, jouissait discrètement de cette juste autorité, comme il faisait de toutes choses. Non seulement sa modestie ne l'empêchait pas de se reconnaître juge excellent en littérature, mais il avait la prétention très fondée d'être un merveilleux éducateur des intelligences. Il se vantait d'être plus que personne habile à faire sortir d'un esprit tout ce qu'il était capable de produire... C'était son don particulier d'étudier pour son compte et d'expliquer aux autres les règles du goût en matière de composition et de style. » Il en a donné des preuves multipliées presqu'à chaque page de sa correspondance, où l'on voit cette faculté en acte, et les conseils les plus justes, les plus fins, les plus délicats en matière de goût, donnés avec une complaisance et une bonne grâce charmantes. On pourrait extraire de ces pages quelques préceptes exquis sur l'art d'écrire, qui, sans rien avoir de scolaire ni de pédantesque, présenteraient un vif et piquant enseignement, utile à tous aussi bien qu'à ceux auxquels ils étaient adressés.

Je ne dirai pas cependant. avec M. d'Haussonville, que ce soit là sa faculté maîtresse. S'il y en a une dans cet esprit si bien doué, où rien n'excède, où tout est si naturellement tempéré, c'est celle de l'observation morale. Là était vraiment son penchant inné, sa supériorité de nature : il avait en lui la vocation du moraliste, dans le sens large et français du mot. Il était né pour observer et peindre les hommes et pour saisir dans la variété de leur physionomie individuelle l'unité persistante de quelques traits fondamentaux, pour discerner les analogies et les contrastes du personnage humain, pour retracer quelques-uns des jeux de la scène. Il s'y intéressait au plus haut point. L'homme dans les livres et l'homme dans le livre vivant du monde, ce fut là sa constante étude. La plupart de ses lettres, si l'on met à part les détails intimes et les affections privées, sont d'inimitables, de ravissants petits chapitres de la comédie contemporaine. Il était là aux premières loges pour la voir et pour en jouir, plus près de la scène encore, dans les coulisses; il a largement profité du spectacle et il nous en a donné une image qui restera. N'y a-t-il pas quelque ressemblance à cet égard, toute proportion gardée d'ailleurs, entre sa situation et celle d'un autre moraliste dont M. Doudan ne me permettrait pas de rapprocher l'illustre nom du sien, La Bruyère? C'était aussi d'une mansarde, c'était de quelque rue aussi obscure que celle des Sept-Voies que La Bruyère était sorti un jour pour aller habiter l'hôtel de Condé, comme professeur d'histoire de M. le Duc. C'était tantôt à l'hôtel de Condé, tantôt à Chantilly, qu'il vit passer tant de personnages de la cour dont il nous a transmis les types dans une immortelle peinture. N'est-ce pas une singulière analogie avec la destinée de cet autre moraliste, notre contemporain, admis de près au spectacle « de la ville et de la cour », plus mêlées du temps de Louis-Philippe que du temps de Louis XIV? N'y a-t-il pas enfin ce trait commun entre les deux auteurs, quel que soit l'intervalle que mettra entre eux la postérité, que tous les deux « écrivent par *humeur*, que c'est le cœur qui les fait parler, qui leur inspire les termes et les figures, et qu'ils tirent pour ainsi dire de leurs entrailles tout ce qu'ils expriment sur le papier? » — Encore une fois, il n'y a ici qu'une analogie, non une comparaison. Insister sur cette idée, ce serait lui donner des proportions qui la rendraient fausse; mais ce rapprochement s'est présenté naturellement à ma pensée, et je l'ai exprimé comme il est venu.

II

Il est temps d'introduire M. Doudan lui-même et sans intermédiaire ; mais avant de le faire parler d'après ses lettres, qui sont déjà ou qui seront demain sous les yeux du public, nous voudrions révéler à ses amis inconnus quelque parties inédites de ses œuvres, et aussi quelques écrits publiés autrefois, injustement submergés dans le grand naufrage du temps et de l'oubli. Il y a là bien des pages marquées du signe le plus authentique du talent, et que l'édition posthume aurait dû, à notre avis, recueillir avec plus d'empressement.

Ce qui me frappe dans tout ce que j'ai lu de M. Doudan, c'est l'art, ou plutôt l'instinct avec lequel, d'une phrase, d'un mot, il agrandit tous les sujets auxquels il touche.

Il a cette marque du talent original, qu'il ne se traîne pas dans l'enceinte de la question qu'il traite ou du livre dont il parle : sans les perdre de vue, il s'élance au delà ; il dépasse d'un coup d'aile ce qui a été l'occasion et le point de départ de sa méditation. Personne, d'un essor rapide et naturel, ne s'élève comme lui de l'intérêt momentané et de circonstance à l'idée grande, aux horizons larges, aux points de vue supérieurs. J'en donnerai quelques exemples où se montre bien le mouvement de cette pensée qui en toute chose cherche son niveau et ne le trouve qu'à une certaine hauteur. Dans une excellente notice sur Mme Necker de Saussure, imprimée en 1855 et restée enfouie dans les archives de la famille, tout d'un coup, au milieu du récit de cette vie studieuse et pure, à propos de l'influence qu'exercèrent sur ses écrits une vie plus retirée et une société moins troublée que celle de Paris, éclate, — comme une magnifique dissonance, — cette page où, généralisant la question, l'auteur examine, au point de vue de la production des idées, l'influence des grandes villes et l'action destructive qu'elles opèrent à la longue sur l'originalité du talent. C'est la contre-partie de cette pensée qu'exprimait un jour le duc de Weimar écrivant à Schiller : « Ce qui est destiné au grand nombre doit être composé dans la société du grand nombre. » — On dirait que M. Doudan répond à cette pensée pour la restreindre et la limiter : « Il est vrai, dans ces centres de civilisation, les esprits sont plus frappés de plus d'idées à la fois, et s'ils n'ont pas beaucoup d'ardeur naturelle, cette vie qui fermente autour d'eux les provoque à penser. Le concours de tant de sentiments, de vues et d'intérêts divers, continuellement aux prises, donne l'entente de ce qui plaît au plus grand nombre, et développe les qualités nécessaires pour traiter avec les hommes, pour accommoder les pensées à la mesure moyenne des intelligences ; mais en même temps il n'est pas douteux que les grands foyers de civilisation et d'activité politique diminuent l'énergie du sentiment moral ; on y voit passer si vite les opinions qu'on y professait tout à l'heure d'un ton si parfaitement dogmatique, les maximes s'y conforment avec tant de promptitude aux exigences de la conduite ; le flux et le reflux des passions de chaque jour se jouent si hardiment de toutes les vérités, que l'esprit le plus intrépide et le plus enthousiaste se trouble et se décourage à ce spectacle. Cet être bizarre qu'on nomme le monde, dont les formes varient, mais dont la force est toujours la même, atteint chacun dans les régions de l'âme qui sont en apparence les plus inaccessibles à l'influence extérieure ; il agit sur sa manière de sentir comme sur sa façon de penser ; il dérobe à chacun une partie de sa propre nature pour l'animer de l'esprit mobile de la foule. Je ne vois pas que les temps les plus anarchiques au premier aspect soient exempts de cet esclavage : l'excentricité devient aussi une mode, et peut-être la plus monotone de toutes, car l'extravagance est ce qu'il y a de moins varié. — Qui peut s'assurer d'avoir l'esprit assez robuste pour résister à ce joug ? L'empire du monde n'inspire le talent que par la préoccupation du succès, il tourne en dehors toutes les facultés, et si le foyer intérieur n'est pas d'une ardeur extrême, il pâlit promptement. Je sais que Racine n'avait pas besoin de l'isolement pour contempler, comme dans une glace limpide, les traits les plus purs de l'antiquité grecque ; je sais que Rousseau, dans le bruit de Paris, et presque dans les salons des encyclopédistes, se recueillait assez pour voir le soleil se lever sur les sublimes entretiens de son *Vicaire savoyard* ; mais qui peut se rassurer par de si grands noms et qui me dira toutes les âmes distinguées, tous les esprits marqués d'abord d'une originalité véritable, que l'influence invisible et toute-puissante du monde a rapidement affaiblis et usés? »

Dans un autre ordre d'idées, je trouve à la fin d'un vieux numéro de la *Revue de Paris*, à l'occasion de *la Royauté de* 1850, des considérations singulièrement élevées et qui sont de tous les temps, à l'adresse de cette détestable école de diffamation historique qui jette aux gémonies tout le passé monarchique de ce pays, au nom des idées modernes. Ces pages, écrites il y a plus de quarante ans, ont un air d'à-propos qui prouve que les idées justes et vraies ne veillissent pas. Ne dirait-on pas qu'elles ont été inspirées hier ou aujourd'hui par quelques-uns de ces pamphlets ou de ces réquisitoires haineux qui sont comme un crime de lèse-nation et un attentat sacrilège contre l'histoire de notre pays? Je n'en citerai que quelques traits : « Nos annales ne datent pas de 1789. Il faut accepter la solidarité des autres siècles, car les Français sont une vieille nation, et ils doivent s'en faire gloire.... On n'a pas d'histoire quand on méprise le passé et qu'on n'en veut pas tenir compte. Si ce qui a été hier n'est pas un peu la raison de ce qu'on fait aujourd'hui, il n'y a point réellement d'histoire; autant vaut pour les Français l'histoire de Sésostris que celle de François Ier... Ne prétendons plus être une jeune nation née de la fin du dernier siècle. Laissons cela à l'Amérique du Nord, qui s'excuse de tout ce qui lui manque en répétant qu'elle est née au désert et née d'hier. » Et, traçant d'avance à grands traits l'idée qui sera l'idée maîtresse de M. de Tocqueville : « La liberté a besoin d'habitudes et de traditions. Il serait funeste de persuader aux peuples que c'est un essai qui ne date que de la veille. Ce n'est pas une aventurière qui ait commencé sa fortune vers 89; elle est d'illustre et ancienne famille. Sous une forme ou sous une autre, elle est à peu près partout dans notre histoire, moins fière et moins forte qu'aujourd'hui, mais promettant dès lors ce qu'elle a fait depuis. » Puis portant un regard d'envie sur l'Angleterre, sur cette vertu du patriotisme fidèle à ses anciens souvenirs : « Là du moins, malgré ses révolutions, le pays est toujours la vieille Angleterre... C'est une nation fière et sérieuse qui n'entend livrer au mépris des peuples aucune page de ses chroniques. Elle accepte la responsabilité de son histoire. Là tout se tient... Il en est résulté pour les institutions une merveilleuse solidité; le ciment des années a uni tous ces débris respectés et en a formé comme un rempart indestructible. » Dans ces réflexions, inspirées de si haut, il n'y a pas, à proprement parler, une date particulière qui les attache à un fait momentané, à la circonstance d'un jour; par un mouvement presque insensible, l'auteur s'élève de l'incident à l'idée générale et son style reçoit l'empreinte des vérités durables.

J'ai hâte d'arriver à l'écrit le plus considérable qu'ait laissé M. Doudan, les *Révolutions du goût*, un opuscule d'une centaine de pages, où la pensée est tellement pressée et condensée en vives formules, qu'il y a là de quoi alimenter bien des écrivains et enrichir plusieurs volumes. Avec son indifférence pour la renommée, M. Doudan avait donné ce petit ouvrage en manuscrit à M. Auguste Poirson, l'un de ses plus anciens amis. Après la mort de M. Poirson, sa veuve a eu l'excellente idée de faire tirer quelques copies lithographiées du manuscrit et c'est peut-être à cette précaution que le précieux opuscule devra d'être sauvé; il en valait bien la peine. C'est là que M. Doudan a donné la mesure de sa force inventive et de la finesse originale avec laquelle il conçoit et expose ses idées. Les défauts de cet esprit s'y montrent aussi, il a tellement l'horreur du commun qu'il arrive à paraître subtil, parfois même obscur. Une logique secrète gouverne l'œuvre; il est vrai qu'elle n'est pas toujours facile à saisir, elle dévore les transitions et les faits. Si l'auteur n'avait pas pris soin de faire lui-même des résumés de sa pensée et de nous avertir, en marge du texte, de la suite et de la liaison des idées, nous serions souvent embarrassés pour en reconstruire l'ordre. Dans la rapide analyse qui va suivre, nous nous tiendrons aussi près que possible de l'auteur, de sa pensée, de son style même. C'est l'accent très personnel de cet esprit que je veux faire sentir; c'est sa physionomie que je veux rendre.

Il semble que l'idée première de l'ouvrage soit née de cette question qui revient souvent dans sa correspondance : Pourquoi *la Nouvelle Héloïse*, après avoir ému tout le dix-huitième siècle, est-elle aujourd'hui si peu en faveur? Pourquoi, après avoir passionné deux ou trois générations, dit-elle si peu à la jeunesse de nos jours? — Ce n'est là que l'occasion présumée de la recherche. Si la question s'est posée tout d'abord sous cette forme, elle s'est aussitôt étendue et agrandie. Comment se fait-il que certains ouvrages, les plus en vogue aux siècles précédents, pâlissent et s'altèrent si vite? Quelles sont les raisons qui les font décliner dans l'estime, ou du moins dans le goût du public? Enfin quelle est la loi ou quelles sont les lois complexes qui règlent la destinée des ouvrages de l'esprit?

Il y a une réponse générale à cette question, c'est que le passé, hommes et livres, est bien loin d'avoir pour nous, soit la clarté, soit la vivacité de ce qui est de notre temps. Au fond, on n'entend bien que son temps, que sa langue, que ses contemporains. L'homme du passé devient bientôt pour l'homme du présent un étranger qui parle une langue étrangère; mais cette réponse est vague, elle ne peut pas suffire; ces époques que je ne comprends plus qu'à demi ont-elles connu la vraie beauté littéraire?

S'il est vrai que ce qui plaît à une génération n'est plus entendu par une autre, ce charme qui est si fugitif, qui a disparu tout à coup, n'a donc rien de réel? Si ce qui est beau un jour n'est plus beau un autre jour, c'est donc que le beau n'est rien de solide, d'absolu, comme disent les philosophes, c'est donc qu'il est une affaire de mode et n'a pas de fondement plus réel qu'une sensation momentanée, une disposition du tempérament, une fantaisie, un caprice. Mais peut-être le beau a-t-il été donné par privilège à une époque, et toutes les autres époques en ont-elles été privées? On ne peut raisonnablement le croire. Le beau doit se rencontrer, à des degrés divers, dans toutes les civilisations. Nous revenons à cette question toujours obscure et agitée : pourquoi la littérature des autres âges, à quelques exceptions près, nous dit-elle si peu, et comment comprendre que ces œuvres, que nous sommes portés à dédaigner, aient inspiré légitimement à nos pères ces sentiments d'admiration que nous avons peine à nous expliquer à présent?

La solution de ce problème inquiétant et irritant doit être cherchée dans ce principe que le beau, dans ses diverses manifestations, dépasse de beaucoup en grandeur, en variété, en fécondité, l'intelligence et l'imagination de chaque homme, de chaque siècle, et même de tous les hommes et de tous les siècles. Cette mobilité des goûts dans les générations tient à la variété des sources où l'homme puise les idées et les formes du beau, et qui ne peuvent jamais être possédées d'une seule et puissante étreinte ni par un génie, quel qu'il soit, ni par un peuple, ni par une race. Ces sources multiples du beau, c'est la nature d'abord, dans ses tableaux gracieux ou terribles, diversifiés à l'infini, et dont chaque trait, chaque nuance épuise l'activité des esprits les plus actifs et les plus profonds; c'est l'homme lui-même, non moins varié, non moins profond que la nature, c'est sa grandeur individuelle et aussi sa grandeur dans l'histoire, spectacle inépuisable que personne n'osera se vanter d'avoir saisi dans son étendue et dans ses incessantes transformations ; c'est la science, qui par ses horizons toujours plus larges, par ses points de vue toujours plus hauts, passionne l'esprit et le remplit d'ardeur, en renouvelant en lui les sources de sa fécondité. Ajoutez à cela la multiplication presque indéfinie des formes du beau s'excitant, ou mieux s'engendrant les unes les autres, — le travail de l'imagination éveillé et animé par les obscurités du passé et le lointain des âges écoulés dont le tableau change sans cesse, et suivant la distance et selon le point de vue d'où on le regarde, — les familles des hommes se perpétuant sous des traits nouveaux, comme on le voit pour les grands esprits du siècle de Louis XIV, modifiés par l'étude de l'antiquité grecque, créant des figures de l'éternelle beauté, qui ne sont tout à fait ni l'antiquité grecque ni le pur esprit de la France du dix-septième siècle. Voilà à combien de sources diverses se rajeunissent les littératures. « Tout, dans ce vaste monde qui nous environne, excite l'imagination, lui suggère l'idée du beau, et lui fournit de nouvelles couleurs pour essayer d'en donner quelque nouvelle image. La nature par son sourire éternel et changeant, les sciences dans ce progrès qui va vers l'inconnu et de l'inconnu à l'infini, l'âme de l'homme agitée sans cesse de nouveaux mouvements par une force mystérieuse qui le pousse il ne sait où, ces arts qui par un trait, par un son font voir des mondes nouveaux, ces bruits inspirateurs qui sortent de la tombe des nations qui ne sont plus, et qui en disent plus que ces nations n'en ont dit dans toute la force de leur vie sur la terre, ces traditions mêlées de l'idéal, reproduisant sans épuisement des formes inattendues, tout cela apportant avec le cours des âges de nouvelles manières de voir, de sentir, de réaliser la beauté, où est l'esprit de l'homme, capable de concevoir, d'éprouver à la fois, d'embrasser d'une seule vue toute cette richesse de sentiments et d'impressions? On peut bien écrire une histoire des arts ou de la littérature, mais nul homme, nulle génération n'est assez forte, n'a pour ainsi dire une assez vaste sensibilité, une imagination assez compréhensive pour jouir en détail de cet immense spectacle. »

Là est l'explication de la difficulté qui embarrassait notre esprit et l'inquiétait comme par une sorte de contradiction; c'est la solution du problème prise à la source la plus élevée. L'homme est mobile et fini, il est curieux et oublieux, son génie est exclusif, local, si je puis dire, et partiel; de là son impuissance d'embrasser à la fois toutes les formes du beau; il faut bien s'y résoudre, chaque génération ne voit qu'un côté du beau, il faut que ce vaste empire soit partagé dans le temps entre les diverses générations. On va nous montrer maintenant à quelles conditions et sous quelles réserves.

Les conditions de ce renouvellement perpétuel du sentiment du beau dans le monde et de la diversité du goût à travers les âges, sont les changements multiples, les modifications intimes qui s'accomplissent dans l'histoire d'un peuple. Sous l'effort inévitable et continu du temps, quelquefois par des secousses soudaines, les coutumes, les mœurs, les préjugés, les croyances changent; les langues s'altèrent, les connaissances s'étendent ou s'effacent, et suivant ces vicissitudes, les hommes tournent leur intelligence et leur imagination vers un certain point de l'horizon intellectuel; chaque génération reçoit ainsi des circonstances extérieures ou des conditions intimes de son histoire un tour d'imagination et d'esprit qui ne la rend attentive qu'à un ordre de beautés. L'auteur analyse, avec une rapidité qui ne l'empêche pas d'être précis dans sa brièveté, l'influence des religions dans cette variation des formes du beau, l'effet des traditions d'un peuple, celui des institutions politiques, celui des langues surtout : on ne pense vraiment que dans sa propre langue, celle qui s'est formée avec nous et pour nous, à l'image de tous les faits et de tous les sentiments nouveaux qui nous ont rendus, par exemple, nous autres hommes du dix-neuvième siècle, autres que les hommes du dix-huitième ou du dix-septième siècle.

On voit la portée de ces considérations, on en devine les résultats : nous voyons se dessiner peu à peu devant nous et se détacher en pleine lumière les lois qui règlent les révolutions du goût. Ces lois dépendent de ces trois grands faits qui n'avaient jamais été saisis d'un coup d'œil aussi juste et liés entre eux d'une main aussi ferme : la variété des sources du beau, les limites de l'esprit de l'homme incapable d'en saisir l'ensemble et la diversité complexe, enfin les mobiles qui, suivant les temps, rendent les nations exclusivement attentives à une seule page du livre ouvert devant leur esprit, tout ce cortège changeant d'associations secrètes qui, dans un temps, chez un peuple comme chez un individu, servent à lui donner l'idée du beau et s'unissent invinciblement à cette idée. — Voilà toute une philosophie de l'histoire de l'art et de la littérature, qui, sans aucune prétention ni à une découverte des ressorts cachés du monde moral, ni à la rigueur des déductions logiques, sans faste métaphysique, sans aucune des allures arrogantes et impératives d'un système, sans étalage de connaissances empruntées à la physiologie ou à la chimie, enfin sans aucune formule de magie blanche ou noire tirée des officines allemandes, explique les apparentes contradictions dans les variations du goût, résout tout un ordre de questions intéressantes et nous laisse dans l'esprit des résultats clairs et positifs, qui constituent une acquisition nouvelle, un progrès véritable.

Suivrons-nous maintenant la variété des conséquences qui sortent naturellement de son principe et qui en démontrent la justesse par sa fécondité? Indiquons au moins d'un trait rapide une des principales applications que l'auteur fait de son idée. Il ne faut plus s'étonner, comme nous le faisions tout à l'heure, de la mobilité du goût en littérature, puisque l'homme est mobile lui-même comme l'histoire, et qu'il ne peut admirer pleinement que ce qu'il voit et ce qu'il sent en rapport direct avec son tour d'imagination et d'esprit. Il faudrait plutôt chercher pourquoi certains ouvrages se transmettent de race en race, de générations en générations, sans épuiser l'admiration des hommes. Il faut distinguer, en tout ordre d'œuvres, celles qui durent et celles qui passent, mais rien ne se perd absolument pour cela, tout ne périt pas de ces formes passagères du beau. Une des belles lois qui règlent l'économie du monde intellectuel et moral est celle qui forme des goûts en apparence mobiles et successifs des hommes, un trésor de civilisation s'accroissant sans cesse avec la suite des âges.

Il y a toute une classe de grands artistes, d'écrivains très distingués, qui passent. Ce sont ceux qui ont eu précisément le plus de vogue dans leur temps, parce qu'ils ont été les interprètes de ce temps, parce qu'ils ont exprimé avec plus de netteté, ou de vivacité, ou de vigueur, ce que tout le monde autour d'eux a senti confusément, parce qu'ils ont reproduit avec les séductions du talent ce qui agitait sourdement un pays, ou un siècle, ou une génération, en ajoutant à ces instincts nouveaux la partie communicable de leur originalité personnelle.

Ces hommes, ces interprètes privilégiés, ont exercé une action profonde sur leurs contemporains; semblables en tout, mais supérieurs à leur temps, ils l'ont développé dans son sens propre. Voyez Diderot s'animant des idées, des aspirations, des instincts du dix-huitième siècle et répandant d'un souffle ardent sur ce siècle la flamme qu'il en a reçue. Ces génies passagers parlaient admirablement la langue de leur temps, et cette langue a changé; le temps a passé sur le coloris de leurs tableaux, leur esprit s'est pour ainsi dire envolé; toutes les relations qui les mettaient dans un rapport intime avec leurs contemporains n'existent plus pour nous; nous restons froids pour eux. — Voyez au contraire l'autre race des grands esprits, ceux qui sont destinés à vivre toujours et que l'auteur peint en quelques traits, les grands hommes proprement dits, « qui habitent les Panthéons de la postérité, qui sont les vraies images de l'homme éternel et qui marquent, comme de statues magnifiques, les routes de l'humanité et toute la suite de son histoire? » A quoi doivent-ils ce privilège de durer, tandis que l'autre race d'esprits qui vit à côté d'eux, souvent au-dessus d'eux, dans un temps, passe et descend insensiblement dans l'ombre? C'est qu'ils sont destinés par leur nature et leurs facultés à donner une forme dernière et définitive aux idées qui méritent de vivre, à les dépouiller de ce qu'elles ont de périssable en les passant au feu du génie, à les élever à la pureté de l'idéal, à les faire entrer dans le trésor définitif, dans le patrimoine de l'humanité. Ce sont là les vrais grands hommes, les ouvriers de la civilisation, ceux surtout par lesquels le passé ne périt pas et la chaîne des générations n'est pas interrompue. Leurs ouvrages sont les exemplaires immortels de tout ce qui fut et doit survivre dans ce que nos pères ont senti et pensé. Ils disent avec autorité ce que la famille humaine éprouve et éprouvera éternellement. Ainsi naissent, ainsi vivent, pour ne plus mourir, les grandes œuvres. A ce signe, vous reconnaîtrez ces beautés éternelles, qu'on a longtemps appelées classiques, qui parlent à toutes les générations, dans un langage toujours intelligible, des sentiments permanents de l'humanité.

Telle est la conclusion de cet écrit abondant en considérations profondes, animé, débordant d'un amour enthousiaste pour la vraie beauté, dans lequel se détachent en relief quelques pages d'une vigueur et d'une grâce, d'un éclat solide et substantiel où se révèle un maître. Je connais bien peu de livres de ce temps où soient répandues, d'une main plus prodigue en si peu d'espace, plus de ces suggestions profondes, de ces semences d'idées auxquelles il eût fallu si peu de chose pour leur faire produire une magnifique moisson : un peu d'ambition personnelle, non pour soi, mais pour ses idées, peut-être aussi une délicatesse moins superbe à l'égard du public, un effort plus prolongé, le courage du livre au lieu de l'effort rapide de quelques pages. On voudrait que le sillon tracé si droit, ouvert si profond, eût été poussé plus loin, jusqu'aux dernières limites du champ découvert et conquis.

III

On comprendra mieux maintenant le regret que j'exprimais au commencement de cette étude sur la singularité du choix qui a écarté des *Mélanges* ce morceau capital, quand on aurait dû lui faire une place d'honneur. Je croirais difficilement, si l'espace de ces deux volumes semblait trop restreint, qu'on n'eût pas mieux fait de laisser en portefeuille quelques-unes de ces deux cent quarante-trois lettres, dont chacune a sans doute son intérêt, mais souvent un intérêt de circonstance et de personne. On affaiblit l'effet d'une correspondance quand l'auteur n'est pas Voltaire ou Napoléon, quand il n'a pas touché aux grandes choses de l'histoire ou qu'il n'a eu qu'une sphère d'action limitée, en donnant indistinctement tout ce qui a pu sortir de sa plume. Je n'exclus pas par là bien entendu ce qui est familier. Il y a telle de ces lettres de M. Doudan qui ne traite que de choses intimes, domestiques, enfantines même, mais avec un charme si expressif et si piquant que je ne voudrais à aucun prix qu'on nous en eût privés. Je ne parle et ne veux parler que des lettres de pure politesse ou de complaisance, qui grossissent inutilement le volume et qui ont été déjà l'occasion cherchée par quelques lecteurs peu bienveillants d'exercer leur critique facile en oubliant le reste.

La vocation de M. Doudan, l'emploi spontané de toutes ses facultés était là, dans la conversation écrite ou parlée. Il y est incomparable; tout sujet, toute occasion lui est propice pour penser tout haut et jeter, au hasard de la plume, les réflexions les plus fines, les traits de mœurs, les anecdotes qui peignent, des jugements d'une justesse saisissante ou d'un surprenant relief. Ici ses défauts mêmes lui deviennent des qualités : son horreur pour l'effort prolongé donne à ses pensées une rapidité qui les emporte à leur but, sans fatiguer ni ralentir l'entretien; il a ces grâces négligées, cette nonchalance du style qui sont l'attrait d'une lettre, qui seraient le péril d'un livre; il s'abandonne sans scrupule et sans remords à cette verve d'ironie éblouissante qui jaillissait si naturellement chez lui et par laquelle il aimait à châtier toute déclamation de parole ou d'attitude, l'emphase, l'affectation, tout ce qui était antipathique à sa nature esthétique, à ce sens exquis, mais facile à blesser, de la justesse et de la mesure. On a parlé quelquefois de la susceptibilité de M Doudan, des ombrages qu'il prenait d'une parole ou d'un argument dans les conversations que l'on avait avec lui, de ces rapides colères d'esprit qui l'emportaient et l'agitaient un moment dans les discussions. L'observation est juste; cependant on aurait tort de croire que c'était la contradiction qui l'irritait; il était loin de la craindre et de la fuir; elle l'excitait et ne l'irritait pas. Ce qui troublait sa bonne humeur et altérait même sa bienveillance, c'était non pas la personnalité de son interlocuteur, mais au contraire l'absence ou l'altération de cette personnalité, ou bien quand cet interlocuteur couvrait sa pensée sous des arguments d'école et des idées convenues, ou bien quand il tentait de paraître autre qu'il n'était, de parler au-dessus ou en dehors du ton qui lui était naturel, de forcer le diapason de son esprit. C'étaient là les fautes qu'il ne pardonnait pas : au fond, il n'était intolérant que pour les notes fausses ou l'obscurité prétentieuse, comme doit l'être tout esprit amoureux d'harmonie et de lumière.

La période la plus active de cette correspondance embrasse trente-six années environ, de 1836 à 1872. Dans ce long espace de temps, il n'y a presque pas un événement de l'ordre politique ou littéraire qui n'ait laissé sa trace, qui n'ait éveillé une vibration dans ce vif esprit. Comment pourrait-il en être autrement avec des correspondants tels que M. Guizot, M. Piscatory, M. Saint-Marc Girardin, M. d'Haussonville, M. Albert de Broglie, ou des femmes telles que Mme la baronne Auguste de Staël, Mme d'Haussonville, Mme la marquise d'Harcourt, Mme du Parquet, Mme Donné? Une des parties les plus curieuses de la correspondance est celle qui est adressée à un ami inconnu des nouvelles générations, M. Raulin, mort en

1850, un de ces hommes rares qui semblent consacrés au culte de l'art et des idées, tout en vivant de la vie des autres, tout en poursuivant une carrière, administrateurs, secrétaires généraux, conseillers d'État. — Ces lettres sont comme un dialogue perpétuel et charmant entre deux amis qui disputent toujours, en s'aimant toujours davantage, sur la contrariété de certains de leurs goûts. On se figure sans peine ce M. Raulin tel qu'il devait être, attirant M. Doudan par des affinités de nature et l'excitant à la controverse par son goût archaïque en art, par sa recherche inquiète des formes particulières de la beauté et de la vérité, par son romantisme subtil, qui remontait par delà le moyen âge jusqu'aux madones byzantines. Rien n'est plus agréable que cette discussion qui recommence toujours, que tout sujet ranime, et qui ne s'achève qu'à la mort de M. Raulin, racontée par l'ami survivant avec une émotion qui fait de cette lettre la plus simple, la plus touchante, la plus enviable des oraisons funèbres.

Un des personnages dont le nom paraît le moins dans la suscription des lettres. c'est le duc de Broglie : il ne faut pas s'en étonner, puisque M. Doudan ne quitta presque jamais, et seulement à de courts intervalles, l'hospitalité de cette famille qui était devenue la plus chère habitude de sa vie ; mais on peut dire que la noble et pensive figure du chef de la famille domine et plane sur toute cette correspondance. On sent dans chaque lettre la présence de cette grave personnalité, qui inspirait autour d'elle un sentiment profond formé de sympathie et de respect. Les historiens et biographes futurs viendront chercher ici bien des traits expressifs pour rendre cette physionomie. — Quelle sollicitude, quel dévouement, inspirent cette lettre où M. Doudan raconte à Mme la baronne de Staël les efforts qu'il a faits pour réconcilier le duc de Broglie avec la vie, après le coup qui l'a frappé jusqu'au fond de l'âme! C'est au mois de mars 1840, à un de ces moments d'instabilité ministérielle où M. de Broglie est en vain sollicité de toutes parts, sondé, consulté par les partis en présence dans la Chambre et s'agitant sur toutes les avenues du pouvoir. « Quant à sa disposition personnelle, écrit M. Doudan, je le trouve toujours trop porté à donner sa démission de tout au monde et à s'engager irrévocablement à ne se plus jamais mêler de rien activement. Je ne désire certes pas qu'il reprenne jamais cette redoutable activité des affaires, il ne faut pas se faire des chagrins de chaque jour, alors qu'on n'a plus rien qui les fasse oublier chaque jour; mais je le détourne cependant de mon mieux de rien dire d'irrévocable sur cette question des affaires publiques. *On ne sait jamais soi-même l'effet de telles paroles sur l'imagination.* Quand les vœux sont prononcés, les grilles légères du couvent paraissent tout à coup pesantes et serrées, l'air semble ne plus passer à travers.... Il faut, tant qu'on vit, un mobile extérieur quelconque. *La vie intérieure toute seule ravage et abat tout ensemble.* On a besoin des distractions qu'on méprise; elles font revenir avec plus de force et de plaisir dans la solitude.... J'aime mieux qu'il reste à M. de Broglie le tracas du monde et qu'il s'en plaigne, et qu'il en souffre, que s'il venait à sentir aussi que la solitude est vide. L'ennui du monde fait espérer quelque chose de l'isolement; l'isolement face à face fait descendre encore plus avant dans les amertumes de la vie. »

Le remède cherché par M. Doudan vint quelques années plus tard, sous la forme d'un grand travail philosophique, préparé, conduit avec une patience et un soin scrupuleux. Sous la discipline du travail le plus austère. M. de Broglie reprit toute l'élasticité de son esprit, longtemps raidie et paralysée par la douleur : « C'est un ressort que nul poids ne peut rompre désormais, écrit le témoin de sa vie. Cette force est certainement un don naturel, mais il est certain aussi que les ailes repoussent tous les matins à ceux qui vivent dans la règle. Ils ne portent jamais que le fardeau d'un jour à la fois.... La méthode dans la vie agit un peu à la façon d'un *cric* sur une lourde pierre ; après chaque effort, comme après chaque journée, il y a un temps d'arrêt et un repos. On soulève ainsi, sans épuisement, des masses énormes à de grandes hauteurs [1]. » Oui, c'est bien ainsi que se doivent porter, que se peuvent soulever les poids les plus écrasants de la pensée et de la vie. Les grandes entreprises de l'esprit ne sont possibles qu'avec cette division exacte du temps qui le multiplie et le féconde. Les grandes douleurs ne deviennent supportables que si l'on fait effort pour donner à chaque heure son emploi utile et régulier. Sans cet appui de la règle qui nous aide à porter notre fardeau de chaque jour, nous tomberions écrasés sous lui, à chaque pas.

Qu'on nous permette de ne rien dire de la partie politique de cette correspondance, si riche en aperçus et en points de vue de tout genre. Bien que M. Doudan ait sa manière très personnelle de voir, de juger et de sentir en ces matières, le fond de ses idées est connu d'avance. C'est la politique du cercle où il vit, et auquel il s'est attaché, précisément parce qu'il s'est senti, sur presque tous les points, en harmonie avec ce milieu. Tous les événements de la royauté de 1830, de la seconde république et du second empire, sont analysés et jugés comme on prévoit qu'ils doivent l'être, avec les doctrines et les habitudes d'esprit naturelles à la société dont il fait partie. M. Doudan est essentiellement un libéral, ami de la ré-

---

[1]. Lettre à Mme d'Haussonville, 20 octobre 1848.

volution de 1789, mais très désireux de l'arrêter et de la contenir, pas du tout révolutionnaire, et fort en défiance de la démocratie, très anxieux pour les destinées du pays toutes les fois que le peuple entre en scène. Il raisonne à merveille sur tout cela, avec un bon sens ferme que rien ne désarme. Maintenant qu'à ces principes et à ces sentiments, qu'il défend si bien, se joigne une part d'illusion et de parti pris, qui pourrait s'en étonner dans une suite aussi mobile et contradictoire que l'histoire de ce demi-siècle qu'il a vue se dérouler sous ses yeux? Quelle société particulière n'a pas ses aveuglements et ses préjugés, qui apparaissent surtout à une certaine distance des événements, dans la perspective de l'histoire, au delà des agitations et par-dessus la poussière de l'heure présente? Lui-même savait et sentait cela; nul n'a mieux peint l'esprit et la physionomie des sociétés restreintes, ni mieux analysé ce qui entre d'esprit de coterie dans les relations les plus distinguées. « Avant tout, écrit-il quelque part (et l'on voit errer un fin sourire sur ses lèvres pendant qu'il écrit), *avant tout, ne tirons pas sur les nôtres*. Tout compté, notre société intellectuelle à nous est infiniment supérieure par l'élévation, la portée, l'étendue, l'esprit véritable, à toutes les autres qui bavardent présentement. Ne concédons à personne l'infériorité de nos amis sur un point quelconque. Les petites gens en abusent.... Je tirerai toujours sur ceux qui voudront attaquer une tente du camp que j'habite. » Et réunissant, dans ce camp où il s'est fixé, des noms que la politique devait séparer plus tard, il ajoute : « Qui me dira, hors du cercle de mes amis particuliers, que M. de Rémusat ou M. de Lasteyrie, ou M. Guizot, ou M. de Sacy, ont tel ou tel défaut, aura affaire avec moi, dans ma faible capacité de nuire. Il faut vivre et combattre et finir avec les siens; et les siens, ce sont ceux qui ont le plus décidément vos instincts. » Il ne manque ici qu'un mot : les *relations*, qui souvent nous trompent sur nos instincts et qui créent une communauté d'intérêts, une foule de petits groupes unis par des complaisances secrètes d'admiration que l'opinion et la raison publique ne ratifient pas toujours.

C'est là le péril. Que M. Doudan n'y ait jamais échappé, je n'en jurerais pas; mais il avait en lui une faculté d'analyse et ce qui s'y joint d'ordinaire, une puissance d'ironie, bien que voilée et tempérée par toute sorte de bienséances, qui ont fait certainement contrepoids à ces entraînements et l'ont arrêté le plus souvent sur la pente. On s'en aperçoit, et de reste, à l'indépendance de sa pensée. Sauf quelques points réservés, il pratiquait une liberté d'opinion qui tranchait avec les convictions très fermes et l'esprit scientifiquement religieux du milieu où il vivait. Je ne dirai pas qu'il fût un sceptique, ce gros mot l'aurait fait sourire; c'était un voltairien tempéré, un voltairien sans libertinage d'esprit, tenant pour quelques principes qu'il considérait comme essentiels et en dehors desquels il ne pensait pas qu'il y eût quelque chose de solide et d'établi. En philosophie, ce n'est pas tant un indépendant qu'un désabusé. Jeune, il avait voué un culte ardent à la métaphysique, il avait dévoré les doctrines et les livres : il s'imagina même pendant longtemps qu'il n'avait de goût et de capacité que pour ce genre d'études. Dès 1839, le ton change : il lit Kant avec un grand soin, mais il déclare à son ami Raulin que la métaphysique l'ennuie.... « Je commence à découvrir, dit-il, que les abstractions sont des abstractions. Les prétendues solutions de la philosophie sont des noms nouveaux donnés aux insurmontables difficultés que se fait l'esprit. Pendant un siècle plus ou moins, on imagine que ces noms nouveaux cachent un sens satisfaisant, et puis l'on s'aperçoit que l'on est toujours au bord du vide.

Ces eaux noires et profondes qui nous cernent de tous côtés n'ont pas baissé d'une ligne depuis que l'œil des premiers hommes les a contemplées avec crainte et avec tristesse. Il est venu des gens qui prenaient gravement plein une écaille d'huître de ces eaux et qui se flattaient d'avoir mis le gouffre à sec. Cela est pitoyable. » Le seul philosophe qui lui agrée tout à fait, c'est M. Jouffroy, et encore, ce qui lui plaît, c'est l'homme à travers ses livres, l'âme vraiment belle à travers une doctrine fort incomplète. Il parle de lui sans cesse, avec une sympathie profonde. « De l'éclat et de la tristesse, c'est bien lui, il a pour s'élever deux ailes de la même grandeur, qui sont la poésie et l'abstraction. Je dis de même grandeur parce que quelquefois, dans certains esprits distingués, ces ailes sont de force inégale, et le vol est alors peu élevé et peu élégant, et l'on a l'air de faire des cabrioles dans les cieux, mais je dis de M. Jouffroy : *paribus se sustulit alis*[1]. » M. Cousin n'est pas toujours épargné. On plaisante souvent de ses airs superbes, de sa conversation impétueuse, fine et un peu déraisonnable. On le raille de faire soit pour la politique, soit pour les belles dames du dix-septième siècle de trop fréquentes infidélités à la muse de la philosophie, qui n'a pour se consoler que les relations un peu froides de M. Damiron. « Ah! pourquoi M. Royer-Collard est-il mort? On ne voit pas beaucoup d'arbres de cette sève et de cette vigueur sur notre terre refroidie. » Il maltraite fort, dans une lettre écrite à M. Poirson en 1845, nos maîtres de cette époque et assez injustement, on en conviendra, si l'on se souvient que *ces jeunes métaphysiciens de l'École normale* étaient des hommes tels que M. Émile Saisset; mais il n'aime pas non plus l'école du déisme fade et sentimental, qui

---

[1]. 25 juillet 1841.

affaiblissant Rousseau célébrait alors le *Dieu des bonnes gens* sur l'air de la chanson de Béranger. « Ce dieu-là, disait-il plaisamment, n'a jamais suffi qu'à ceux qui ne pensent guère à lui. Il ne se révèle dans sa douceur et dans sa bonté qu'à ceux qui ont bu du vin de Champagne.... Ceux qui voudraient vivre en intimité avec lui, lui trouveraient d'énormes défauts : égoïste, distrait pour les grandes affaires; si vous le cherchez dans l'ombre, il n'y est pas, son ouvrage disparaît de l'esprit quand ses œuvres se cachent.... Mais tous ses petits défauts s'oublient quand on le chante sur un air animé, par un soir d'été et tandis que les images de la vie passent et repassent devant vous dans un beau jardin, s'il ne fait pas humide, si l'on n'a pas mal à la tête et aux dents[1]. »

Tout cela n'empêche pas ce curieux passionné d'être aux aguets de tout livre qui paraît, de toute idée nouvelle, de tout talent qui s'annonce. Il est un des premiers à lire la *Métaphysique* de M. Vacherot : « L'auteur a le ton d'un parfait honnête homme, mais je voudrais qu'il me donnât une bonne définition de la piété envers ce Dieu qui n'est rien s'il n'est pas tout.... Tout cela est bien étrange, mais il n'y a pas de mal que nous nous accoutumions à sortir un peu en métaphysique des petits sentiers sablés et garnis de buis qui sont les sentiers du bon sens et qui ressemblent aux allées d'un jardin de curé[2]. » Il ne déteste pas l'aventure ni le roman en métaphysique, précisément parce qu'il ne croit guère, au fond, qu'aux solutions d'un bon sens un peu étroit, un peu limité, mais bien français, et que dans le reste il ne voit qu'un jeu frivole ou sublime, une création ou une fantaisie de l'esprit. Il a été, dans le public lettré, un de ceux qui ont

---

1. Lettre à Mme d'Haussonville, 11 juin 1841.
2. Lettre à M. Albert de Broglie, 29 décembre 1858.

été le plus vivement attirés par le talent de M. Renan. Il le juge avec bien de la finesse sous une forme enjouée : « C'est dommage qu'on ne puisse pas trop savoir quel est l'idéal de ce jeune séditieux en fait d'idées. On croirait maintenant qu'il le met dans les traditions les plus reculées, auquel cas il pourra se retrouver un jour avec l'école de M. de Maistre.. »

La curiosité des idées et des hommes, c'est la volupté délicate de cet esprit. Il est dans la vie comme au spectacle, il prend ses notes ou jette un coup de crayon sur son carnet à mesure que les personnages passent devant lui sur la scène ; il excelle à rendre d'un trait une physionomie. Il y a dans cette correspondance une série de portraits qui resteront comme les images fidèles d'une partie de la société de son temps, et ces portraits n'auront pas besoin d'une *clef*, comme ceux de La Bruyère : le nom est au bas de chacun. Les dames n'y manquent pas non plus, et dans cette brillante galerie *Armide et Clorinde* auront le plaisir de se reconnaître ; mais ce sont les personnages littéraires et politiques qui occupent, comme de juste, la place d'honneur. Tous ne sont pas flattés assurément : pour quelques-uns, ni eux ni leurs amis ne seront que médiocrement satisfaits de cette prétendue ressemblance ; mais la question est de savoir si le public sera content, si l'histoire de notre société, qui reste à faire en dehors du pamphlet ou du dithyrambe, y trouvera son profit. Or de cela je ne doute guère. Quelle verve expressive dans ces rapides croquis, plusieurs fois renouvelés à travers tant d'années et qui essayent de suivre, avec des retouches habiles, les transformations des physionomies et des hommes ! Chateaubriand, Lamennais, Lamartine orateur et homme d'état, Victor Hugo, Edgar Quinet, Villemain, de Rémusat, Sainte-Beuve, Montalembert, M. Thiers, passent successivement dans ces lettres fines, railleuses, partiales assurément, mais où se marque toujours le trait juste et décisif, même sous l'exagération et dans la passion.

Je ne veux détacher de ces lettres qu'un petit nombre de passages, celui d'abord où nous apercevons M. de Rémusat non plus dans l'attitude du philosophe de l'Institut ou de l'homme politique, mais au milieu d'un cercle mondain qu'il charmait par sa bonne grâce et son esprit, dans ces fêtes de Gurcy, qui durèrent plusieurs jours et où l'on joua avec tant de succès *le Philosophe sans le savoir*, *le Misanthrope*, *les Caprices de Marianne*. N'en déplaise aux acteurs et aux actrices, à Marianne ou à Célimène qui me liront peut-être, le triomphe fut pour M. de Réumsat. « On peut donner dès à présent un ordre de début à M. de Rémusat; c'est un grand acteur. Pendant qu'il joue la comédie, je lis ses dissertations sur la Trinité et sur la querelle entre Abélard et saint Bernard. On ne se douterait pas que c'est la même personne... Dans son rôle de Claudio, il a mêlé un peu de philosophie platonicienne à l'épicuréisme dévergondé de son personnage, et tout a bien tourné.... M. de Rémusat est ici particulièrement bon enfant. Tout l'amuse; il est toujours prêt à aller, à rester, et cela avec entrain. » Et ce retour sur la métaphysique pendant que M. de Rémusat s'habille ou se déshabille pour la scène : « Nous parlons un peu du temps et de l'espace dans l'intervalle des répétitions. Je vois avec chagrin que la notion du temps s'est affaiblie dans son esprit, et il tournerait volontiers à croire que là où il n'y aurait rien, le temps perdrait ses droits à l'existence. Je n'ai jamais vu que les gens qui méprisaient l'idée de temps tournassent bien. » Se peut-il imaginer quelque chose de plus joli et de mieux tourné, et ne voyons-nous pas paraître devant nous, évoquée d'un mot, cette figure piquante du métaphysicien homme du monde? Il n'y a que les pédants et les sots qui puissent s'étonner de trouver ces deux personnages réunis en un seul homme, et M. Doudan jouissait de ce contraste en homme d'esprit qui comprend tout et ne s'étonne de rien.

On ne peut passer sous silence au moins l'une des deux ou trois esquisses que l'on nous donne de M. Thiers. Nous le voyons paraître dès 1835, au lendemain de son discours de réception à l'Académie française. Quelle séance et quel discours! « J'ai regret, écrit M. Doudan à Mme Auguste de Staël, que vous n'ayez pas vu cette séance, que vous n'ayez pas vu M. de Talleyrand arrivant sur les bancs de l'Académie en costume d'académicien. Il a produit un effet singulier de curiosité, comme une vieille page toute mutilée d'une grande histoire. A côté de cette destinée presque accomplie, M. Thiers arrivait avec toutes les espérances, tout l'orgueil du présent et de l'avenir. Il racontait d'un air hardi ces agitations qui ont passé sur l'Europe depuis trente ans. Son discours était vivant; on entendait rouler les canons de vendémiaire, on voyait la poussière de Marengo et les aides de camp courir *à travers la fumée du champ de bataille;* tout cela raconté devant des hommes qui avaient vu *César,* et le consulat et l'empire, et par un jeune homme qui avait concouru à une grande révolution après avoir écrit l'histoire d'une autre révolution; tout cela avec le sentiment que lui aussi serait un jour dans l'histoire. En sortant de l'Institut, je n'ai plus vu sur la place Vendôme qu'une grande statue de bronze immobile et les nuages qui couraient au-dessus comme les agitations du jour au-dessus des souvenirs du passé. » A quarante années de distance, que de réflexions suscite chaque mot de cette page, que de rapprochements elle éveille, que d'enseignements elle contient, au lendemain du jour où M. Thiers a pris place à l'Académie, à côté de M. Jules Simon, comme M. de

Talleyrand avait pris place à côté de M. Thiers en 1835!
Tels sont les rapprochements que crée la logique secrète ou l'ironie des choses.

M. Doudan a beau faire et beau dire : ce prétendu paresseux est un des esprits les plus actifs de ce temps ; il ne nous persuade pas quand il nous avoue, au bas d'une lettre, « qu'il était né pour l'immobilité absolue, qu'il est comme une marmotte; » il est vrai qu'il ajoute aussitôt « que cette marmotte est tracassée par deux petites ailes toujours en mouvement. » Ces deux ailes ne sont pas si petites qu'il le dit : elles le portent à tous les beaux spectacles de la nature, de l'art ou de l'histoire, d'un essor direct et soutenu, qui va toujours droit et qui s'élève souvent très haut. — Personne, que je sache, ne connaît et ne juge mieux la littérature et les mœurs littéraires de son temps. A propos de certains romans réalistes, qui semblent être la surcharge grossière d'une épreuve de Balzac : « Je ne sais, écrivait-il, où les jeunes gens ont aujourd'hui la tête de trouver cela beau. En d'autres temps, on en aurait pris un violent mal de cœur. Des vilenies réfléchies dans la malpropreté tranquille du ruisseau de la rue ne sauraient faire un beau tableau. Voltaire expliquait drôlement que, bien que tout fût dans la nature et lui aussi, il croirait pourtant malséant de montrer tout ce qui était dans la nature. Je ne crois pas que nous soyons, comme on dit, en véritable décadence, car l'esprit a acquis bien des qualités nouvelles et précieuses depuis cinquante ans; mais nous sommes dans cet âge désagréable d'une croissance difficile où les enfants prennent l'air de singes[1]. » — Voulez-vous voir une critique bien délicate de la littérature sans nuances? Lisez la page à l'occasion du *Juif-Errant:* « Des hommes

---

1. Lettre à M. Piscatory, 12 juin 1857.

noirs, dans une maison noire, uniquement occupés de noirceurs, cela n'a pas le sens commun, ce n'est pas ainsi que l'on peint les êtres vivants. M. Eugène Sue n'a donc pas lu Machiavel? Quand on veut nuire aux gens, la première chose à faire, c'est de prendre à leur égard un grand air d'impartialité. Il faut leur donner au besoin quelques vertus; il faut rester en deçà de la vérité dans sa peinture du mal, afin de faire dire au lecteur indigné : « Mais il ne dit pas tout; ces gens-là sont dix fois pires! » C'est, je crois, le grand artifice de la polémique d'éveiller la colère et de ne pas la satisfaire complètement. Les hommes qui ont beaucoup d'autorité naturelle parlent à voix basse; c'est une image de la manière dont il faut s'y prendre en littérature pour agir sur les autres[1]. »

On n'en finirait pas si l'on voulait tout recueillir, tout citer dans ces pages où les idées éclosent à chaque ligne, sous vos yeux, se pressent en foule devant votre esprit, se disputent votre choix et votre goût. Je me contenterai d'indiquer des réflexions bien justes et pénétrantes sur le caractère de la société contemporaine, sur sa sensibilité *plus musicale que littéraire et philosophique*, parce que son tempérament est nerveux et la prédispose aux sensations vagues plutôt qu'aux idées; sur la vraie méthode du travail intellectuel, sur l'usure et l'effacement de notre personnalité au contact du monde comme enveloppé dans un grand lieu commun, qui abat et attriste les imaginations d'un ordre distingué; sur la nécessité des grands silences et des solitudes intermittentes qu'il faut se créer de temps en temps pour lutter contre les moments de sécheresse intellectuelle et donner le temps de se refaire aux sources intérieures épuisées par la conversation et par la vie; enfin sur l'inconvénient de

---

1. Lettre à M. Poirson, 4 décembre 1844.

n'avoir que des idées claires, ce qui est le privilège des sots, les notions les plus précieuses étant toutes au fond de la scène et dans un demi-jour, et le plus riche domaine de l'homme étant l'inconnu, qu'il soupçonne et qu'il poursuit sans l'atteindre jamais complètement[1]; mais je ne résiste pas à citer cette admirable page, que j'abrège, sur la véritable inspiration en art et en littérature : « Je crois bien qu'il y a deux sortes d'inspirations; il y a une petite fièvre éphémère qui vient d'un entrain passager, qui vient du dehors, qui irrite la peau comme ferait un coup de soleil; celle-là est fausse, et ce n'est pas le fond même de l'âme qu'elle anime, c'est une petite maladie qui met au contraire hors de soi. L'éclat d'une fête, la vue d'une scène violente, la lecture d'un roman met dans cet état. On se croit alors traversé de pensées nouvelles, et ce n'est pourtant que l'écho des impressions des autres. La vraie inspiration est quand *le vrai soi-même* se réveille tout à coup du demi-sommeil où il languit d'ordinaire. On est étonné alors de ce qu'on voit en soi.... Pour les gens qui n'ont pas de talent, une nuit éternelle plane sur le courant de leurs impressions personnelles, elle passent rapidement et confusément. L'inspiration est le temps où le soleil se lève sur ces rivages inconnus[2]. »

Ainsi se mêlent dans cette correspondance les notes les plus élevées et les plus familières, la raillerie et l'émotion, les hautes pensées et les traits de mœurs. Ou je me trompe fort, ou le succès ne fera pas défaut à ce livre, un succès durable qui croîtra avec le temps et qui s'attachera aux idées après la curiosité frivole et

---

1. Lettres du 6 avril 1868, — du 22 octobre 1867, — du 19 juillet 1840, — du 6 juillet 1862, — du 24 juin 1868.
2. Lettre à Mme d'Haussonville, décembre 1842.

momentanée de la première heure, qui n'aura cherché d'abord que les petites indiscrétions et les noms propres. Ainsi cet écrivain si insouciant de sa renommée, dédaigneux jusqu'à l'excès du public, n'échappera pas à un rayon de gloire tardif, mais ce rayon, par un juste châtiment de cette indifférence superbe, ne brillera que sur un nom et sur un tombeau. Ce nom restera dans une place à part parmi les rangs pressés de la littérature contemporaine, comme celui d'un Joubert plus libre et légèrement voltairien, juge exquis des ouvrages de l'esprit, observateur pénétrant, peintre original et fin de son temps et de la société où il a vécu.

LA MALADIE DE L'IDÉAL

D'APRÈS LES CONFESSIONS D'UN RÊVEUR

Henri-Frédéric Amiel: *Fragments d'un journal intime*, précédés d'une étude par M. Edmond Scherer.

Un rêveur? il faut s'entendre sur ce mot. Il y a des rêves stériles qui se détruisent à mesure qu'ils se forment et s'évaporent avec la fumée des cigares dont ils sont nés. Il y en a d'autres qui sont une action perpétuelle de la pensée, mais que nous appelons rêves, parce qu'ils ne se déterminent pas sous une forme plastique. Qu'importe l'origine si le résultat mérite de vivre, malgré le défaut de suite et l'incohérence des détails, par la sincérité des impressions ressenties et du style qui les a fixées? Le rêveur dont nous avons sous les yeux la confession journalière écrivait un jour, avec la mélancolie qui remplit et attendrit ces pages posthumes : « L'inachevé n'est rien. » Ce mot n'est pas tout à fait juste, et si celui qui l'a écrit pouvait assister au succès de sympathie qui accueille ce qu'il appelait « le testament de sa pensée et de son cœur », il verrait qu'il avait tort cette fois, que l'inachevé peut être quelque chose, qu'il peut même survivre à des œuvres achevées qui ont pu se croire un jour sûres de l'avenir. Sur ces pages suspendues par la timidité de l'auteur ou l'incapacité d'un long effort, il y a comme une grâce indéfinissable qui en complète le charme et même des traces de force momentanée qui en rehaussent singulièrement l'effet.

Il semble que chaque écrivain, chaque artiste soit séparé de la région où brille son idéal par un fleuve qu'il faut franchir pour atteindre le but désiré. Le devoir n'est pas douteux ; il s'impose clairement aux vaillants et aux résolus. Il faut se jeter au péril des flots, les dompter, et ce n'est qu'après avoir rompu le courant contraire, que, brisé parfois, meurtri par la lutte, on se relève sur l'autre bord, mais vainqueur. Faut-il croire pourtant que tous ceux qui ne se jettent pas résolument, à travers le flot, à la conquête de la rive opposée perdent la substance de leur vie et tout leur temps en inutiles désirs et en vains regrets ? Ils ressemblent au paysan qui attend, assis sur la rive, que le fleuve ait cessé de couler :

> ... Expectat dum defluat amnis ; at ille
> Labitur et labetur in omne volubilis ævum.

Beaucoup, sans doute, victimes de quelque impuissance secrète, restent ainsi immobiles, jetant un regard désespéré sur l'autre rive. Mais quelques-uns, parmi ces immobiles, ne le sont qu'en apparence ; ils travaillent, pensent, réfléchissent ; ils s'observent eux-mêmes, ils observent la réalité diverse et fuyante qui, comme le fleuve d'Horace, s'écoule et se renouvelle éternellement devant eux, et ce n'est pas là un spectacle monotone à ceux qui savent regarder. Ils notent avec une puissance de réflexion particulière les accidents de lumière qui se jouent à la surface du flot, les paysages qui s'y reflètent, l'intensité variée du courant ; ils s'intéressent aux efforts de ceux qui, plus hardis ou plus habiles, essayent de le franchir ; ils comptent les traversées heureuses et les résultats obtenus ; ils constatent les échecs de ceux qui n'ont pu atteindre le but et les raisons de ces échecs ; ils réfléchissent profondément sur ce qu'ils voient et ce qu'ils éprouvent eux-mêmes. Il se trouve que, sans avoir réalisé une de ces œuvres dont ils nourrissent l'éternel et amer regret, ils ont fait mieux sans s'en douter ; ils ont vu se dérouler devant eux, ils ont saisi dans ses aspects mobiles toute une vie intérieure dont l'image fidèle est bien une œuvre d'art aussi. — J'avoue l'attrait que je ressens pour ces existences d'analyse et de pensée intime, non dispersée au dehors, pour ces talents incomplets que l'on sent supérieurs à l'opinion qu'ils ont donnée d'eux-mêmes, qui ont fait de leurs regrets ou de leurs remords d'artistes inachevés, de leurs découragements, de leurs timidités, une œuvre d'un genre à part, égale en intérêt dramatique à toutes les autres. Natures d'élite, à qui il n'a manqué pour un ouvrage définitif ou bien que le temps, comme à cet aimable Alfred Tonnellé, ou qu'un ressort de volonté plus énergique, comme à Maurice de Guérin, ou qu'une idée moins décourageante des devoirs de l'écrivain, un goût plus facile à se satisfaire lui-même, comme à Doudan, qui, moins spéculatif et moins perdu dans le rêve, offrait pourtant quelques accords secrets avec Amiel, et lui aussi, par une sorte de nostalgie de l'idéal, déserta toujours les responsabilités de la vie aussi bien que les grandes œuvres.

I

Voici un homme confiné dans une destinée médiocre, dans une ville qui n'a pas la prétention d'être une grande capitale, isolé dans un milieu qui, par certains côtés, l'offense et le blesse, sauf quelques rares amis que la vie éloigne de lui et disperse à travers le monde. Mais cette destinée a été préparée par une forte culture philosophique et littéraire, par des voyages en Italie et en France, par un long séjour en Allemagne. Cette ville, c'est Genève, petite par son étendue et sa population, mais une ville d'une civilisation cosmopolite dont l'atmosphère est comme chargée, saturée d'idées voyageuses, venues de tous les points de l'Europe. Ces amis dont la sollicitude l'entoure, qui l'excitent sans trêve à la production intellectuelle, ce sont des écrivains, des artistes, des philosophes, les Naville, les Scherer, et, dans les générations plus jeunes, les Marc Monnier, les Cherbuliez. De tout cela devait sortir un grand travail d'idées. Sous la monotonie extérieure d'une existence à qui ce beau pays semblait offrir de plus vastes horizons que le destin ne lui en avait ouvert, il y avait comme une fermentation intellectuelle dont beaucoup ne s'apercevaient pas et dont ce *Journal intime* a révélé tardivement à ses amis eux-mêmes l'ardent et délicat secret.

Henri Amiel, mort il y a dix-huit mois à Genève, le 11 mai 1881, à l'âge de soixante ans, était un inconnu ou à peu près pour la France, dont il pratiquait la littérature en vrai critique et dont il maniait habilement la langue. Plusieurs ouvrages, écrits avec grand soin et même avec une sorte de raffinement, n'avaient pas fait franchir à son nom cette zone de la petite patrie où il vivait et qui garde en réserve un certain nombre de célébrités locales, dignes assurément d'un plus vaste théâtre. Peut-être y avait-il à cette obscurité relative des motifs dont nous tâcherons de nous rendre compte plus tard. Quoi qu'il en fût, ce nom, quelquefois cité dans des articles d'amis que l'on soupçonnait de complaisance, n'était pas de ceux qui s'étaient imposés à la curiosité de Paris. On ne s'était guère enquis de lui, et le lendemain de chacun de ses ouvrages la critique littéraire passait à l'ordre du jour. Sa mort ne fit aucune impression ; ce n'est que depuis quelques jours à peine que l'on s'informe de sa vie. A cet égard, nous ne trouvons qu'un petit nombre de renseignements positifs dans l'étude de M. Scherer, qui ne se préoccupe guère, avec raison, que de la biographie morale, bien plus intéressante que l'autre. Quelques faits et quelques dates nous suffiront d'ailleurs pour tracer le cadre de cette existence, toute remplie par la pensée. Nous les emprunterons à son ami, je dirais presque son révélateur ; car c'est lui, sans doute, qui aura inspiré aux éditeurs le courage de mettre enfin à sa place et dans sa vraie lumière, par une exhumation de feuilles condamnées à périr, la figure étrange et sympathique de ce méditatif.

Il s'exhale de plusieurs de ces feuilles retrouvées un souvenir amer des années d'enfance et même de première jeunesse. M. Scherer nous dit que ce qu'il a pu savoir ne justifie pas complètement des impressions si douloureuses. Amiel fut orphelin de bonne heure, ce qui sans doute est un très grand malheur et prédispose une âme délicate à souffrir ; mais quand il se plaint ensuite d'avoir été jeté comme étudiant dans la société de camarades railleurs et égoïstes, on fait observer avec raison que c'est assez la manière d'être de la jeunesse, et que d'ailleurs Amiel forma aussi sur les bancs de l'école de bonnes et durables amitiés. De même, quand il accuse avec quelque vivacité l'esprit génevois comme incompatible avec sa nature, quand il gémit d'avoir été tout jeune rejeté sur lui-même, condamné à la défiance et à la solitude, c'est la société en général qui est en cause plutôt que le tempérament national, avec lequel il prétend ne pouvoir s'accommoder. Il y a difficulté de vivre partout, pour un penseur et pour un artiste en contact avec les défauts des autres hommes, d'ordinaire très pratiques et portés à la moquerie pour tout ce qui s'élève ou s'isole. « Le monde est à peu près partout le même. Il ne faut pas lui demander de ressembler à une université allemande. »

C'est là, en effet, dans les universités allemandes, qu'Amiel avait trouvé la vraie patrie de sa jeunesse imaginative. Sept années (de 1842 à 1849) avaient été consacrées à des voyages en Italie, en France, en Allemagne. Un séjour très prolongé à Heidelberg et à Berlin représentait pour lui *les Années d'apprentissage* que Goethe impose à Wilhelm Meister. « Ces années, disait-il plus tard, ont été les plus importantes de ma vie; elles ont été le noviciat de mon intelligence, l'initiation de mon être à l'être[1]. » Une sorte de mysticisme vague, de piété panthéistique, une émotion religieuse achevant le mouvement scientifique et transfigurant la pensée en amour, semble, à cette époque, s'être emparée de lui et gouverner les puissances inquiètes de son âme. Il célébrait en écrivant à ses amis « ces moments de résonance parfaite, d'harmonie intérieure, où la contemplation fait vibrer toutes les fibres de l'âme... ces heures où tout est transparent, où l'on aime toute la création, où l'on palpite dans la lumière.... » Et plus tard, se souvenant des bonnes fortunes idéales de ce temps privilégié, « il n'est pas de joies si profondes, disait-il, que je ne les aie traversées. Ravissement du beau, félicité pure de la sainteté, sérénité lumineuse du génie mathématique, contemplation sympathique de l'historien, passion recueillie de l'érudit, culte respectueux et fervent du naturaliste, ineffables tendresses d'un amour sans limites, joie de l'artiste créateur, vibrations à l'unisson de toutes les cordes : n'ai-je pas eu des heures pour tous ces sentiments[2]? »

---

1. *Journal intime*, p. 5.
2. *Étude*, p. xiv.

En même temps il s'exhortait, dans son cabinet d'études, qui était comme un sanctuaire, à une sorte de stoïcisme à la façon de Zénon ou de Spinoza : « Si la mort te laisse du temps, tant mieux. Si elle t'emporte, tant mieux encore. Si elle te tue à demi, tant mieux toujours, elle te ferme la carrière du succès pour t'ouvrir celle de l'héroïsme, de la résignation et de la grandeur morale. Toute vie a sa grandeur, et comme il t'est impossible de sortir de Dieu, le mieux est d'y élire sciemment domicile[1] »

Évidemment sa vie intellectuelle est alors sous l'empire magique de l'idéalisme de Schelling, qu'il a dû entendre et pratiquer à Berlin, dans la seconde manière de cette philosophie attirante et vague où le maître illustre tenta de christianiser son panthéisme. C'est de cette empreinte que l'esprit d'Amiel paraît avoir reçu et gardé la trace la plus profonde. N'est-ce pas encore le disciple de Schelling qui écrivait à la même date des pensées dans le genre de celle-ci? « Juger notre époque au point de vue de l'astronomie, c'est un affranchissement pour la pensée. Quand la durée d'une vie d'homme ou d'un peuple nous apparaît aussi microscopique que celle d'un moucheron, et inversement la vie d'un éphémère aussi infinie que celle d'un corps céleste avec toute sa poussière de nations, nous nous sentons bien petits et bien grands, et nous pouvons dominer de toute la hauteur des sphères notre petite existence et les petits tourbillons qui agitent notre petite Europe. » Des hauteurs de l'empyrée où trônait alors son esprit au centre des idées pures, dans l'idéal éther où toute vie remonte, d'où toute vie descend, qu'était-ce, en effet, que le jeu puéril et violent des rois et des peuples? Qu'était-ce que la lutte

---

1. Berlin, 16 juillet 1848.

de Frédéric-Guillaume IV avec la diète, ou la révolution de 1848, ou le parlement de Francfort? Des jeux de fourmilières, un tourbillon d'atomes dans un coin perdu de l'espace, l'agitation d'une minute. — Certes, une pareille initiation dut avoir une grande influence sur le développement ultérieur de son esprit. Mais tout ne fut pas gain pour le jeune néophyte de la philosophie germanique. Il avouait lui-même plus tard qu'il avait eu quelque peine à secouer le joug un peu lourd qu'il avait mis sur sa pensée; certaines habitudes d'idées, certaines étrangetés de style qui restèrent en lui comme la marque de fabrique sur son esprit, lui firent regretter quelquefois d'avoir prolongé trop longtemps son séjour au milieu des philosophes allemands. Il y avait contracté le goût de cette extase spéculative qu'il appelait une *fantasmagorie de l'âme*, où il s'était bercé avec une sorte de volupté, comme un yôghi hindou, dans une ivresse oublieuse de la réalité de chaque jour, de la vie enfin.

En 1849 il rentrait à Genève pour n'en plus guère sortir. « Il avait vingt-huit ans; sa physionomie était charmante, sa conversation animée, aucune affectation ne gâtait l'impression favorable qu'il faisait. Jeune et alerte, Amiel semblait entrer en conquérant dans la vie. On eût dit que l'avenir lui ouvrait ses portes à deux battants. Que d'espérances ses amis ne fondaient-ils pas sur une si vive intelligence mûrie par de beaux voyages et de longues études[1]! » Pourquoi et comment ces brillants pronostics furent successivement démentis, on le pressent déjà. Il avait trop rêvé, il avait pris l'habitude et la passion de cette sorte de haschisch intellectuel qui exalte et énerve. Cependant on se tromperait si, d'après la note dominante du *Journal intime*, on s'imaginait que ce fût en appa-

---

1. *Étude*, p. xv.

rence un triste ou un désespéré. S'il y eut bien des angoisses, elles furent intérieures ; Amiel ne menait pas dans le monde l'appareil funèbre d'un René ou d'un Obermann. On nous dit que c'était seulement la plume à la main, en se remettant sans cesse en face de sa destinée pour l'interroger, qu'il rouvrait forcément les sources de sa tristesse. « Aussi sa chronique quotidienne renferme-t-elle peu de traces de gaieté, tandis que l'écrivain en avait, et beaucoup, dans le caractère. Mes souvenirs me le rappellent vif, en train, un charmant compagnon. D'autres qui l'ont connu plus longtemps et mieux que moi confirment ces impressions. La mobilité de sa disposition compensait ce que sa sensibilité avait d'exagéré. Ses accès de spleen n'empêchaient pas qu'il n'eût un tour d'esprit joyeux. Peut-être même le fond de sa nature était plutôt l'enjouement que la mélancolie. Il resta jusqu'à la fin jeune, enfant même, s'amusant à des riens, et qui l'eût entendu rire alors de son bon rire de collégien n'aurait guère reconnu l'auteur de tant de pages douloureuses[1]. »

Il faut le suivre dans ces promenades du jeudi au Salève, avec quelques amis de choix. « Ces débauches platoniciennes » consistaient en une grande course à pied, terminée par un dîner, égayée par des conversations libres sur tous les sujets littéraires et philosophiques, questions grammaticales, discussions sur des rythmes et sur des rimes, ou bien encore la liberté en Dieu, l'essence du christianisme, les publications nouvelles en philosophie. Excellent exercice dialectique et d'argumentation avec de solides champions. S'il n'apprenait rien, Amiel voyait se confirmer beaucoup de ses idées, s'étendre ou se rectifier ses points de vue : il pénétrait toujours mieux dans les

---

1. *Étude*, p. LXXIV.

esprits de ses amis[1]. Eux, de leur côté, estimaient que c'était fête, quand il était de l'excursion du jeudi ; il jetait l'imprévu à travers les graves propos. Il animait tout le monde de son entrain. « Il faisait admirer la variété de ses connaissances, la précision de ses idées, les grâces de son esprit. Toujours, d'ailleurs, aimable, bienveillant, de ces natures sur lesquelles on s'appuie en toute sécurité. Il ne nous laissait qu'un regret, dit son compagnon d'autrefois : nous ne pouvions comprendre qu'un homme aussi admirablement doué ne produisît rien ou ne produisît que des riens. »

Il lui fallait le grand air de la montagne, les horizons du lac, les libres propos, tantôt savants et tantôt gais, pour l'exciter à produire au dehors les trésors secrets qu'il amassait et cachait non comme un avare, mais comme un timide. Quand il n'était pas dans les pleines effusions de l'amitié, il se resserrait sur lui-même et ne laissait pas soupçonner la fécondité interne, toujours jaillissante et comprimée. Il avait obtenu au concours, après son retour à Genève, une chaire d'esthétique à l'Académie, qu'il échangea en 1854 contre la chaire de philosophie. Ce ne fut pour lui qu'une occasion de déboires. D'une nature intérieure, et par conséquent aristocratique, les circonstances politiques où se trouvait alors Genève lui donnèrent l'apparence, bien contre son gré, d'avoir pris parti pour le nouveau gouvernement, qui l'appelait à un poste auquel son mérite l'avait désigné. Il eut l'air de s'être classé parmi les radicaux, dont ses goûts l'éloignaient. « Il reproche au radicalisme, dans son *Journal*, de lui avoir *enlevé la patrie morale*. Son isolement à Genève fut donc très grand, et particulièrement cruel pour un cœur que nous savons aujourd'hui avoir été affamé de bienveillance. On est vé-

---

1. *Journal intime*, p. 68.

ritablement saisi de pitié en pensant à ce qu'il dut souffrir dans une position qui, sans qu'il y eût de sa faute, était fausse et le resta longtemps[1]. »

A cette situation bizarre, où éclatait à ses yeux l'hostilité secrète du sort, il ne trouva de remède ni de consolation dans les succès médiocres et contestés de son professorat. La subtilité raffinée de son esprit n'y convenait guère. Ne se sentant pas à l'aise et comme en libre communication avec l'âme de la jeunesse, il se desséchait en programmes et en catalogues, croyant avoir donné un enseignement suffisant, quand il n'avait fourni que des classifications d'idées. Pour bien enseigner, pour faire produire des fruits réels à la parole, il faut se jeter tout entier, sans réserve, dans le sujet que l'on traite, le vivifier, l'alimenter du dedans, en en sollicitant toutes les sources intérieures pour les répandre au dehors. Amiel ne se livrait pas dans son enseignement, il faisait le tour des questions, il les examinait par l'extérieur. Il restait sec, froid et stérile. On imagine pourtant quel succès il aurait pu avoir, comme il aurait ému, soulevé son jeune auditoire, s'il avait pu un jour, un seul, se débarrasser de ce lourd formalisme qui été l'appui de sa timidité et montrer en une heure, avec les richesses amassées à travers ses lectures et ses fines expériences, son âme tout entière, son âme non scolaire, mais vivante, dans sa liberté et dans son abandon.

Mais non. Avec une sorte d'obstination farouche et pudique, il se dérobait plutôt qu'il ne se montrait et dans sa chaire, à l'Académie de Genève, et dans les rares et difficiles écrits qui portaient son nom au public sans le répandre. Ses amis étaient tout surpris de n'y pas retrouver cette abondance, cette riche diversité, cette liberté

---

1. *Étude*, p. xvii.

d'idées qui animaient ses entretiens intimes. Ils ne lui ménageaient ni les reproches, ni les exhortations sans le décider à quitter le rivage, dont les sinuosités le retenaient, et à se lancer dans la haute mer. Quelques travaux en prose, quelques recueils de vers paraissaient de temps en temps, le trompant lui-même sur les langueurs de son activité. Des écrits comme l'*Histoire de l'Académie de Genève*, l'étude sur *le Mouvement littéraire dans la Suisse romande*, la conférence sur *Jean-Jacques Rousseau*, des notices dans *la Galerie suisse* sur Mme de Staël et le peintre Hornung, enfin des poésies laborieusement ciselées : *les Grains de mil, il Penseroso, la Part du rêve, les Étrangères, Jour à jour*, tel est le bilan complet de sa production extérieure. Ses amis ne cherchaient pas à lui faire illusion sur la médiocrité de l'effet produit. Leur silence trahissait un certain embarras et devait quelquefois le froisser. Il y avait là, en effet, une singulière disproportion entre l'homme et l'œuvre : « Reculant par timidité devant les conceptions hautes et fortes, Amiel se réfugie dans un thème borné, morceau d'occasion, sentence ou quatrain, ou bien il prend son sujet tout fait, traduit des poèmes étrangers et il trompe sa conscience d'artiste en s'adonnant à des raffinements de forme. Il met son effort à vaincre des difficultés de mètre et de rime, il se livre à des prodiges de patience et de virtuosité, il cisèle le métal comme un Florentin, fouille l'ivoire, comme un Hindou ou un Chinois, et tout cela pour échapper aux exigences de l'art véritable, du grand art, qu'il connaît, qu'il sent, qu'il aime, mais qu'il n'ose aborder parce qu'il le voit infini et sacré[1]. »

Il se désespérait parfois de cette espèce de fatalité interne qui le condamnait à fuir les grands travaux, les

---

1. *Étude*, p. xx.

œuvres viriles, pour se tourmenter dans ce qu'il appelait *une catégorie peu étudiée de l'esthétique, celle du joli*, pour s'attarder dans la recherche de l'ingénieux et le souci un peu puéril de la forme. Aussi pourquoi ses amis espéraient-ils plus de lui? Quelle opinion s'étaient-ils donc formée de ses aptitudes? « Par quel mystère, écrivait-il dans une lettre attristée, les autres attendent-ils beaucoup de moi tandis que je ne me sens au niveau d'aucune chose importante? En y réfléchissant je crois en entrevoir la cause. Je serais une nature sociable, qui ne se possède dans sa valeur réelle que par la conversation et l'échange. La solitude, au contraire, me fait retomber à la fois dans la défiance et dans l'impuissance. Or, ma vie se passe à m'étouffer dans l'isolement, à m'aguerrir à la solitude, à me contraindre à ce qui m'est le plus nuisible, la taciturnité et la vétille. Ainsi mes amis verraient ce que j'aurais pu être, et je vois ce que je suis. » La vérité complète n'est pas là. Il se trompait à moitié et ses amis de même. Ses amis se trompaient en le jugeant capable d'un grand ouvrage continu; il se trompait, lui, en se croyant voué aux petites choses, à développer toujours l'*in tenui laborem*, impuissant en un mot. Ni l'un ni l'autre, ni impuissant, ni capable d'une grande œuvre, mais très capable de grandes idées et de belles pages, quand il était en bonne fortune avec sa pensée. Seulement, il faut bien le dire, l'élan ne durait pas; le vol était élevé et court. Ce don d'analyse, appliqué à lui-même, devait donner des trésors de psychologie intime; mais c'était l'âme d'un philosophe qui se livrait plutôt qu'une philosophie.

Quand ce beau secret fut connu par la révélation du journal intime, fruit de toute une vie, ce fut un cri de joie, un cri de triomphe parmi ses amis, enfin justifiés dans la longue attente d'un chef-d'œuvre, bien que ce ne fût pas sous cette forme qu'il l'eussent attendu. Ç'a été pour M. Scherer l'occasion d'écrire sur le cher méconnu une étude d'un intérêt élevé, pathétique, qui sert d'introduction au premier volume du journal, et dans laquelle, avec une émotion intense, d'autant plus vive qu'elle est rare dans la tenue rigide et l'austérité de sa manière, le critique regrette d'avoir appris trop tard le mot d'un problème qui lui semblait à peine sérieux, et qu'il sent aujourd'hui avoir été tragique.

II

Parcourons au hasard ce journal. On ne nous en livre aujourd'hui que la moitié (de 1848 à 1866) en nous promettant un second volume qui nous conduira jusqu'à la fin de la vie de l'écrivain. Mais rien ne nous oblige d'attendre ce complément de publication. Il y a unité parfaite et continuité dans cette vie intérieure. Je croirais volontiers que pas un des traits de la psychologie personnelle que nous recueillons aujourd'hui ne sera démenti plus tard. Il y aura lieu peut-être à étendre et à prolonger cette étude ; je doute qu'il y ait matière à des rectifications importantes ou bien à une contradiction sérieuse.

Je commencerai par une critique, ou du moins par un regret. Les amis d'Amiel nous disent que son journal remplissait seize mille pages, et qu'une main amie, très intelligente et très discrète, a extrait de ce volumineux dossier un livre qui pût intéresser le grand public[1]. Certes, nous devons accueillir avec reconnaissance le résultat de ce long et difficile travail. Je soupçonne d'ail-

1. Marc-Monnier, *Journal des Débats* du 18 janvier 1883.

leurs qu'il y avait beaucoup à éliminer, beaucoup à choisir dans cet amas de feuillets écrits au jour le jour. La plupart de ces publications posthumes qui abondent de nos jours, sous la forme de mémoires et de correspondances, pèchent par excès. Celles mêmes qui sont privées de l'attrait vulgaire du scandale, auraient gagné à être revisées avec soin dans l'intérêt des auteurs. Ici peut-être a-t-on obéi à un scrupule contraire, au souci d'une discrétion exagérée. Il n'est guère probable que, dans un entretien si abondant et circonstancié de l'auteur avec lui-même, il n'ait rien accordé de son attention et de ses souvenirs au milieu de famille ou de société où il vivait, aux différentes personnes avec lesquelles il était en contact perpétuel, et dont les habitudes, les caractères, les sentiments devaient agir diversement sur lui. Et cependant, sauf quelques allusions à ses amis, les péripatéticiens du Salève, sauf quelques mots discrets concernant sa sœur et ses neveux, le journal, tel qu'on nous le donne, est muet, d'un mutisme invraisemblable ; le silence règne sur tout le petit monde qui entoure l'auteur. Quelles émotions personnelles, quels troubles de sentiment, quels orages venus du dehors ont traversé sa vie? on l'ignore. A peine parfois un regret, un accent de résignation douloureuse, comme au lendemain d'un roman interrompu, qu'on devine sans en avoir les éléments. Il en résulte un singulier effet de psychologie abstraite. On dirait d'une vie écoulée en dehors des émotions humaines, dans le pur littéraire ou la philosophie transcendante; par bonheur, une large place est faite à la contemplation de la nature ; c'est par ce côté seulement qu'il entre de l'air et de la lumière dans ce *moi* renfermé en lui ou qui n'échappe à lui-même que par la spéculation et le rêve.

En revanche, quelle variété et quelle profondeur d'analyse ! Au fond, comme le journal le répète avec insistance, il n'y a pour l'auteur qu'un objet d'études : les formes et les métamorphoses de l'esprit ou plutôt de son esprit, à travers lequel il essaye de percevoir l'esprit humain lui-même. « Je me suis toujours pris comme matière à étude, et ce qui m'a le plus intéressé en moi, c'est l'agrément d'avoir sous la main un homme, une personne, dont je pouvais sans importunité et sans indiscrétion suivre toutes les métamorphoses, les secrètes pensées, les battements de cœur, les tentations, comme échantillon de la nature humaine. C'est impersonnellement, philosophiquement, que mon attention s'est attachée à ma personne. On se sert de ce qu'on a, et il faut bien faire flèche de son propre bois. Mais pour avoir le portrait juste il faut montrer les dix hommes qui sont en moi, suivant les temps, les lieux, l'entourage et l'occasion ; je m'échappe dans ma diversité mobile[1]. » Ce qui nous frappe dès les premières pages, c'est l'étrange résolution de renoncer à toute ambition personnelle ou plutôt la conscience de n'avoir pas ce qu'il faut pour en réaliser aucune. Pendant que ses amis, en le voyant arriver d'Allemagne, « chargé de science, mais portant le poids de son savoir légèrement et agréablement, » augurent avec la plus extrême faveur de son avenir, voici ce que, rentré chez lui, sous la lampe du soir, il écrit le 5 mai 1849 : « Tu ne t'es jamais senti l'assurance intérieure du génie, le pressentiment de la gloire ni du bonheur. Tu ne t'es jamais vu grand, célèbre, ou seulement époux, père, citoyen influent. Cette indifférence d'avenir, cette défiance complète, sont sans doute des signes. Tu ne dois pas vivre, puisque tu n'en es maintenant guère capable. Tiens-toi en ordre ; laisse les vivants

---

1. *Journal intime*, p. 254.

vivre et résume tes idées, fais le testament de ta pensée et de ton cœur : c'est ce que tu peux faire de plus utile. » Qu'ils sont rares les jeunes gens de vingt-huit ans, doués comme l'était Amiel des plus riches dons, munis d'une si forte culture, qui donneraient ainsi d'avance et d'emblée leur démission de la vie ! et combien il faut qu'il ait senti profondément en lui les causes de l'insuccès fatal qui devait le poursuivre à travers sa vie et ne cesser qu'au lendemain de sa mort !

Nous allons voir se développer devant nous, trait par trait, cette fatalité dont le mystère est dans certaines dispositions de son tempérament ou de son esprit. C'est avant tout un méditatif; son atmosphère est celle des idées; il s'y meut, il s'y joue à l'aise. Hors de cette atmosphère, il subit toutes les servitudes de la vie planétaire où il est condamné ; il sent le joug des choses extérieures, la tyrannie des forces physiques et chimiques, il dépend des besoins de son corps. Pour agir, il ne suffit plus de vouloir idéalement, il faut rompre la chaîne de la pesanteur, il faut faire agir ses muscles, dompter ou apaiser ses nerfs: on dépend de ses organes plus ou moins dispos et en bon état. Agir n'est plus penser. Un matin qu'il s'est beaucoup préoccupé de cette question du rapport de la pensée à l'action, Amiel trouve à son réveil cette formule bizarre, à demi nocturne, qui lui sourit : *L'action n'est que la pensée épaissie.* Dès lors ce n'était plus son affaire. Il était bien résolu à ne donner que le minimum de sa vie à cette forme vulgaire de la pensée, devenue concrète, obscure, inconsciente. C'est le premier trait de cet idéalisme qui va faire le tourment de sa vie, l'exposant à tous les chocs des hommes et des choses, à tous les conflits les plus durs avec la réalité, à toutes les contradictions d'une nature marquée au signe des belles chimères et qui ne peut refaire le monde où elle vit. On l'a remarqué : l'idéal est la contradiction par excellence, puisque sa double condition est de tendre à se réaliser, sous peine d'être chimérique, et de cesser d'être dès qu'il se réalise.

De là chez Amiel l'horreur toujours croissante de la vie pratique et l'irrécusable défiance du bonheur. La vie théorique seule l'attire ; elle a seule assez d'élasticité et d'immensité pour le satisfaire ; seule aussi, elle admet des actes réparables, car ses actes sont des idées, et l'idée n'est jamais irréparable ; on peut la modifier, la rectifier. La vie pratique, au contraire, fait reculer d'effroi notre auteur. Là rien ne se répare complètement quand on s'est trompé. Il est trop vulnérable et par trop d'endroits, il se représente trop sensiblement tout ce qu'il aurait à souffrir, s'il était père, s'il était époux, pour se décider à l'être jamais. « Il a l'épiderme du cœur trop mince, l'imagination inquiète et les sensations à contre-coups prolongés. » Voilà pourquoi la réalité, le présent, la nécessité lui répugnent et même l'effrayent. L'irréparable surtout, il y revient sans cesse avec épouvante. « Je me défie de moi-même, du bonheur, parce que je me connais. Tout ce qui compromet l'avenir ou détruit ma liberté intérieure, m'assujettit aux choses ; tout ce qui attente à mon idée de l'être complet me blesse au cœur, me contracte, me navre même en esprit, même d'avance. J'abhorre les regrets, les repentirs inutiles. La fatalité des conséquences qu'entraîne chacun de nos actes, cette idée capitale du drame, ce sombre élément tragique de la vie, m'arrête plus sûrement que le bras du Commandeur. » Et le mot simple, pratique, décisif, arrive : « J'ai trop d'imagination, de conscience et de pénétration, et pas assez de caractère. » L'idée de la responsabilité envenime tout pour lui, arrête tout. Voilà pourquoi il résista toujours aux séductions de la vie de famille, qui le sollicitait à la fois comme un attrait et comme un devoir. Mais il en a trop rêvé. Arrivé au moment d'agir, il s'arrête : « L'idéal m'empoisonne toute possession imparfaite. » Toutes les images d'une famille future l'enivrent. « Je les écarte, dit-il, parce que chaque espérance est un œuf d'où peut sortir un serpent; parce que chaque joie manquée est un coup de couteau ; parce que chaque semence confiée à la destinée contient un épi de douleurs, que l'avenir peut en faire germer[1]. » Ces hésitations reviennent, douloureuses, acharnées à le torturer : c'est une oscillation perpétuelle entre l'attraction souveraine du rêve et la nécessité urgente de la vie. Quelquefois on le surprend tout fatigué par l'analyse et réclamant contre lui-même le droit de vivre enfin. « Ah! sentons, s'écrie-t-il, vivons. Soyons naïfs. Laissons-nous aller à la vie.... N'aurai-je donc jamais le cœur d'une femme pour m'y appuyer, un fils en qui revivre, un petit monde où je puisse laisser fleurir tout ce que je cache en moi? » Mais il recule au seuil de l'acte décisif, crainte de briser son rêve : « *J'ai tant mis sur cette carte que je n'ose la jouer. Rêvons encore*[2]. »

Et il retombe dans le songe maladif dont un instant il a manqué se réveiller. Cependant la vie s'écoule, les années s'accumulent. Trente ans, quarante ans arrivent; la maturité s'annonce sans pouvoir vaincre cette crainte qu'il ressent de perdre quelque chose de sa liberté, dont il ne fait rien. « Toujours l'instinct du Juif errant qui arrache la coupe où il a trempé ses lèvres, qui lui interdit la jouissance prolongée et lui crie : Marche! marche! ne t'endors pas, ne t'attache pas, ne t'arrête pas! Ce sentiment inquiet n'est pas le besoin de changement, c'est plutôt *la peur de ce que j'aime, la défiance de ce qui me*

---

1. *Journal intime*, p. 18, 19 et *passim*.
2. Page 42.

charme, le malaise du bonheur. » Et comme il analyse cette bizarrerie de nature qui est devenue une infirmité ! « Ne pas oser jouir naïvement, simplement, sans scrupule et se retirer de table crainte que le repas ne finisse.... Je suis bien toujours le même, l'être errant sans nécessité, l'exilé volontaire, l'éternel voyageur, l'homme sans repos, qui, chassé par une voix intérieure, ne construit, n'achète et ne laboure nulle part, mais passe, regarde, campe et s'en va. » Mais où se fixera cette mobilité ? se fixera-t-elle jamais ? « J'attends toujours la femme et l'œuvre capables de s'emparer de mon âme et de devenir mon but.... Je n'ai pas donné mon cœur, de là mon inquiétude d'esprit. Je ne veux pas le laisser prendre à ce qui ne peut le remplir ; de là mon instinct de détachement impitoyable de tout ce qui m'enchante sans me lier définitivement. Ma mobilité, en apparence inconstante, n'est donc au fond qu'une recherche, une espérance, un désir et un souci. *C'est la maladie de l'idéal*[1]. » Voilà le mot que nous attendions et par lequel il se définit lui-même.

La même maladie crée son inaptitude aux œuvres sérieuses et fortes. Il y a là une bien curieuse explication de cette sorte de manie qui l'entraînait vers la virtuosité en littérature. Pourquoi fait-il mieux et plus aisément les vers courts que les grands vers, les choses difficiles que les faciles ? Toujours par une même cause. Il n'ose croire en lui ; un badinage, en détournant l'attention de lui sur la chose, du sentiment sur le savoir-faire, le met à l'aise. Il y a une autre raison : il craint d'être grand, il ne craint pas d'être ingénieux : aussi tous ses essais publiés ne sont guère que des études, des exercices, des jeux pour s'éprouver. « Il fait des gammes, il fait le tour de son instrument, il se fait la main et s'assure de la pos-

---

1. Pages 103, 104, *passim*.

sibilité d'exécuter, mais l'œuvre ne vient pas. Son effort expire, satisfait du pouvoir, sans arriver jusqu'au vouloir.... Timidité et curiosité, voilà deux obstacles qui lui barrent la carrière littéraire. N'oublions pas enfin l'ajournement : il réserve toujours l'important, le grand, le grave, et il veut liquider, en attendant, la bagatelle, le joli, le mignon. Sûr de son attrait pour les choses vastes et profondes, il s'attarde dans leur contraire pour ne pas lui faire tort. »

La maladie de l'idéal en amène une autre qui achève la ruine qu'elle a commencée : elle produit le développement excessif de la réflexion, qui réduit presque à rien la spontanéité, l'élan, l'instinct et, par là même, l'audace et la confiance. Quand il faut agir, on ne voit plus partout que causes d'erreur et de repentir, menaces cachées et chagrins masqués. On a horreur d'être dupe, surtout de soi-même. « Le besoin de connaître retourné sur le moi est puni, comme la curiosité de Psyché, par la fuite de la chose aimée. La force doit rester mystérieuse à elle-même ; dès qu'elle pénètre dans son propre mystère, elle s'évanouit. » Et, à ce propos, un développement à la manière philosophique de l'Allemagne, dans un style étrange à nos oreilles françaises : « Nous sommes et devons être obscurs pour nous-mêmes, disait Gœthe, tournés vers le dehors et travaillant sur le monde qui nous entoure. Le rayonnement extérieur fait la santé ; l'*intériorisation* trop continue nous ramène au néant. Mieux vaut dilater sa vie, l'étendre en cercles grandissants, que de la diminuer et de la restreindre obstinément par la contraction solitaire. La chaleur tend à faire d'un point un globe, le froid à réduire un globe à la dimension d'un atome. Par l'analyse je me suis annulé[1]. »

1. Pages 75, 91, 92, 154, etc.

Il se déclare *annulé par l'analyse;* mais cela même n'est-il pas déjà une conséquence? « C'est l'immensité de son ambition qui l'a guéri de l'ambition. Comment s'enthousiasmer de quelque chose de chétif quand on a goûté de la vie infinie ? » S'il n'agit pas, c'est qu'il a mis son but trop haut. « L'action est ma croix, dit-il, parce que ce serait mon rêve. » Vouloir trop bien faire empêche que l'on fasse rien. Que devrait penser de lui-même l'homme qui, ayant la gloire d'être initié, agirait comme celui qui ne l'est pas? Ce martyr de l'idéal déclare que la responsabilité est son cauchemar invisible[1]. Elle se mesure aux clartés qu'il a reçues et à la vision sublime qu'il a devant les yeux. Dès lors, comment oser agir sans craindre de profaner l'idée au contact du fait? « Mentir à son idéal, dit le fier penseur, c'est le plus irréparable des viols, c'est la défloration de la conscience, c'est le déshonneur du moi, la faute irrémissible dont ne se relève jamais la dignité intérieure. »

Un scrupule l'arrête, et c'est le signe de cette lutte qui est le drame de sa vie intérieure. Dans cette conscience superbe et jalouse de l'idéal, qui rend l'homme impropre à l'action, ne se cacherait-il pas un piège subtil? Oui, et l'analyse l'y découvre sans trop de peine. Ah! comme les choses humaines sont obscures et mêlées! Il faut se défier même de ce souci de la perfection qui paralyse nos forces. Il y a là une perversion secrète. « Au fond, se demande le moraliste alarmé, ne serait-ce pas l'amour-propre infini, le purisme de la perfection, l'inacceptation de la condition humaine, la protestation tacite contre l'ordre du monde qui ferait le centre de mon immobilité? C'est le *tout ou rien*, l'ambition titanique et oisive par dégoût, la dignité offensée et l'orgueil blessé qui se

---

1. Page 56.

refusent à ce qui leur paraît au-dessous d'eux ; c'est l'ironie qui ne prend ni soi ni la réalité au sérieux par la comparaison avec l'infini entrevu et rêvé ; c'est peut-être le désintéressement par indifférence qui ne murmure point contre ce qui est, mais qui ne peut se déclarer satisfait ; c'est la faiblesse qui ne sait pas conquérir et qui ne veut pas être conquise ; c'est l'isolement de l'âme déçue qui abdique jusqu'à l'espérance [1]. » — Reconnaissons là une des formes, une des phases de la même maladie. Il faut bien prendre garde qu'elle est une infirmité. Que faut-il faire pour se guérir ? Opposer à ce mécontentement qui se dissimule sous l'indifférence le vrai renoncement dont le signe est la charité. Il faut aimer, il faut agir. Et comment retrouver le courage de l'action ? En s'abstenant de trop analyser, en laissant revenir peu à peu en soi l'inconscience, la spontanéité, l'instinct qui rattache à la terre et qui dicte le bien relatif et l'utile [2].

Ici intervient une invocation assez inattendue à la Providence. Une sorte de mysticisme chrétien se mêle, par intervalles, à la conscience panthéiste qu'il a de l'infini en lui, de l'impersonnel dans sa personne illusoire et momentanée. Tout cela s'arrange comme il peut, sans que nous ayons à nous en mêler. A la destinée vengeresse dont l'idée le paralyse Amiel oppose la paternelle Providence dont l'idée le calme. Si la croyance à l'irréparable le glace au point de vue humain et suspend son action, il pourra retrouver la force de l'achever « en croyant plus pratiquement à la Providence, qui pardonne et permet de réparer. »

Une dernière cause de son inaptitude à la production

[1.] Page 92.
[2.] Page 57.

spontanée, c'est ce qu'il appelle, avec ses inquiétantes réminiscences de l'université de Berlin, « son essentielle objectivité dans l'ordre intellectuel[1] ». Comme il y revient dans son journal, il faut s'entendre sur cette qualification qu'il s'applique. « Sa spécialité distinctive, c'est de pouvoir se mettre à tous les points de vue, de voir par tous les yeux, de ne s'enfermer dans aucune prison individuelle. » Trop comprendre ou comprendre trop de choses à la fois, contenir dans le vaste cercle de sa pensée toutes les opinions, fussent-elles contraires, c'est peut-être une prérogative, mais elle se paye cher. Elle affaiblit la foi en soi, elle crée l'irrésolution dans la pratique; elle donne cette faculté du critique qui est la faculté de métamorphose intellectuelle, sans laquelle il n'est pas apte à comprendre les autres esprits et doit, par conséquent, se taire s'il est loyal. Mais à quel prix! elle réduit dans une proportion considérable la facilité à produire; elle crée dans un penseur une longue et douloureuse incertitude de convictions et d'opinions. Elle produit des contradictions entre les sentiments et les idées. « La grande contradiction de mon être, c'est une pensée qui veut s'oublier dans les choses et un cœur qui veut vivre dans les personnes. L'unité du contraste est dans le besoin de s'abandonner, de ne plus vouloir et de ne plus exister pour soi-même, de *s'impersonnaliser*, de se volatiliser dans l'amour et la contemplation. Ce qui me manque, c'est le caractère, le vouloir, l'individualité. Mais, comme toujours, l'apparence est juste le contraire de la réalité, et ma vie ostensible le rebours de mon aspiration fondamentale. Moi dont tout l'être, pensée et cœur, a soif de s'absorber dans les dehors de lui-même, dans le prochain, dans la nature et en Dieu, moi que la solitude dévore et

---

[1]. Page 30.

détruit, je m'enferme dans la solitude et j'ai l'air de ne me plaire qu'avec moi-même, de me suffire à moi-même. La fierté et la pudeur de l'âme, la timidité du cœur m'ont fait violenter tous mes instincts, intervertir absolument ma vie[1]. »

Et ailleurs, dans une page ravissante de poésie métaphysique, il nous montre « le rêveur mobile qui se laisse bercer à tous les souffles et jouit, étendu dans la nacelle de son ballon, de flotter à la dérive dans tous les mouillages de l'éther et de sentir passer en lui tous les accords et dissonances de l'âme, du sentiment et de la pensée. Paresse et contemplation! sommeil du vouloir, vacances de l'énergie, indolence de l'être, comme je vous connais! Aimer, rêver, sentir, apprendre, comprendre, je puis tout, pourvu qu'on me dispense de vouloir. C'est ma pente, mon instinct, mon défaut, mon péché. J'ai horreur de l'ambition, de la lutte, de la haine, de tout ce qui disperse l'âme en la faisant dépendre des choses et des buts extérieurs. La joie de reprendre conscience de moi-même, d'entendre bruire le temps et couler le torrent de la vie universelle suffit parfois pour me faire oublier tout désir, éteindre en moi le besoin de production et de force d'exécution. L'épicuréisme intellectuel m'envahit[2]. » Souvent même il s'absorbe, il se fond en une sorte d'extase au sein de la nature; il croit sentir en lui les analogies et les rudiments de tout, de tous les êtres et de toutes les formes de la vie. « Qui sait surprendre les petits commencements, les germes et les symptômes peut retrouver en soi le mécanisme universel et deviner par intuition les séries qu'il n'achèvera pas lui-même : ainsi les existences végétales, animales, les passions et les crises

---

1. Page 149.
2. Page 158.

humaines, les maladies de l'âme et celles du corps. L'esprit subtil et puissant de chaque homme peut traverser toutes les virtualités, et de chaque point faire sortir en éclair le monde qu'il renferme. C'est là prendre conscience et possession de la vie générale, c'est entrer dans le sanctuaire divin de la contemplation[1]. » Quand on est à cette hauteur, qui se soucierait de peindre les événements qui ont agité quelque coin perdu de ce petit globe, ou d'inventer quelque fiction romanesque, ou de décrire ces luttes d'atomes qui forment le tissu de notre pauvre vie humaine?

On me dira : Tout cela, c'est le rêve d'un malade. Mais de combien d'âmes souffrantes ce rêve raconte-t-il l'histoire! Je doute qu'on ait jamais poussé plus loin cette faculté douloureuse et stérilisante de l'analyse à outrance, avec le don périlleux des vagues contemplations. C'est là le trait fondamental que j'ai voulu mettre en lumière dans cette étrange figure, pleine d'attraction par cela même qu'elle a en elle de mystérieux et d'inachevé, pleine de sympathie aussi, parce qu'elle exprime la bonté pour tout ce qui existe, c'est-à-dire pour tout ce qui souffre. Je suis bien loin d'avoir achevé le portrait que je comptais donner de cet attachant modèle. J'espère une autre fois le reprendre et l'achever, quand la fin du journal nous aura été donnée. Dès aujourd'hui, j'aurais voulu montrer quel excellent peintre de paysage, à la fois sobre et fin, c'était que ce compatriote de Jean-Jacques Rousseau. N'est-ce pas lui qui a trouvé cette belle définition : « Un paysage est un état de l'âme, » et qui l'a commentée, évoquant tous les points de vue variés de son beau lac et de ses montagnes, à toute heure du jour et de la nuit, appelant à lui toutes les formes, les couleurs,

---

1. Page 149.

les êtres vivants, la terre et le ciel, tenant à la main la baguette magique et n'ayant qu'à toucher chaque phénomène pour qu'il livre l'idée dont il est le symbole et qu'il raconte sa signification morale?

Je n'ai pas jugé l'écrivain. Chacun de nos lecteurs pourra le faire, grâce aux extraits que j'ai disposés sous leurs yeux. La pensée est subtile, mais elle trouve à son service un don d'expressions heureuses qui l'éclairent dans les occasions où l'auteur ne s'obstine pas à parler allemand en français. La langue n'est pas toujours pure; mais quand la source est troublée, cela ne dure pas, et c'est un charme en même temps qu'un étonnement de voir la limpidité du style se rétablir si promptement et sa transparence trahir un fond d'idées parfois bien obscures. C'est un singulier contraste. Le poète sauve le philosophe et le fait absoudre, en trouvant une foule d'images vives, animées, *bondissantes de naturel*, comme le dit Amiel à propos d'un de ses auteurs préférés. — Malgré tant de rares et aimables qualités, il ne faudrait pas s'attarder trop longtemps à une lecture de ce genre. Il s'en dégage je ne sais quelle volupté dangereuse et quelle tentation perfide de paresse idéalisée. Au terme d'une de ces curieuses analyses sur le bonheur de contempler sans agir, l'auteur s'écrie : « Et maintenant travaillons! » Il le dit plus qu'il ne le fait; mais le conseil est bon. Un livre pareil est une sorte de narcotique puissant qui endort les facultés actives et les engourdit en ayant l'air de les exalter. On ne pourrait impunément prolonger l'expérience. La rêverie a réussi à notre auteur; il en a fait une œuvre qui restera; au prix de combien de tristesses et de déboires, de désespoirs et d'humiliations dévorées, nous le savons maintenant. D'ailleurs la contagion de la rêverie se gagnerait plus facilement que celle du talent et du succès. La leçon de cette vie inquiète et la moralité de ce livre troublant s'imposent d'elles-mêmes : c'est de revenir le plus tôt possible aux procédés ordinaires de la composition littéraire, l'effort suivi, la liaison des pensées, le discours continu, l'œuvre organisée et, s'il se peut, achevée. Et si cela n'est pas à la portée de tous, ce qui du moins est loisible pour chacun, c'est de s'exercer à vouloir, c'est de se mêler activement à la vie, c'est d'en accepter les devoirs, d'en remplir les tâches humbles ou grandes. Je trouve dans ce livre un mot charmant : *La rêverie est le dimanche de la pensée*. Soit, mais d'abord il est bon de faire virilement sa semaine, comme un bon ouvrier. A cette condition seulement, on pourra rêver quelquefois sur les traces de ce merveilleux songeur, se reposer du travail quotidien, détendre sa volonté un instant, mais sans trop perdre de vue les responsabilités que nous impose le premier devoir de la vie, l'action, et pour lesquelles il n'est pas de dispense, même au nom de l'idéal, qui devient une maladie dès qu'il cesse d'être une force.

LES DERNIÈRES ANNÉES D'UN RÊVEUR

Fragments d'un Journal intime, par H. Amiel, tome II, 1884.

Quand le premier volume de ce *Journal intime* parut, il y a quelques mois, ce fut pour nous une occasion toute naturelle d'étudier, dans une intelligence d'élite, ce que nous appelâmes alors, d'un mot qui me sembla juste, *la maladie de l'idéal*. Des confidences douloureuses montraient comment l'analyse à outrance peut stériliser les plus riches dons de l'esprit et quelle amertume remplissait cette âme qui se sentait née pour produire des œuvres viriles et qui s'était arrêtée à moitié chemin dans la volupté inerte de la contemplation. Il s'en fallait d'ailleurs que j'eusse épuisé cet attachant et inquiétant modèle, et j'espérais bien le reprendre un jour, quand la fin du journal nous aurait été donnée. Ce jour est arrivé, et il me paraît que le second volume appelle et justifie un complément d'études. Sans que nous ayons rien à retrancher à l'image déjà tracée du rêveur genevois, il est d'autres traits intéressants, bien dignes d'être mis en lumière et qui achèveront non pas seulement le portrait d'un homme, mais celui d'un groupe d'esprits plus nombreux qu'on ne peut croire dans la génération à laquelle il appartient.

I

Cette dernière partie du *Journal intime* (ou plutôt des fragments qu'on en a extraits) va de l'année 1867 à 1881. A mesure que la vie lui échappe, Amiel regrette davantage la réalité qu'il a désertée et dans l'action et dans la pensée, qui est de l'action aussi quand elle se produit sous une forme ordonnée et logique. Il sent qu'il est trop tard pour ressaisir son moi, dispersé, dissous dans les ombres du rêve, à travers le crépuscule de cette vie qui va s'éteindre. Le voilà qui fait le procès aux chimères où il s'est perdu : « L'idéal ne doit pas se mettre tellement au-dessus du réel, qui, lui, a l'incomparable avantage d'exister. L'idéal tue la jouissance et le contentement en faisant dénigrer le présent et le réel. Il est la voix qui dit : « Non! » comme Méphistophélès. Non, tu n'as pas réussi; non, cette œuvre n'est pas belle; non, tu n'es pas heureux; non, tu ne trouveras pas le repos; tout ce que tu vois, tout ce que tu fais, tout est insuffisant, insignifiant, surfait, contrefait, imparfait. » — La pensée est mauvaise sans l'action et l'action est mauvaise sans la pensée.... L'examen de soi est dangereux s'il usurpe sur la dépense de soi; la rêverie est nuisible quand elle endort la volonté; la douceur est mauvaise quand elle ôte la force; la contemplation est fatale quand elle détruit le caractère. » Et, résumant toute l'expérience de sa vie, il constate, en termes singulièrement expressifs, que « le réel se vicie quand l'idéal n'y ajoute pas son parfum, mais que l'idéal lui-même, s'il ne s'intègre pas avec le réel, devient un poison[1]. « Aveu tardif et

---

1. Page 267.

inutile; il s'est enivré de ce poison, il est trop tard pour rentrer dans l'ordre, pour rétablir en soi l'équilibre.

Amiel continuera donc l'œuvre tout intérieure et subjective de son journal sans se faire illusion, sans même se masquer l'impuissance désormais contractée et incurable de faire un livre : « Je n'ai jamais suivi méthodiquement l'apprentissage d'auteur, dit-il; cela m'eût été utile et j'avais honte de l'utile.... Quand je pense que j'ai toujours ajourné l'étude sérieuse de l'art d'écrire, par tremblement devant lui et par amour secret pour sa beauté, je suis furieux de ma bêtise et de mon respect. L'aguerrissement et la routine m'auraient donné l'aisance, l'assurance, la gaieté, sans lesquelles la verve s'éteint.... Tout au contraire, j'ai pris deux habitudes d'esprit opposées : l'analyse scientifique qui épuise la matière et la notation immédiate des impressions mobiles. L'art de la composition était entre deux : il veut l'unité vivante de la chose et la gestation soutenue de la pensée[1]. » Le *Journal intime* n'a pas de procédés; son charme et son péril sont dans sa liberté même. Il faut bien dire ce qu'il est : c'est *un oreiller de paresse*[2]. Il dispense de faire le tour des idées, il s'arrange de toutes les redites, il accompagne tous les caprices de la vie intérieure, il suit tous les méandres de la pensée et ne se propose aucun but. « Ce journal-ci représente la matière de bien des volumes. Quel prodigieux gaspillage de temps, de pensée et de force! Il ne sera utile à personne, et même pour moi il m'aura plutôt servi à esquiver la vie qu'à la pratiquer.... Ce parlage de vingt-neuf années se résume peut-être en rien du tout, chacun ne s'intéressant qu'à son roman et à sa vie personnelle. » On trouvera ce juge-

---

1. Page 194.
2. Page 204

ment bien sévère. Il serait regrettable que ce journal n'eût pas été écrit, au moins dans quelques-unes de ses parties. Il nous manquerait l'histoire d'une âme qui est celle de beaucoup d'autres. On la chercherait en vain dans le petit nombre de livres qu'Amiel a publiés, où il se montre laborieusement subtil, raffiné avec effort, byzantin même. La littérature régulière n'aurait pas gagné grand'chose à une plus abondante production dans ce genre d'œuvres où les sujets lui auraient été imposés du dehors. Ici, il n'a pas d'autre sujet que lui-même, et c'est, au fond, le seul auquel il s'intéresse, auquel il puisse nous intéresser. Il nous révèle une manière de sentir la vie, à la fois très personnelle et pleine d'enseignements sur l'état de conscience de quelques-uns de nos contemporains, touchés de la même contagion secrète d'un idéal presque maladif, hantés par la chimère, révoltés contre le réel. Mais il a bien deviné à quel prix cette histoire pourrait prendre de l'intérêt pour les autres; il faut qu'on la dégage de ses matériaux, qu'on la simplifie, qu'on la distille. « Ces milliers de pages ne sont que le monceau des feuilles et des écorces de l'arbre dont il s'agirait d'extraire l'essence. Une forêt de cinchonas ne vaut qu'une barrique de quinine. Toute une roseraie de Smyrne se condense dans un flacon de parfum. » C'est ce que nous avons essayé de faire pour Amiel, comme nous l'avons tenté autrefois pour Doudan[1], avec lequel notre Genevois a plus d'une analogie et dont la correspondance était un véritable journal intime, avec plus de variété et de vie extérieure. D'Amiel on pourrait dire ce qu'il dit de Doudan : c'est un délicat qui s'est dérobé au public par un trop vif amour de la perfection, et à qui il n'a guère manqué que « la dose de *matière*,

---

1. Voyez la *Revue* du 15 juillet 1876.

de brutalité et d'ambition nécessaires pour prendre sa place au soleil. »

La comparaison entre ces deux délicats ne s'étendrait pas au style. La langue de Doudan est puisée aux meilleures sources : latine et gauloise à la fois. Celle d'Amiel est expressive, pittoresque, ingénieuse, créée; elle n'est pas toujours nette, elle n'est pas très pure. Elle est hésitante; elle a, comme il le dit, *ses tics* et *ses routines*. Son défaut principal, c'est le tâtonnement; il a recours à des locutions multiples qui sont autant de retouches et d'approximations successives. Il se gourmande à ce sujet : « Il conviendrait, dit-il, en s'apostrophant lui-même, de t'exercer au mot unique, c'est-à-dire au trait à main levée, sans repentir. Mais, pour cela, il faudrait te guérir de l'hésitation. Tu vois trop de manières de dire; un esprit plus décidé tombe directement sur la note juste. Pour arriver à la touche décisive, il faut ne pas douter, et tu doutes toujours. *L'expression unique est une intrépidité qui implique la confiance en soi et la clairvoyance.* » Il s'excuse sur le genre du journal, qui, étant une rêverie, bat les buissons à l'aventure. C'est aussi une causerie du moi avec le moi, c'est un éclaircissement graduel de la pensée : de là les synonymies, les retours, les reprises, les ondulations. L'auteur tourne et retourne en tout sens son idée afin de la mieux connaître, d'en prendre conscience. Il pense plume en main, il se débrouille et se dévide. Chaque genre a sa forme de style correspondante : le journal observe, tâtonne, analyse, contemple; l'article veut faire réfléchir, le livre doit démontrer[1].

On aurait d'autres reproches, et plus sérieux, à faire à l'écrivain. Son style abonde en abstractions germaniques. Il parlera sans sourciller, au milieu de pages char-

---

1. Pages 230-232, etc.

mantes, et sans souffrir du contraste, de sa faculté de métamorphose ascendante ou descendante à travers les règnes de la nature, de son extrême facilité de *déplication* et de *réimplication*, d'*objectivation impersonnelle;* il s'apparaît à lui-même comme *déterminabilité et formalité pures.* Cela est allemand; mais combien on pourrait citer aussi de ces mots émigrés depuis deux siècles, qui ont perdu leur saveur et qui n'ont plus que leur étrangeté, ou bien encore des néologismes maladroits, des inventions malheureuses, comme celles-ci, la *suite soubresautée des événements,* la *crucifixion,* un *élixir roboratif!* De pareilles choses sont cruelles à entendre. Trop souvent aussi l'esprit s'alambique et s'obscurcit. On est tout surpris (sans doute notre auteur a sommeillé à la façon d'Homère) de rencontrer des phrases qui ne sont pas sorties du brouillard et du rêve : « La langue française ne peut rien exprimer de naissant, de germant; elle ne peint que les effets, le *caput mortuum,* mais non la cause.... Elle ne fait voir les commencements et la formation de rien. La cristallisation n'est pas, chez elle, l'acte mystérieux par lequel une substance passe de l'état fluide à l'état solide, elle est le produit de cet acte[1]. » J'imagine Doudan lisant cela. Quelle torture d'esprit et quelle grimace! — En revanche, et tout à côté, combien de détails ingénieux d'observation morale, de bonnes fortunes psychologiques! quelle variété de tours et quelle nouveauté d'expressions pour peindre l'invisible, pour saisir l'impalpable, étreindre ce qui fuit, fixer ce qui disparaît! Je ne doute pas que, si Amiel avait passé les premières années de sa jeunesse à Paris, au lieu de Berlin, tout ce limon germanique ne fût tombé au fond du vase; le filtre de l'esprit français aurait opéré; le style se se-

---

1. Page 184.

serait purifié avec le goût, A supposer que le penseur y eût perdu, assurément l'écrivain y eût gagné, et ce n'était pas chose indifférente ou médiocre, puisqu'il s'agissait d'écrire, non dans la langue de Hegel, mais dans la nôtre.

Peut-être aussi, s'il avait vécu davantage parmi nous, aurait-il modifié quelques jugements ou plutôt rectifié quelques illusions d'optique littéraire, explicables par des circonstances ou des incidents dénaturés dans la perspective. Sans nier le tort que peuvent faire à notre littérature et à sa bonne renommée à l'étranger certaine excentricité voulue, une désinvolture de mauvais goût, des engouements inexplicables, une frivolité de mode qui s'attache à des œuvres superficielles et bruyantes, est-il juste de généraliser le mal? Est-il équitable de dire d'une manière si dure, sans nuances, que l'esprit français prend l'ombre pour la proie, le mot pour la chose, l'apparence pour la réalité; qu'il *ne sort pas des assignats intellectuels?* « Si l'on parle avec un Français de l'art, du langage, de la religion, du devoir, de la famille, on sent à sa manière de parler qu'il reste en dehors du sujet, qu'il n'entre pas dans la substance, dans la moelle; il est satisfait s'il en dit quelque chose de spécieux; il veut jouir de lui-même à propos des choses; mais il n'a pas le respect, le désintéressement, la patience et l'oubli de soi qui sont nécessaires pour contempler les choses telles qu'elles sont; l'abstraction est son vice originel, la présomption son travers incurable, la *spéciosité* sa limite fatale. La soif du vrai n'est pas une passion française; le centre de gravité du Français est toujours hors de lui, dans les autres, dans la galerie; les individus sont des zéros; l'unité, qui fait d'eux un nombre, leur vient du dehors; c'est le souverain, l'écrivain du jour, le journal favori, en un mot, le maître momentané de la mode[1]. » Vérité accidentelle, pure boutade de dépit amoureux chez cet humoriste, au fond si épris de notre langue et de nos écrivains. On pourrait presque dire, en rapprochant les dates du journal de tel ou tel événement littéraire, sous quelle impression ces lignes et d'autres semblables ont été écrites; elles portent la trace irrécusable d'une révolte ou d'une colère. Mais combien d'autres pages on pourrait citer en regard de celle-ci et dans lesquelles Amiel se montre mieux inspiré pour notre littérature, où éclate non seulement sa justice, mais sa sympathie pour l'esprit français dans ses œuvres les meilleures et ses représentants les plus sérieux! Personne alors ne s'entend mieux que lui à faire valoir nos vraies qualités nationales. Un jour, il lit un gros volume d'esthétique allemande; en le fermant, il prend sa plume; il constate que l'attrait initial a été décroissant et a fini par l'ennui. Pourquoi cela? Parce que le bruit du moulin endort. Ces pages sans alinéas, ces chapitres interminables, ce ronron dialectique lui fait l'effet d'un moulin à paroles : « L'érudition et même la pensée ne sont pas tout. Un peu d'esprit, de trait, de vivacité, d'imagination, de grâce, ne gâterait rien. Vous reste-t-il dans la mémoire une image, une formule, un fait frappant ou neuf quand on pose ces livres pédantesques? Non, il vous reste de la fatigue et du brouillard. O la clarté, la netteté, la brièveté! ô Voltaire!... les Allemands entassent les fagots du bûcher; les Français apportent les étincelles.... Épargnez-moi les élucubrations; servez-moi des faits ou des idées. Gardez vos cuves, votre moût, votre marc; je désire du vin tout fait qui pétille dans mon verre et stimule mes esprits[2]. » Une telle page

---

1. Pages 183-184, etc.
2. Pages 26, 110, etc.

rachète bien des erreurs et des injustices même. Celui qui écrivait ainsi était digne de goûter l'esprit français dans ses qualités géniales et la langue si bien appropriée qui l'exprime, dans sa clarté souveraine, qui est la bonne foi de la pensée, et dans sa grâce, qui n'exclut pas la force, mais qui cache l'effort.

Ce qui prouve mieux que des citations le goût d'Amiel pour notre littérature, c'est le cours de ses préoccupations constantes, c'est sa pensée tournée vers nous. Comme il est au courant de tout ce qui se dit et se fait en France dans l'ordre de l'esprit! Comme il est à l'affût de toutes les nouveautés d'idée ou de talent qui paraissent! Son *Journal intime* est en même temps un journal littéraire où Paris est au premier rang. On pourrait extraire de ces deux volumes une série de jugements très étudiés sur Sainte-Beuve, Doudan, About, Renan, Taine, Cherbuliez, Mme Ackermann, vingt autres encore (sans parler de ceux que contenaient sans doute les fragments supprimés), tous marqués d'une empreinte très vive. On voit qu'il vit dans la même patrie intellectuelle que ces écrivains, desquels il parle avec une curiosité toujours renouvelée et en éveil; il est du même climat moral, il a respiré la même atmosphère d'idées, il a senti les mêmes courants, il a subi les mêmes crises; il est un des leurs, relégué dans un coin de Genève, mais n'ignorant rien de ce qui se passe là-bas sur le théâtre plus large où la scène se joue et devant un auditoire plus retentissant. Parfois même, il semble avoir la nostalgie de ce Paris dont l'idée le hante comme une vision, et l'on devine qu'il échangerait volontiers sa promenade accoutumée au Salève contre une longue flânerie sur les boulevards ou aux Champs-Élysées avec son ami Scherer, qui lui expliquerait à sa manière (une manière un peu noire peut-être) les hommes et les choses.

Bien qu'homme de goût et critique excellent, il est plutôt encore un moraliste d'instinct et de race. Que pense-t-il de la société où il vit, des femmes qu'il a rencontrées, de l'esprit qui s'y échange, des caractères qui s'y révèlent? La vie du monde l'attire, mais ne le retient pas; il en sort chaque fois plus triste. Un jour cependant, il a gardé d'une de ces excursions dans un salon ami une impression qu'il note soigneusement sur son journal, à la date du 8 mars 1871. Il a rencontré deux jeunes filles, deux sœurs charmantes : « Il a caressé ses yeux à ces frais visages où riait la jeunesse en fleur. » Il analyse l'influence ressentie dans ce voisinage de la santé, de la beauté, de l'esprit, ce qu'il appelle « une sorte d'électrisation esthétique. » Ses idées, ses perceptions en sont comme doucement remuées ; sa *sensitivité* est devenue toute sympathie. Ce n'est là qu'un bonheur fugitif. Le monde, qu'il ne fait que traverser par de rares échappées, le blesse par ses côtés les plus vulnérables. D'abord, c'est une construction tout artificielle que le monde lui-même, une fiction consentie et prolongée. L'homme vrai ne s'y montre pas, n'a pas le droit de s'y montrer; c'est un personnage qui laisse à la porte, en entrant, sa nature intime, ses douleurs, ses joies mêmes, et qui ne montre, dans ce milieu choisi, que les surfaces polies d'un être de convention. La peinture est fine, forte et rend tout son effet. « Dans le monde, il faut avoir l'air de vivre d'ambroisie et de ne connaître que les préoccupations nobles. Le souci, le besoin, la passion n'existent pas. Ce qu'on appelle le grand monde se paye momentanément une illusion flatteuse, celle d'être dans l'état éthéré et de respirer la vie mythologique. » C'est une sorte de concert des yeux et des oreilles, une œuvre d'art improvisée à laquelle chacun travaille : « C'est pourquoi tout cri de la nature, toute souffrance vraie, toute familiarité irréfléchie, toute marque franche de passion choquent et détonnent dans ce milieu délicat et détruisent à l'instant l'œuvre collective, le palais de nuages, l'architecture prestigieuse élevée du consentement de tous. C'est à peu près comme l'aigre chant du coq qui fait évanouir tous les enchantements et met en fuite les féeries[1]. » Encore si c'était réellement une fête de l'esprit et du goût! Ce n'en est que l'illusion. Il ne faudrait pas écouter longtemps ce qui s'y dit pour continuer à être dupe. La conversation du monde n'est trop souvent que du *psittacisme*. « Pour faire entendre une parole sensée, il faut se livrer à un véritable tournoi avec des *verbosités* impétueuses et intarissables, qui ont l'air de savoir les choses parce qu'elles en parlent, l'air de croire, de penser, d'aimer, de chercher, tandis que tout cela n'est qu'apparence et babil. Le pis est que l'amour-propre étant derrière ce babil, ces ignorances d'ordinaire sont féroces d'affirmation; les caquetages se prennent pour des opinions, les préjugés se posent comme des principes. Les perroquets se tiennent pour des êtres pensants, les imitations se donnent pour des originaux; et la politesse exige qu'on entre dans cette convention. C'est fastidieux[2]. »

Et ici quelques types joliment tracés. L'homme intelligent a mille façons de souffrir dans le monde, qui ne comporte que des affirmations réglées d'avance selon les milieux où l'on se trouve : c'est le doute d'abord, et ensuite la conscience même de la science, la conscience de l'incertitude et de l'ignorance, la conscience des limites, des nuances, des degrés, des possibles. Tout cela fait souffrir; le mieux est de s'en passer. L'homme vulgaire ne doute de rien, parce qu'il ne se doute de rien[3].

1. Pages 112-113, etc.
2. Pages 236-237.
3. Page 137.

— « Bienheureux les sûrs d'esprit! » disait un jour devant nous un délicat railleur. L'homme médiocre a pour lui les facilités mêmes du langage, les formules toutes faites, l'élément banal de chaque science mis à sa portée par l'instruction universelle, par la presse périodique et tous les procédés de vulgarisation actuellement répandus qui dispensent chacun de penser par soi. « Chacun remue des liasses de papier-monnaie; peu ont palpé l'or. On vit sur les signes et même sur les signes des signes, et l'on n'a jamais tenu, vérifié les choses. On juge de tout et l'on ne sait rien.... Qu'il y a peu d'êtres originaux, individuels, sincères, valant la peine d'être écoutés! Le vrai *moi*, chez la plupart, est englouti dans une atmosphère d'emprunt.... L'immense majorité de notre espèce représente la candidature à l'humanité, pas davantage[1]. » D'ailleurs on sait que le monde ne cherche pas la lumière, et que, s'il la trouve par hasard, il s'en effraye. Il y a en lui comme une quiétude intéressée qui ne veut pas être dérangée. « Le nombre des êtres qui veulent voir vrai est extraordinairement petit. Ce qui domine les hommes, c'est la peur, de la vérité, à moins que la vérité ne leur soit utile[2]. »

Au milieu de ces vulgarités qui s'étalent, de ces illusions complaisantes et de ces complicités d'erreur, que fera le timide? que fera le sincère? Il souffrira, il s'isolera, il se taira; il faudra même qu'il se résigne à être cruellement méconnu. On ne s'exile pas impunément de la société des hommes. Un jour, Amiel s'interroge avec amertume sur l'inanité apparente des résultats qu'il a obtenus : « Qu'est-ce qui s'est interposé entre la vie réelle et toi? C'est la mauvaise honte. Tu as rougi de

---

1. Pages 236-237, etc.
2. Page 45.

désirer.... » Il s'est comme interdit volontairement la jouissance, la possession, le contact des choses en n'en gardant que la vision et le regret. « Funeste effet de la timidité aggravée par une chimère. Cette démission par avance de toutes les ambitions naturelles, cette mise à l'écart systématique de toutes les convoitises et de tous les désirs était peut-être une idée fausse ; elle ressemble à une mutilation insensée. Cette idée fausse est aussi une peur.

La peur de ce que j'aime est ma fatalité !

De très bonne heure, j'ai découvert qu'il était plus simple d'abdiquer une prétention que de la satisfaire[1]. » Le monde est sans pitié pour les boudeurs qui se retirent sous leur tente et ne lui demandent rien. « On se déconsidère en s'émancipant de la considération.... Le monde, acharné à vous faire taire quand vous parlez, se courrouce de votre silence quand il vous a ôté le désir de la parole[2]. »

Chemin faisant, que d'observations fines sur les mœurs, sur les diverses façons d'être, sur les caractères, et particulièrement sur les femmes ! Qui dirait que ce solitaire ait, du fond de sa retraite, si finement jugé la femme et saisi en traits incisifs sa mobile et fuyante nature ? Prenons-en quelques-uns au hasard dans cette diversité des ébauches semées à travers le journal. « Si l'homme se trompe toujours plus ou moins sur la femme, c'est qu'il oublie qu'elle et lui ne parlent pas tout à fait la même langue et que les mots n'ont pas pour eux le même poids et la même signification, surtout dans les questions de sentiment. Que ce soit sous la forme de la pudeur, de la

---

1. Page 154.
2. Page 189.

précaution ou de l'artifice, une femme ne dit jamais toute sa pensée, et ce qu'elle en sait n'est encore qu'une partie de ce qui est. La complète franchise semble lui être impossible et la complète connaissance d'elle-même paraît lui être interdite. Si elle est sphinx, c'est qu'elle est en même temps énigme; elle n'a nul besoin d'être perfide, car elle est le mystère[1].... » C'est sans doute pour cette même raison que la femme ne veut pas, quand on l'aime, qu'on dissipe brutalement l'ombre où elle se plaît et qu'on jette trop de clartés dans son propre mystère. « La femme veut être aimée sans raison, sans pourquoi; non parce qu'elle est jolie ou bonne, ou bien élevée, ou gracieuse, ou spirituelle, mais parce qu'elle est. Toute analyse lui paraît un amoindrissement et une subordination de sa personnalité à quelque chose qui la domine ou la mesure. Elle s'y refuse donc, et son instinct est juste. Dès qu'on peut dire un *parce que*, on n'est plus sous le prestige, on apprécie, on pèse, on est libre au moins en principe. Or l'amour doit rester une fascination, un ensorcellement, pour que l'empire de la femme subsiste. Mystère disparu, puissance évanouie[2]! » On dirait le commentaire du mot célèbre de Pascal sur les exigences du *moi* qui veut être aimé en dehors de toutes ses qualités et comme dans l'abstraction pure. Ce mot appliqué au *moi féminin* prend, sous la plume d'Amiel, une justesse pratique et un relief inattendu. Il voit là d'ailleurs un raffinement d'égoïsme qui lui déplaît; c'est moins un amour véritable que la joie orgueilleuse d'un triomphe. A de pareils artifices, toujours puérils, il oppose l'amour profond dont les signes sont à ses yeux une lumière et un calme, une sorte de révélation qui méprise ces victoires inférieures de la vanité.

1. Page 40.
2. Page 20.

Ce timide n'a pas mis dans le monde l'esprit qu'il avait, mais il en avait beaucoup; il en faut, et du meilleur, pour comprendre et définir l'esprit des autres comme il l'a fait. — Il y en a de deux sortes : celui qui suggère, qui se plaît à éveiller des idées chez les autres, ou à les insinuer dans une conversation par l'image, par l'allusion, par la colère feinte, l'humilité jouée, la malice aimable, à satisfaire l'amour-propre d'autrui en lui donnant deux plaisirs à la fois : celui d'entendre une chose et d'en deviner une autre. Cette manière subtile et charmante de s'exprimer permet de tout enseigner sans pédanterie et de tout oser sans blesser : cet enjouement délicat n'appartient qu'aux natures exquises, dont la supériorité se cache dans la finesse et se révèle par le goût; il a quelque chose d'aérien et d'attique, mêlant le sérieux et le badin, la fiction et la vérité avec une grâce légère[1]. Ce genre d'esprit est l'honneur et les délices de la bonne compagnie. Quel équilibre de facultés et de culture il réclame! De quelle distinction il témoigne! — Mais il est un autre esprit, guerroyant à travers le monde et qui s'en fait redouter. Voici son signalement : malignité incoercible, moquerie lumineuse, joie dans le décochement perpétuel de flèches sans nombre et qui n'épuisent jamais le carquois; le rire inextinguible d'un petit démon élémentaire; l'intarissable gaieté, l'épigramme rayonnante. Ajoutez à toute cette malice les ailes, l'aisance cavalière sur un fond de subtile ironie, et une liberté intérieure qui permet à l'homme d'esprit de se jouer de tout, de se moquer des autres et de lui-même, tout en s'amusant de ses idées et de ses fictions. « *Stulti sunt innumerabiles*, disait Érasme, le patron de ces fins railleurs; les sots, les vaniteux, les fats, les niais,

---

[1]. Page 208.

les gourmés, les cuistres, les grimauds, les pédants de tout pelage, de tout rang et de toute forme; tout ce qui pose, perche, piaffe, se rengorge, se grime, se farde, se pavane, s'écoute et s'impose : tout cela, c'est le gibier du satirique; autant de cibles fournies à ses dards, autant de proies offertes à ses coups.... Et comme il fourrage à cœur-joie dans ses domaines! Quels abatis et quelles jonchées autour du grand chasseur! La meurtrissure universelle fait sa santé à lui. Ses balles sont enchantées et il est invulnérable. Sa main est infaillible comme son regard, et il brave ripostes et représailles parce qu'il est l'éclair et le vide, parce qu'il est sans corps, parce qu'il est *fée*[1]. » A ceux qui doutent encore qu'Amiel soit un écrivain, nous offrons cette page avec confiance; après l'avoir lue, ils ne douteront plus. — Pour laquelle de ces deux sortes d'esprit sont les préférences d'Amiel, cela ne fait pas l'objet d'un doute. Il aurait aimé à être le Joubert d'une société choisie, l'homme de goût écouté dans un cercle intime de femmes distinguées, d'esprits cultivés, les inspirant et les dirigeant. Mais les circonstances de sa vie l'ont retenu loin de cet idéal d'une félicité dont l'image seule le fait pleurer de tendresse. On peut choisir théoriquement sa destinée; de fait on la subit, et celle que subit Amiel ne contribua pas médiocrement à le jeter dans le découragement, qui finit par prendre chez lui l'apparence d'un système philosophique.

II

Le *Journal intime* nous a conservé quelques traces brillantes des excursions d'Amiel à travers le monde, et

---

1. Page 16.

des observations qu'il y a recueillies. Mais il ne s'y attarda jamais. Bien qu'observateur clairvoyant des dehors agités de la vie, très avisé sur les ressorts des personnages qui s'y jouent et sur les mobiles du bruit qui s'y fait, la pente secrète de son esprit le ramenait toujours vers la contemplation de la nature, où tout bruit humain disparaît, et de l'homme intérieur, qui ne peut s'écouter lui-même que dans le silence des autres.

Celui qui a dit ce mot charmant et profond : « Un paysage est un état de l'âme » est inépuisable à peindre les impressions intimes par lesquelles il se sent en communication avec la nature. Quelle belle matinée que celle du 22 mai 1879 qu'il nous décrit, et comme nous en jouissons avec lui! « Lumière caressante, bleu limpide de l'air, gazouillements d'oiseaux, il n'est pas jusqu'aux bruits lointains qui n'aient quelque chose de jeune et de printanier.... Je me sens renaître. Mon âme regarde par toutes ses fenêtres. Les formes, les contours, les teintes, les reflets, les timbres, les contrastes et les accords, les jeux et les harmonies la frappent et la ravissent. *Il y a de la joie dissoute dans l'atmosphère*. Mai est en beauté. » — Les paysages se multiplient sous sa plume avec des nuances infinies; son âme vibre à chaque sensation qu'il reçoit du dehors. Parfois il lui prend une sorte d'épouvante devant ces tentations de la beauté des choses, de la vie qui éclate partout au dehors et qui jette ses appels et son défi dans la solitude où il s'est réfugié : « Ah! que le printemps est redoutable pour les solitaires! Tous les besoins endormis se réveillent, toutes les douleurs disparues renaissent; les cicatrices redeviennent blessures saignantes, et ces blessures se lamentent à qui mieux mieux.... On ne songeait plus à rien, on avait réussi à s'étourdir par le travail, et tout d'un coup le cœur, ce prisonnier mis au secret, se plaint dans son cachot, et cette plainte fait chanceler tout le palais au fond duquel on l'avait muré[1]. » De quel style ardent, confus, tumultueux, il nous décrit l'ivresse où le plonge cette résurrection des forces vives de la nature : « Délices de la promenade au soleil levant, nostalgie du voyage, soif de joie, d'émotions et de vie, rêves de bonheur, songes d'amour,... soudain réveil d'adolescence, pétillement de vie, *repoussée* des ailes du désir; aspirations conquérantes, vagabondes, aventureuses; oubli de l'âge, des chaines, des devoirs, des ennuis; élans de jeunesse comme si la vie recommençait.... Notre âme se disperse aux quatre vents.... On voudrait dévorer le monde, tout éprouver, tout voir.... Ambition de Faust, convoitise universelle; horreur de sa cellule; on jette le froc aux orties, et l'on voudrait serrer toute la nature dans ses bras et sur son cœur. O passions, il suffit d'un rayon de soleil pour vous rallumer toutes ensemble[2]. » La vie de nature le reprend tout entier, l'arrache à ses paperasses et à ses livres, fait frissonner et bouillonner en lui toutes les sèves; il sent éclater comme des envies impétueuses et des fureurs de vie imprévues et inextinguibles.

A ces traits et à mille autres qui éclatent presque à chaque page, on reconnaît qu'Amiel vit dans une profonde harmonie avec la nature, qu'il vit de sa vie, mourant de sa mort apparente l'hiver, renaissant dans sa résurrection lumineuse au printemps. C'est à cette intime communication avec elle qu'il doit d'être un grand peintre de paysage, — du paysage tel qu'il le définissait, mêlé à l'âme et la réfléchissant dans ses nuances les plus mobiles. Voyez, par exemple, la description de cette journée de pluie. Comme l'impression physique tourne vite au

---

1. Page 47.
2. Page 51.

sentiment! « Temps pluvieux. Grisaille générale. J'aime ces journées où l'on reprend langue avec soi-même et où l'on rentre dans sa vie intérieure. Elles sont paisibles, elles tintent en bémol et chantent en mineur.... On n'est que pensée, mais on se sent être jusqu'au centre. Les sensations elles-mêmes se transforment en rêveries. C'est un état d'âme étrange ; il ressemble aux silences dans le culte, qui sont, non pas les moments vides de la dévotion, mais les moments pleins, et qui le sont, parce qu'au lieu d'être polarisée, dispersée, localisée dans une impression ou une pensée particulière, l'âme est alors dans sa totalité et en a la conscience. Elle goûte sa propre substance. Elle n'est plus teintée, colorée, affectée par le dehors, elle est en équilibre[1]. » Voyez, au contraire, l'effet produit sur l'âme par le plein soleil, par un après-midi ruisselant de lumière : « Jamais je ne sens plus qu'alors le vide effrayant de la vie, l'anxiété intérieure et la soif douloureuse du bonheur. Cette torture de la lumière est un phénomène étrange. Le soleil, qui fait ressortir les rides du visage, éclaire-t-il d'un jour inexorable les déchirures et les cicatrices du cœur? Donne-t-il honte d'être? En tous cas, l'heure éclatante peut inonder l'âme de tristesse, donner goût à la mort, au suicide et à l'anéantissement, ou à leur diminutif, l'étourdissement par la volupté.... On parle des tentations de l'heure ténébreuse du crime ; il faut y ajouter les désolations muettes de l'heure resplendissante du jour[2]. » Chaque poète a son clair de lune. Amiel a le sien, qui est très particulier, bien à lui, tout psychologique : « Rêvé longtemps cette nuit sous les rayons qui noient ma chambre.... L'état d'âme où nous plonge cette lumière fantastique est

---

1. Page 158.
2. Page 148.

tellement crépusculaire lui-même que l'analyse y tâtonne et balbutie. C'est l'indéfini, l'insaisissable, à peu près comme le bruit des flots formé de mille sons mélangés et fondus. C'est le retentissement de tous les désirs non satisfaits de l'âme, de toutes les peines sourdes du cœur, s'unissant dans une sonorité vague qui expire en vaporeux murmure. Toutes ces plaintes imperceptibles qui n'arrivent pas à la conscience donnent en s'additionnant un résultat, elles traduisent un sentiment de vide et d'aspiration; elles résonnent mélancolie. Dans la jeunesse, ces vibrations éoliennes résonnent espérance : preuve que ces mille accents indiscernables composent bien la note fondamentale de notre être et donnent le timbre de notre situation d'ensemble[1]. »

La nature l'attire; elle est sa grande tentation; elle le fascine, mais en même temps elle lui fait peur. C'est qu'il y a chez lui un bouddhiste qui se développe de plus en plus à travers la vie, et qui, vers la fin, tend à dominer, sous l'influence de certaines circonstances personnelles et sociales. Son éducation germanique, son initiation à l'école de Schelling et l'empreinte qu'il en avait reçue, le disposaient à une sorte d'idéalisme et même de quiétisme. La nature, au point de vue de la physiologie, pourrait bien n'être qu'une illusion forcée, une *hallucination constitutionnelle*. Et ici la conception allemande de *la Philosophie de la nature* rejoint sans peine la vieille sagesse hindoue, qui fait du monde le rêve de Brahma. Maya, l'éternelle illusion, serait-elle donc le vrai nom de la nature? Serait-ce la vraie déesse? Maya, c'est-à-dire un phénoménisme incessant, fugitif et indifférent, l'apparition de tous les possibles, le jeu inépuisable de toutes les combinaisons. Et alors pourquoi ce jeu? Qui doit-il

---

[1]. Page 164.

amuser? Pour qui cette artiste équivoque travaille-t-elle? Pour qui, comme disent les poésies philosophiques de l'Inde, cette danseuse fardée s'agite-t-elle sur la scène? La nature est-elle même le rêve d'un dieu? Ne serait-elle, par hasard, comme le voulait Fichte, que le rêve solitaire de chaque moi? « Le moindre imbécile serait donc un poète cosmogonique projetant de son cerveau le feu d'artifice de l'univers sous la coupole de l'infini? » Il y a des heures, de plus en plus nombreuses dans sa vie déclinante, où Amiel est tenté de croire à une grande et universelle mystification, où il s'écrie : « Oui, la nature est bien pour moi une maya. Aussi ne la regardé-je qu'avec des yeux d'artiste. Mon intelligence reste sceptique[1]. »

Et voilà les grands problèmes qui s'éveillent et s'agitent. Tous les systèmes opposés se heurtent dans sa tête : stoïcisme, bouddhisme, christianisme. On a donné au stoïcisme et au bouddhisme des noms nouveaux, mais qui n'ont rien changé à leur essence. La question reste la même de Bouddha à Schopenhauer. Y a-t-il un dernier pourquoi de la vie? L'existence est-elle un leurre? « L'individu est-il une dupe éternelle qui n'obtient jamais ce qu'elle cherche et que son espérance trompe toujours? »

Bien des raisons diverses l'inclinaient vers les doctrines tristes. C'était d'abord une sorte d'indolence orientale, d'inertie voulue, de contemplation paresseuse, telle que la pratiquent les sages de l'Inde. Il se joue et se perd dans cette extase naturaliste par laquelle l'homme se dépossède de lui-même et se répand, se verse tout entier dans les choses, abdiquant l'action, l'effort, la vie même, qui est un effort perpétuel tendu vers l'être, pour se transporter dans l'existence universelle et s'y bercer dans le rythme d'une force qui n'est plus la sienne, mais

---

1. Pages 11, 70, 98, etc.

celle de la nature, où il devient successivement tout être sans aucune forme déterminée, vivant la vie de l'animal, de la plante, du minéral, sentant à chaque degré décroître la volonté, le sentiment, la sensation, l'impression enfin, qui s'obscurcit et qui s'achève dans je ne sais quel voluptueux néant. — C'était aussi le sentiment douloureux d'une santé précaire, de plus en plus menacée, et qui lui imposait des idées noires. Quand l'homme extérieur se détruit et qu'il assiste à sa propre destruction, s'il ne se rattache pas à des espérances immortelles, s'il ne peut pas jeter l'ancre dans un dogme, s'il ne se prend pas tout entier à la foi, « qui est une certitude sans preuve, » la vie de chacun de nous n'est plus que « le démembrement forcé de son petit empire, le démantèlement successif de son être par l'inexorable destin. Et quoi de plus dur que d'assister à cette longue mort, dont les étapes sont lugubres et le terme inévitable? »

Certaines de ces qualités mêmes se retournaient contre Amiel: je veux parler de ce sentiment passionné de l'idéal qui l'agitait stérilement et le brisait contre tous les obstacles. Il avait conçu une idée trop haute, irréalisable, de la vie, de la société humaine, de la destinée, du progrès. Il s'était forgé une utopie de ce qui devait être ici-bas; il se désolait d'assister, jour par jour, à la ruine de ses belles chimères. Il y a des révoltes d'âme et de doctrine qui sont le résultat d'un grand espoir trompé, la protestation de la conscience contre le réel. L'idéal, pour Amiel, c'était l'anticipation de l'ordre par l'esprit. En voyant l'ordre, tel qu'il le concevait, si cruellement troublé par les événements et par les hommes, il s'attristait et s'enfuyait; il devenait le transfuge de la vie. Non seulement il faut que nous assistions aux triomphes scandaleux de la force et de la ruse; mais si l'on cherche les signes du prétendu progrès qui doivent consoler un philosophe du mal présent par la lente conquête du mieux, on ne les trouvera pas. Si l'humanité s'améliore, c'est malgré elle. Le seul progrès voulu par elle, c'est l'accroissement des jouissances. Tous les progrès en justice, en moralité, en sainteté, lui ont été imposés ou arrachés par l'effort de quelques justes, par quelque noble violence. Le sacrifice, qui est la volupté des grandes âmes, n'a jamais été et ne sera jamais la loi des sociétés. Le monde humain est encore sous la loi de la nature, il reste réfractaire, comme au premier jour, à la loi de l'esprit. Le perfectionnement dont nous sommes si fiers pourrait bien n'être qu'une imperfection prétentieuse. Le devoir lui-même est le mal s'amoindrissant, mais il n'est pas le bien; pour celui qui le pratique, il est le mécontentement généreux, mais non le bonheur. Absolument il y a progrès, et relativement il n'y en a pas. Les circonstances ont l'air de s'améliorer, le mérite ne grandit pas. Le capital de la bonne volonté n'augmente pas dans le monde. Tout est mieux, à ce que l'on assure, mais l'homme n'est pas positivement meilleur, il n'est qu'autre. Ses défauts et ses vertus changent de forme; mais le bilan total n'établit pas un enrichissement. Mille choses avancent, neuf cent quatre-vingt-dix-huit reculent[1]. Est-ce bien la peine de faire tant d'efforts, de tant espérer, de mener à travers le monde des ambitions si hautes?

Et puis, il y a cette terrible loi d'ironie qui vient à chaque instant tout bouleverser, les résultats qui semblaient le mieux acquis et les espérances les plus certaines. La loi d'ironie, c'est la duperie inconsciente, la réfutation de soi par soi-même, la réalisation concrète de l'absurde. Et, avec le règne de cette loi insensée, que peut-on attendre et que peut-on réaliser? Les inventions

---

1. Pages 45, 107, 165, etc.

modernes suppriment quelques causes de souffrance, cela est vrai ; l'humanité se croit sur le point d'être plus heureuse, elle ne le sera pas ; avec quelques améliorations physiques réalisées, de nouvelles causes de souffrir sont nées, plus d'exigences de bien-être, une conscience plus aiguisée de la douleur, un système nerveux saturé de civilisation, exaspéré par cela même. Tout cela, loi d'ironie. — Zénon, fataliste en théorie, rend ses disciples nonchalants et mous. — Les jansénistes et, avant eux, les réformateurs, sont pour le serf arbitre ; les jésuites pour le libre arbitre ; et cependant les premiers ont fondé la liberté, les seconds l'asservissement de la conscience. Encore la loi d'ironie ! — Chaque époque a ainsi deux aspirations contradictoires qui se repoussent logiquement et quelquefois vont au rebours de ce que chacune d'elles poursuit. Au siècle dernier, le matérialisme philosophique était partisan de la liberté. Maintenant les darwiniens sont égalitaires, tandis que le darwinisme prouve le droit du plus fort. Toujours la même loi ! L'absurde est le caractère de la vie ; les êtres réels sont des contresens en action, des paralogismes animés. La vie est un éternel combat qui veut ce qu'il ne veut pas et ne veut pas ce qu'il veut[1]. Et si vous élargissez le sens de cette loi, vous trouverez qu'une ironie suprême semble se jouer de l'homme en l'opposant à la nature, de la morale en l'opposant au déterminisme universel qui la nie, des causes finales en les éliminant de la science au profit des causes efficientes, de Dieu lui-même en opposant à l'idée que nous nous faisons de lui son antinomie éternelle, le mal, qui semble partager avec lui l'empire du monde, comme si la Puissance et la Bonté divines étaient condamnées à trouver là une sorte de fatalité extérieure et la limite où elles expirent.

---

1. Pages 212-268, etc.

De semblables méditations Amiel sortait profondément troublé. D'autres circonstances, philosophiques ou sociales, aidaient à son découragement. Le triomphe croissant du darwinisme lui paraissait être en morale le triomphe de la force et menacer la notion de justice, la dernière qui marque le niveau de l'homme. Il s'épouvantait de voir emprunter à l'animalité la loi humaine supérieure, qui consacre le respect de l'homme et, à ce titre, le respect du faible et de l'humble. Il voyait disparaître ainsi, dans un avenir indéterminé, en dépit des protestations de quelques darwinistes éclairés, si toutes les conséquences de la morale zoologique s'accomplissent, les dernières garanties de la personnalité humaine, en même temps que les garanties des minorités politiques et des États les plus faibles. C'était tout le contraire de ce qu'il avait rêvé : la libération croissante de l'individu, l'extension de la justice et de l'harmonie, l'ascension de l'être vers la vie, vers le bonheur, vers la justice, vers la sagesse[1].

L'invasion de la démocratie offensait en même temps et alarmait sur bien des points cette nature fine, aristocratique par les goûts, par la délicatesse, par le discernement des nuances. Le jour de Pâques de l'année 1868, il note avec tristesse l'impression que lui a causée « une grosse joie populaire, blousée de bleu, avec fifre et tambour, qui vient de faire escale pendant une heure devant sa fenêtre. Cette troupe a chanté une multitude de choses, chants bachiques, refrains, romances, tous avec lourdeur et laideur.... La muse n'a pas touché la race de ce pays, et quand cette race est en gaieté, elle n'en a pas plus de grâce. » Et dans ce cours d'idées, il rencontre la démocratie et la traite sévèrement ; elle a contribué, selon lui, à tuer la véritable gaieté populaire ; elle fait paraître les

---

1. Pages 233-234, etc.

travailleurs plus médiocres qu'auparavant en les fondant avec les autres classes; en ne faisant plus qu'une seule classe de tous les hommes, elle a fait tort à tout ce qui n'est pas de premier choix. Mais elle fait tort en même temps aux autres; elle les abaisse. « Si l'égalitarisme élève virtuellement la moyenne, il dégrade réellement les dix-neuf vingtièmes des individus au-dessous de leur situation antérieure. Progrès juridique, recul esthétique. Ainsi les artistes voient-ils se multiplier leur bête noire, le bourgeois, le philistin, l'ignare présomptueux, le cuistre qui fait l'entendu, l'imbécile qui s'estime l'égal de l'intelligent. « La vulgarité prévaudra, » comme le disait de Candolle en parlant des graminées. L'ère égalitaire est le triomphe des médiocrités[1]. » Voilà son opinion au point de vue esthétique. Son jugement n'est pas moins sévère au point de vue social. Il pense que, par l'excès de la démocratie, les peuples vont plutôt à leur châtiment, qu'à la sagesse. La démocratie, faisant dominer les masses, donne la prépondérance à l'instinct, à la nature, aux passions, c'est-à-dire à l'impulsion aveugle, à la gravitation élémentaire, à la fatalité générique. Il ne nie pas le droit de la démocratie; mais (et c'est là un des exemples de la fameuse loi d'ironie) il n'a pas d'illusion sur l'emploi qu'elle fera de son droit. Le nombre fait la loi, mais le bien n'a rien à faire avec le chiffre. Toute fiction s'expie, et les sociétés modernes reposent sur cette fiction que la majorité légale a non seulement la force, mais la raison. Il faut tenir compte aussi des Cléons qui flattent la foule pour se faire de la foule un instrument, qui fabriquent l'oracle duquel ils feignent d'adorer les révélations, qui dictent la loi qu'ils prétendent recevoir et proclament que la foule se crée un cerveau tandis que

---

1. Pages 29, 30, 118, 168, etc.

l'habile est le cerveau qui pense pour la foule et lui suggère ce qu'elle est censée inventer. — Ainsi pensait, ainsi écrivait Amiel dans une cité républicaine, en plein siècle démocratique. Évidemment son existence à cette date et en ce lieu était un anachronisme; il le sentait et en souffrait.

Cet ensemble de circonstances explique, sinon le système d'Amiel (car, de fait, il n'en eut pas), du moins la tendance philosophique qui faillit prédominer dans sa pensée. A travers toutes ces impressions mêlées d'une vie solitaire, d'une nature rêveuse, d'un tempérament mélancolique, d'une santé précaire, d'une souffrance presque continue, au terme de ses réflexions sur la société humaine, sur le progrès illusoire qu'elle poursuit, sur le peu de bien, ou plutôt de mieux qui s'y réalise, sur les dangers de tout genre qui la menacent, sur l'espèce de barbarie scientifique qui semble y prévaloir, il ne faut pas s'étonner s'il arrive à se réfugier dans le rêve d'une sorte d'anéantissement qui n'est chez lui qu'une façon de fuir momentanément la vie. Ce que l'on est tenté de prendre pour une doctrine est tout simplement une crise cérébrale. Un jour, en regardant les berges du Rhône, qui ont vu couler le fleuve depuis dix ou vingt mille ans, il aura l'âpre sensation de l'inanité de la vie et de la fuite des choses, et il écrira cette belle page qui en résume vingt autres : « J'ai senti flotter en moi l'ombre du mancenillier. J'ai aperçu le grand abîme implacable où s'engouffrent toutes ces illusions qui s'appellent les êtres. J'ai vu que les vivants n'étaient que des fantômes voltigeant un instant sur la terre, faite de la cendre des morts, et rentrant bien vite dans la nuit éternelle, comme des feux follets dans le sol. Le néant de nos joies, le vide de l'existence, la futilité de nos ambitions me remplissaient d'un dégoût paisible. De regret en désenchantement, j'ai dérivé jusqu'au bouddhisme, jusqu'à la lassitude universelle.... L'Égypte et la Judée avaient constaté le fait, Bouddha en a donné la clef : la vie individuelle est un néant qui s'ignore, et aussitôt que ce néant se connaît, la vie individuelle est abolie en principe. Sitôt l'illusion évanouie, le néant reprend son règne éternel, la souffrance de la vie est terminée, l'erreur est disparue, le temps et la forme ont cessé d'être pour cette individualité affranchie ; la bulle d'air coloré a crevé dans l'espace infini et la misère de la pensée s'est dissoute dans l'immuable repos du Rien illimité[1]. »

Pessimisme, diront ceux qui voient le pessimisme partout et qui veulent en faire le signe authentique de tout ce qui pense ou qui souffre dans la génération présente. Il faut s'entendre. J'estime que ce mot-là est bien prodigué aujourd'hui et appliqué à tort et à travers. On devrait réserver ce nom pour ceux qui scientifiquement déclarent que la vie est mauvaise, que la douleur est un élément positif, que le plaisir est un élément négatif, qu'il est seulement une moindre douleur, et que le but unique de l'homme doit être d'anéantir la nature, de détruire le monde et, avant tout, de se détruire soi-même en frappant à la racine le *vouloir-vivre,* source de tous maux. Voilà le bouddhisme conséquent et le pessimisme logique. En dehors de cela, il y a des tristesses accidentelles ou chroniques, de grandes douleurs, des mélancolies de tempérament ou des fantaisies de système. Encore, chez Schopenhauer et Hartmann eux-mêmes, ce ne sont que des théories pures, où l'homme n'a qu'une faible part. Le système n'a empêché ni l'un de vivre aussi longtemps et aussi bien qu'il a pu, en jouissant avidement de la gloire tardive, ni l'autre d'avoir cédé au génie de l'es-

---

1. Pages, 48, 91, etc.

pèce, de s'être marié, d'avoir eu des enfants et de vivre, comme un philosophe optimiste, dans un foyer heureux et respecté. Dans des conditions pareilles, que vient-on nous parler de pessimisme? Si une théorie aussi formidable que celle-là ne déracine pas la vie, n'arrache pas du cœur le désir tyrannique et insensé de vivre, ne précipite pas même ses premiers apôtres dans le suicide, s'ils ne font aucun effort sérieux pour convier les autres, par leur exemple, à l'appui de leurs doctrines, à ne pas perpétuer la folie de l'existence en la transmettant à des enfants condamnés d'avance, ou à s'associer dans une conspiration superbe pour éteindre d'un seul coup dans l'humanité, par un consentement unanime, le désir et la volonté d'exister, qu'est-ce alors que cette phraséologie vide et sonore d'un désespoir qui n'aboutit pas et d'une logique de la mort universelle, qui ne conclut pas même pour un individu? Non, je ne reconnais pas pour pessimistes ces aimables désespérés de doctrine qui ne se refusent ni aucune des élégances de l'art, ni aucune des joies de l'amitié, ni aucun des conforts de la vie. Ce sont des virtuoses et, si l'on veut, des poètes du désespoir, ce sont des bouddhistes de salon ou de boudoir, comme on a dit spirituellement que Schopenhauer était un bouddhiste de table d'hôte. J'admets même, si l'on veut, la souffrance cosmique que beaucoup de nos jeunes ou vieux pessimistes ressentent, à ce qu'ils assurent; ils souffrent pour l'humanité, pour le monde, pour tout ce qui existe; mais, qu'ils me permettent de le leur dire, c'est une souffrance de cerveau; l'imagination y est pour quelque chose, le cœur n'y est pour rien. Et les seules douleurs auxquelles je compatis, ce sont celles où le cœur saigne. Celles-là, moins célébrées dans la poésie moderne, comme elles sont plus touchantes! Le reste est objet de discussions spéculatives, de conversations galantes et magnifiques, de sonnets en deuil et de lamentations littéraires.

Quant à Henri Amiel, il n'est pas tombé dans cette affectation, ou du moins il n'y demeurait pas. Il a souffert réellement de son doute, de ses désenchantements, de ses lassitudes; il s'en relevait avec courage, un courage triste souvent; il ne s'est jamais laissé abattre sans un effort qui se répète constamment et qui le maintient au niveau de la vie morale. Les affections et le devoir, voilà son viatique dans les tentations qui le jettent au bord de l'abîme. Et encore, les affections! elles périssent ou du moins leurs objets sont mortels; un ami, une femme, un enfant, une patrie, une église, peuvent nous précéder dans la tombe; le devoir seul dure autant que nous. — Le mystère est partout. N'importe, pourvu que le monde soit l'œuvre du bien et que la conscience du devoir ne nous ait pas trompés. Donner du bonheur et faire du bien, voilà notre aurore de salut, notre phare, notre raison d'être. Tant que cette religion subsiste, nous avons encore un idéal, et il vaut la peine de vivre[1]. Oui, il lui arrive souvent de s'endormir dans le doute universel. Chaque fois il se réveille comme en sursaut d'un mauvais rêve; il se ressaisit dans sa réalité vivante, dans sa conscience morale, dans sa vraie nature, qui est noble et pure : « Erreur que tout cela, se dit-il à lui-même. Tu crois en la bonté et tu sais que le bien prévaudra. Dans ton être ironique et désabusé, il y a un enfant, un simple, un génie attristé et candide, qui croit à l'idéal, à l'amour, à la sainteté. Tu es un faux sceptique! »

Voilà l'homme, et jusqu'à son dernier jour, à travers ses crises les plus extrêmes, il reste fidèle à ce grand mot de devoir, qui résumait pour lui toutes les certitudes de

---

[1] Pages 2, 49, etc.

l'ordre moral, et auquel il tenait suspendue toute son âme. Attiré par les doctrines du désespoir, il n'y céda jamais entièrement et sut toujours, à un moment donné, s'en affranchir. Malade, découragé, averti par les médecins, il s'écoutait vivre, ou plutôt il s'écoutait mourir, non sans regret pour la vie, qu'il aimait malgré tout, et qui avait même pour lui une douceur surprenante, à mesure qu'il la sentait fuir et « qu'il l'entendait distinctement tomber goutte à goutte dans le gouffre », mais il gardait le sang-froid de l'analyse. Sans suivre les notations exactes du mal implacable qui le déchire, pendant les sept années qui s'écoulèrent depuis le verdict fatal jusqu'à la dernière heure, sans étudier jour par jour cette douloureuse psychologie de la mort, disons que la préoccupation et le souci moral de ce patient héroïque et doux furent d'obtenir de lui-même un renoncement graduel à ses travaux, à ses livres, à ses souvenirs, à ses amis, un acquiescement à l'arrêt qui le retranche du nombre des vivants, et de s'appliquer cette règle très belle et très haute qu'il s'était posée à lui-même dans un intervalle de souffrance : « La mort elle-même peut devenir un consentement, donc un acte moral. L'animal expire, l'homme doit remettre son âme à l'auteur de l'âme. »

De cette étude consciencieuse d'un homme qui vécut beaucoup de la vie intérieure et qui en a noté les événements grands ou médiocres avec tant de fidélité, quelle impression avons-nous retirée? Il est temps de conclure, et peut-être est-il nécessaire de le faire, chaque vie humaine, ainsi montrée, ayant son enseignement et sa moralité. Malgré toute la sympathie que celle-ci nous inspire, et dont nous n'avons pas ménagé les témoignages, nous ne pouvons dissimuler un autre sentiment qu'a produit insensiblement en nous la lecture prolongée de ce *Journal intime,* d'où tout incident extérieur est soigneusement écarté, où toute l'attention est concentrée sur un point unique, central, le moi, ce pauvre moi, sujet unique et objet à la fois de cette longue contemplation. On finit par s'étonner que toute une vie ait été ainsi exclusivement appliquée à s'analyser et à se raconter elle-même. On s'en étonne, on en souffre presque. Ce qui nous gâte un peu toutes ces fines et vives sensations qui abondent sous cette plume infatigable, c'est précisément qu'elles soient recueillies avec tant d'amour, notées avec tant de soin, exprimées avec le choix de mots le plus heureux et le plus brillant; chacune de ces impressions, quelques-unes joyeuses, la plupart tristes, a été ciselée, burinée, mise en son plus beau relief, le soir, dans le cabinet de travail, à la clarté de la lampe. Ce n'est plus la vie même que nous saisissons directement dans son mouvement spontané, c'est la vie réfléchie dans la mémoire, fixée sur le papier, frémissante encore, mais à travers des phrases littéraires. L'homme et le lettré s'unissent ici et se confondent au point qu'il est bien difficile de faire la part de l'un et celle de l'autre. Conçoit-on qu'un homme ait vécu ainsi toute une vie en tête-à-tête avec lui-même sans se fatiguer de ces trente ou quarante années de contemplation assidue, pendant lesquelles il n'a pas cessé un seul jour, après s'être regardé avec complaisance, de se raconter avec art? C'est peut-être là un regret bien subtil que nous exprimons, mais nous l'exprimons comme nous l'avons ressenti. C'est d'ailleurs l'inconvénient de ce genre littéraire. La correspondance et le roman y échappent, bien qu'ils soient des œuvres très personnelles. La lettre échappe à ce péril, parce qu'elle ne répond qu'à un seul moment de notre vie, parce qu'elle est l'expression instantanée d'un état de conscience et qu'on l'oublie ou qu'on feint de l'oublier après l'avoir écrite. Le roman se soustrait au même inconvénient, parce que l'auteur, en transférant ses propres sensations dans une autre personne, les dépayse légèrement, les modifie en les mêlant à la fiction, et leur ôte ce caractère de personnalité trop directe et je dirais trop aiguë qu'elles ont dans le journal. On souffre ici d'une analyse intime si prolongée comme de l'abus d'une sorte d'égoïsme intellectuel. Il ne faudrait pas pousser cette remarque trop loin ; mais, quelle que soit la beauté de certaines pages, la profondeur ou la vivacité nuancée de certaines analyses, on est tenté de dire à l'auteur : « Et maintenant, occupez-vous un peu des autres, sous peine de trouver le châtiment de cette exclusive attention à vous-même dans une sorte d'incapacité de vivre et d'énervement. » Ce fut, en effet, là l'expiation de cette vie consumée dans l'analyse, et, malgré de belles facultés, inféconde pour elle-même. Quel est le moraliste qui a dit que, pour retrouver son moi actif, vivant, fécond, il faut savoir le perdre, ou tout au moins l'oublier ? ce moraliste avait raison, et sa maxime s'applique à l'art comme à la vie.

LES PENSÉES D'UN SOLITAIRE

I

Nous avons toujours recherché avec prédilection, dans la littérature de ce temps, les auteurs qu'une fatalité de nature ou de circonstances condamne à douter d'eux-mêmes, et qui, malgré des qualités rares, n'ont jamais pu se croire sûrs de l'avenir. Un sentiment indéfinissable nous attirait vers ces esprits distingués, par quelque endroit incomplets, vers ces figures inachevées qu'il faut un certain effort pour ressaisir. Assez d'autres, d'ailleurs, occupent et retiennent l'attention. Heureux ces princes de la pensée qui, en naissant à la vie littéraire, ont trouvé, presque dans leur berceau, la faveur préventive du public, comme un don de joyeux avènement, et à qui « leur bienvenue au jour sourit dans tous les yeux ». Pour nous, de préférence ou d'instinct, nous allons droit à ceux qui ont longtemps souffert d'être oubliés. Quelle jouissance plus délicate que d'étudier les origines et les particularités de leur esprit, les raisons de leur fortune inégale, de mettre en lumière des natures d'élite restées obscures pour les autres et peut-être pour elles-mêmes, d'éclairer enfin, autant que cela se peut, des talents de *pénombre*, pour lesquels les réparations tardives de l'opinion sont une surprise et une joie, quand elles arrivent avant la mort, ce qui est rare? — Ainsi avons-nous fait, en d'autres temps, pour Maurice de Guérin; ainsi avons-nous fait des premiers pour Doudan et pour Amiel, avant qu'un caprice de faveur posthume les eût rendus célèbres. Ainsi voudrions-nous faire aujourd'hui, avec des réserves qui n'empêchent pas une franche sympathie, pour l'abbé Roux, dont on vient de publier un volume de *Pensées*, et qui était, il y a quelques mois, un de ces ignorés destinés à attendre longtemps ce rayon de sympathie que tant de hasards écartent d'eux et détournent sur des noms moins dignes.

C'est à un jeune félibre, poète en français et en provençal, M. Paul Mariéton, que revient l'honneur d'avoir publié ces pensées qui avaient grande chance de rester enfouies dans un coin reculé du bas Limousin, dans la cure de Saint-Hilaire le Peyrou, un bourg perdu de la Corrèze. L'auteur a aujourd'hui cinquante et un ans; il y a plus de vingt-cinq ans qu'il prépare son œuvre dans l'ombre où il a enfermé sa vie. C'est un des bienfaits de l'association des félibres d'avoir révélé son existence; il s'y fit affilier à l'occasion du centenaire de Pétrarque, et depuis ce temps il s'est mis en bonne posture d'écrivain et de poète dans la société des amis de Roumanille et de Mistral, par sa *Chanson lemosina*, qui contient vingt-quatre petites épopées, par ses poésies, recueil franco-limousin, et enfin par ses pensées, qu'il communiqua discrètement à des amis dont l'indiscrétion ne semble pas lui avoir trop déplu. C'est vers l'année 1874 qu'il se posait à lui-même cette question où se peint naïvement l'inquiétude sur son avenir : « De tout ce que j'écris restera-t-il quelque chose, et qu'est-ce qui en restera? Si j'obtiens du renom, à quoi le devrai-je? A mon *Grand Dictionnaire limousin*? à mon épopée limousine? à ces pensées? Je voudrais le savoir, mais comment le savoir? Confions-nous a Dieu. »

Une visite de M. Mariéton, mis en éveil par une correspondance fortuite, fut comme l'avant-goût de la publicité prochaine et de cette renommée qui était restée jusqu'alors à l'état de rêve. L'abbé Roux lui apparut « semblable au géant limousin de sa geste de *Charlemagne*, sous sa forte carrure et avec sa voix de basse profonde ». Avec une douceur d'enfant ou de poète, il dépeignit la simplicité de sa vie. Toute cette existence tenait en deux mots. Né à Tulle en 1834, d'une humble et nombreuse famille dont il était le dernier enfant, Joseph Roux avait été destiné de bonne heure au sacerdoce. Les premiers essais du jeune prêtre, à peine sorti du séminaire de Brives, furent remarqués par son évêque, un orateur brillant et fleuri que nous nous souvenons d'avoir entendu autrefois dans quelques chaires de Paris, Mgr Bertaud. L'évêque, voyant dans le jeune prêtre des aptitudes remarquables, lui laissa le choix de sa position. L'abbé Roux prit l'enseignement; mais les fatigues de cette carrière, jointes à un excès de travail personnel, le forcèrent à rentrer bientôt dans la voie du ministère. Il devint vicaire, puis curé de campagne, à Varetz, à Saint-Sylvain, à Saint-Hilaire, avec un intervalle de six mois, qu'il faut noter parce qu'un préceptorat, accepté en 1870, lui permit d'entrevoir Paris : ce fut la seule échappée de cette vie enfermée dans un pauvre presbytère. Jusqu'à sa quarantième année il avait vécu littérairement dans les souvenirs et sous l'influence de son éducation de séminaire, classique et religieuse. C'est seulement dans ces dernières années qu'il sentit se réveiller en lui le culte des légendes au milieu desquelles il avait été élevé, et du parler limousin, qui avait été sa langue natale, et qu'il a tâché d'honorer par ses poésies, hommage tardif à sa terre maternelle. Ce que c'est que les hasards de la vie littéraire! Ce sont ces poésies, qui n'ont qu'un intérêt

tout local, qui le firent connaître à quelques initiés.
M. Mariéton nous peint son étonnement quand il découvrit non plus seulement le poète limousin qu'il était venu chercher, mais un écrivain français. « Jamais je n'oublierai, dit-il, le sentiment de surprise que j'eus à dépouiller, pour la première fois, le volumineux dossier de ses manuscrits, alors qu'il ne s'agissait pour moi que d'une notice sur un poète. En présence de ces grandes pages toutes recouvertes d'une étonnante écriture lapidaire qui ferait la joie des graphologues, mais fort inégales, à vrai dire, et de tous les tons, j'entrevis déjà plusieurs volumes d'*œuvres complètes* pour cet inédit de cinquante ans. » *Œuvres complètes*, c'est bien ambitieux ! Je ne connais pas le vocabulaire ni les poésies limousines, ni les sermons limousins; car il paraît qu'on prêche encore en cette langue à Saint-Hilaire. Je n'en dirai donc rien, et pour cause. Mais pour la portion conservée des pensées, extraites d'un recueil volumineux intitulé *Maximes, Études* et *Images*, et dont plusieurs fragments avaient paru déjà dans la *Revue lyonnaise*, j'estime que le choix n'a pas été toujours assez sévère, que l'éditeur complaisant a cédé trop souvent au plaisir de la découverte, et qu'il aurait plus et mieux fait, pour l'honneur de son auteur, en réduisant ce choix, en prenant seulement, parmi tant de notes amassées au hasard, celles qui représentaient avec le plus d'originalité un esprit qui pense par lui-même et qui s'appartient.

II

Laissons la biographie de l'auteur. Aussi bien n'y a-t-il pas d'événements dans cette vie : on n'y trouve que des événements d'idées et de sentiment, et le meilleur récit qu'on en puisse faire, c'est l'analyse des empreintes diverses que cet âme émue au dedans plus qu'au dehors a pu laisser d'elle-même dans ces pages écrites au jour le jour, au hasard de ses impressions.

On serait, au premier abord, tenté de rapprocher les pensées du curé limousin et le journal d'Henry Amiel. Des deux côtés, même développement, peut-être excessif, de la vie intérieure, même souci appliqué à en noter tous les incidents, même intensité d'analyse : des deux côtés, enfin, une nature subjective qui se contemple et se retrace elle-même sous des traits individuels, malgré un certain effort pour les généraliser et pour en faire un type plutôt qu'un portrait. — La ressemblance entre ces deux écrivains est toute superficielle, et c'est moins une comparaison qu'un contraste qui se dégage à la réflexion. Amiel est un rêveur, il n'est pas un solitaire. Il a vécu dans le monde des écoles; il a été mêlé à la société de son temps. Sa destinée littéraire a été préparée par une forte culture philosophique, par des voyages en Italie et en France, par un long séjour en Allemagne, dans les universités. Il a fait ses *années d'apprentissage* à Heidelberg et à Berlin. Rentré à Genève, on nous dit qu'il y fut pendant plusieurs années un charmant et bon compagnon. S'il n'y vécut pas précisément dans le monde, ce fut par goût; mais il vivait à côté du monde et non sans y faire d'assez fréquentes apparitions. D'ailleurs il avait sa société à part, composée d'écrivains, d'artistes, de philosophes dont quelques-uns sont devenus célèbres; il entretenait avec eux un commerce intellectuel vif et continu. Il y avait en lui comme un flot large et jaillissant de pensée, renouvelé, alimenté chaque jour par des conversations libres, sur tout sujet, avec ses amis, très chercheurs et très oseurs. Lui-même disait qu'il était au fond et malgré les apparences, « une nature sociable qui ne se possédait dans sa valeur réelle que par la conversation et par l'échange ». — Et maintenant, au lieu d'un solitaire de fantaisie, aimant à s'isoler de temps en temps pour recueillir la substance éparse de sa pensée, pour en goûter tout seul la douceur et même les amertumes secrètes avec un épicuréisme raffiné qui jouit d'autant plus de sa solitude qu'elle est momentanée et qu'elle est volontaire, — supposez un solitaire qui ne le soit pas par goût, mais par nécessité, isolé par son genre de vie qui le tient à l'écart du monde vivant et pensant, au milieu d'une sorte de désert intellectuel, vous aurez l'idée du contraste que des existences si différentes vont établir entre deux natures d'apparence analogues.

L'abbé Roux n'a connu la vie intellectuelle qu'à travers l'enseignement du séminaire de Brives, restreint à la doctrine théologique et adapté aux exigences du sacerdoce. Pour tout le reste, il a été son propre éducateur, après les années du séminaire, n'accordant à ses goûts personnels que de rares loisirs, à chaque instant disputés par les devoirs de son état, sans autre culture littéraire que celle qu'il s'est donnée à lui-même, sans autre guide que son instinct dans la variété confuse de ses lectures. Nulle part on ne trouve dans sa vie la trace d'une direction, ni même d'une collaboration ou d'une sympathie, d'un encouragement quelconque de la part d'un de ses supérieurs ou de ses confrères dans le sacerdoce. Au séminaire, on lui a appris le latin et un peu de grec; voilà son bagage. Pour le reste, c'est affaire à lui, il a tout à apprendre. A quelques notes discrètes, on pourrait même supposer qu'il a eu certaines oppositions à vaincre, qu'il a encouru certaines défiances, qu'il a eu à se défendre contre des préjugés. Non pas que le clergé, en général, ait des préventions contre les goûts littéraires, surtout dans le diocèse de Tulle, que gouvernait alors un prélat très lettré lui-même. Mais avoir des goûts littéraires et faire de la littérature pour son compte, sont deux choses distinctes, et je ne jurerais pas que la seconde paraisse, dans le monde ecclésiastique, aussi innocente que la première. On y semble appréhender la distraction trop forte qui enlèverait une âme sacerdotale à des études considérées comme plus importantes, un emploi immodéré du temps et des facultés de celui qui se livrerait à ses goûts et à ses aptitudes, la passion d'auteur se développant avec ses conséquences ordinaires, l'excitation de l'amour-propre, l'imagination inquiète, les agitations d'un esprit non concentré vers un but unique, peut-être aussi l'estime disproportionnée que le prêtre risquerait de faire, au dire des scrupuleux, de ce qui ne devrait être pour lui qu'un passe-temps ou un divertissement. Voilà, j'imagine, les appréciations diverses et plus ou moins dissimulées que l'abbé dut subir dans le cours de sa carrière et qui contribuèrent beaucoup à son isolement moral. D'ailleurs, un mot dit tout : il était dépendant. Jamais il n'y eut de révolte ; mais peut-être saisira-t-on quelque vague écho des impressions qui durent traverser sa vie et son esprit : « L'homme de talent, né pauvre, dit-il quelque part, ne peut ni se soigner, ni *s'attendre*, ni se placer où, quand et comme il faudrait. Le pain quotidien le sollicite tout d'abord et le captive dès le principe. Il ne peut vivre selon l'esprit qu'aux heures perdues, à la dérobée, en se cachant ou en se compromettant. N'ayant ni toute liberté, ni toute indépendance, ni toute facilité, ni toute considération, il risque fort, s'il arrive, de n'arriver qu'endommagé et vieilli. »

Lui aussi, comme l'homme de talent né pauvre dont il trace le portrait, il était à la fois dépendant et seul. Pour faire cet isolement plus profond, tâchez de vous peindre en imagination ces campagnes du bas Limousin où l'enferma sa destinée, ce pays rude, cette terre humide et froide, nourrice avare du paysan dur qui la cultive, ces châtaigneraies si tristes, ce climat sombre, nuageux, qui pèse sur l'âme et l'accable de tristesse : « Il pleut depuis hier, une pluie épaisse.... La pluie est écrasante à la campagne.... Ah! cette pluie, on la voit, on l'entend qui tombe et s'écrase dans l'eau sous la gouttière.... Me voilà seul parmi la nuit profonde, seul parmi la pluie lourde.... Ici, personne à entretenir, l'isolement absolu! » Et surtout que les poètes de ville n'aillent pas lui dire : « Mais, ingrat que vous êtes, la campagne est admirable! Nous voudrions demeurer à la campagne. Que vous êtes heureux d'y vivre! » Le bon curé, campagnard par nécessité, répond finement à ces faiseurs d'idylles : « Oui, cela vous plaît à dire. C'est un séjour admirable, et encore pourvu qu'il soit court, en la belle saison, lorsque tout est verdure, fleur, fruit, chants d'oiseaux, refrains de faneurs, de moissonneurs et de vignerons; lorsque les jours sont grands, purs et généreux, les nuits tièdes et sereines, les chemins odorants; lorsque la vie surabonde en nous et autour de nous; lorsque la nature, reine hospitalière, reçoit. » La campagne est ravissante à voir ainsi; mais qu'il soit bon d'y vivre, voilà qui est contestable. « Elle n'est pas toujours fleurie, ni mélodieuse, ni accueillante. Après l'été et l'automne, l'hiver, c'est-à-dire le froid, la retraite, le silence, le deuil. Les arbres sont chauves et pauvres, les buissons dépeuplés, hargneux, sinistres, les chemins fangeux, les prairies fanées, les champs nus, le ciel lugubre, l'air inclément et dur.... L'unique refuge est le foyer, le foyer pétillant de vie, de gaieté et de flamme dans les villes; mesquin, monotone, inerte et froid à la campagne. »

Au milieu physique où il est condamné à vivre ajoutez le milieu social, ou plutôt insociable qui l'entoure. Dans ces bourgs perdus, on n'a pas même la ressource de l'isolement complet. Il faut compter avec les paysans, et aussi avec quelques représentants de la bourgeoisie campagnarde, plus prétentieux, mais guère moins incultes. C'est une solitude relative plus cruelle que la vraie; elle ne supprime aucun des désagréments de la sottise ambiante, au contraire, elle vous contraint de les subir, sans évasion possible; elle ne vous épargne ni le bruit des paroles vides, ni les conversations inutiles, ni le contact de la vulgarité. Au sortir de ses plus belles spéculations, dès que le penseur fait un pas dehors, c'est la curiosité banale ou je ne sais quel mépris gouailleur qui vient à sa rencontre. On s'aperçoit, de part et d'autre, que ce n'est plus la même langue qu'on parle : la langue du pays des idées n'est ici comprise de personne et n'éveille aucun écho.

Voilà notre auteur plongé dans le néant de toute pensée; un vide absolu autour de lui. Quelle force morale ne lui faudra-t-il pas pour résister au découragement, pour maintenir la vigueur, la santé de son esprit, pour ne pas couper court, une fois pour toutes, aux tentations littéraires, aux belles chimères, aux espérances secrètes! Et il s'en va répétant comme Ovide :

Barbarus hic ego sum, quia non intelligor illis!

A la longue, l'humeur s'altère, mais on force toutes les nuances en ce temps-ci; la tristesse devient tout de suite le pessimisme. Un jour le poète Soulary, lisant quelques fragments de Joseph Roux, l'appela plaisamment l'*abbé Schopenhauer*. Le mot est joli, il n'est pas juste. Ce brave curé n'a aucune parenté de ce genre. Il ignorait jusqu'au nom du pessimiste allemand : « Les nouveautés arrivent si tard en Limousin », disait-il pour s'excuser. De fait, c'était la chose, plus que le nom, qui lui était étrangère. Ce n'est ni un désespéré, ni un malade, ni un dilettante; c'est un lettré qui souffre de sa solitude intellectuelle, des circonstances en lutte avec ses goûts; c'est tout au plus un misanthrope momentané, qui cessera de l'être dès qu'un rayon de sympathie brillera dans l'atmosphère épaisse où il craint de s'engourdir : « Ah! s'écrie-t-il, si je pouvais échapper à la machine pneumatique qui m'enveloppe, comme j'élèverais vers le haut mon cœur et mon aile! » Certes, non, il n'est pas pessimiste : « Nul n'aime plus que moi le beau, le bien, le vrai; nul ne désire plus que moi l'homme vrai, beau et bon; nul n'est plus heureux que moi de rendre ou de savoir quelqu'un heureux! » Un peu de bienveillance, un peu d'attention pour ses essais, voilà ce qu'il sollicite. Son mal, c'est « le chagrin de la solitude qui a été son compagnon de route depuis sa jeunesse. » — « Je serai toujours un emmuré, » dit-il. O ennui d'écrire seul, de corriger seul! Qui m'écoute, me conseille m'encourage?... Pourquoi ai-je mis sur mes épaules un tel fardeau? Quel besoin m'incline sur cette tâche? Hélas! l'intelligence de l'homme est un mystère; et, comme la plante, chacun de nous s'approprie naturellement ce qui, autour de lui, répond à ce qu'il est au dedans.... » Et s'appliquant à lui-même la plainte que Gœthe met dans la bouche du Tasse, il décrit ainsi sa situation morale : « Danger des flatteuses illusions dans la retraite qui m'étreint; amis qui n'osent pas me recommander, ennemis qui me renversent du bout de leur langue et m'exterminent du bout de leur petit doigt; jaloux d'en haut, d'à côté, d'en bas; préventions d'autant plus inéluctables qu'elles se dérobent derrière le silence, tout cela me jette, par intervalle, dans une tristesse voisine de la mort. »

C'est la note des heures sombres. Mais ces heures-là

ne durent pas; bien des traits de comédie se mêlent à la plainte. Voyez plutôt l'ami qu'il appelle sphinx, qui le tire à part et lui dit d'un air tout à fait intéressant : « Nous sommes trois ou quatre qui nous proposons de vous recommander au maître. C'est vraiment dommage qu'un homme tel que vous demeure ainsi dans l'ombre. Cependant nous avons craint de trop prendre sur nous; et j'ai voulu, avant que d'aller plus loin, vous avertir et savoir sur cela votre pensée. » Quelle jolie réponse on fait à cet officieux, ce mystérieux, à ce prudent ! — « Mais, sphinx, quel besoin avez-vous de mon autorisation pour dire du bien de moi? Ah! je comprends, vous vous prévalez d'avoir voulu comme si vous aviez fait! — « Nous nous proposons, dites-vous, de vous obliger. » — « Et moi, Sphinx, je me propose de vous en dire merci. » Cette scène de l'ami, obligeant en intention, a dû se jouer plus d'une fois dans la cure de Saint-Hilaire ou aux alentours. Et quelle joie franche éclate dans cet esprit humilié, qui a si longtemps douté de lui-même, quand le succès tardif se montre enfin! L'aimable peinture de la revanche sur l'indifférence publique! L'amusant spectacle que ce changement à vue qui s'opère dans les jugements d'alentour! Il s'est obstiné à la lutte, l'écrivain méconnu; il a été persévérant, il a bien gagné son nom de *Pervicax :* depuis trente ans, il étudie, il observe, il écrit en pure perte. Hormis deux ou trois qui se doutent de sa valeur, et gardent le silence, nul ne prend Pervicax au sérieux : « S'il avait du mérite, les maîtres le salueraient à la vue de tous! » Or, voici qu'un hommage vient, de loin et de haut, chercher Pervicax au fond de son isolement : — « Vraiment!... Une surprise pareille! C'est que l'homme a du talent, avouons-le. » — Et du jour au lendemain Pervicax est prophète, prophète dans son pays! On l'entoure, on l'admire, on lui rend gloire; on lui vante telle brochure parue, il y a quinze ans, au milieu de l'indifférence universelle; on exhume telle composition de collège où son génie pointait déjà; son dernier ouvrage est posé sur une table, en vedette, le couteau de bois entre les feuilles.... Le temps n'est plus des haussements d'épaules, des regards narquois, des sourires navrants; tout a changé de face; et les pierres qu'on lui jeta, il s'agit de les placer maintenant et de les élever en piédestal pour la statue qu'on lui prépare. » — Quel est l'austère moraliste, le casuiste timoré qui pourrait reprocher à Pervicax la joie innocente de son tardif triomphe et la peinture des railleurs à leur tour raillés? Je sais bien que l'humilité et la charité sont des vertus chrétiennes et que l'abbé a pour mission de les prêcher, sans doute aussi de les pratiquer; mais ce n'est peut-être, après tout, qu'une allégorie, et rien ne nous empêche de croire que Pervicax est un type de fantaisie; ce qui rentre dans la juridiction des auteurs de maximes.

III

Jusqu'au jour de cette revanche, il est naturel que le caractère de l'écrivain se soit un peu assombri, sous l'influence de cette solitude morale que nous avons essayé de peindre. Les effets de cet isolement ne sont pas moins sensibles sur le développement de son intelligence. N'oublions pas qu'elle s'est formée toute seule, en dehors de tout commerce intellectuel, de toute expansion. Beaucoup de lectures entassées et sans ordre; des auteurs illustres et médiocres, rapprochés au hasard; une source intérieure d'idées, mais à l'état natif, chargées d'éléments parasites, non épurées par un premier travail, non filtrées par la discussion; des ignorances qui étonnent à côté de certains points de vue qui frappent; des fautes de goût, comme il est naturel qu'il y en ait en l'absence de tout contrôle extérieur et de points de comparaison; une certaine gaucherie, quelquefois un manque singulier de discernement, et de là un défaut de proportion et de développement entre les pensées vraiment neuves et celles qui n'ont de nouveauté qu'aux yeux de l'écrivain qui croit les avoir découvertes : voilà les défauts que la solitude a engendrés ou développés. Pour être équitable envers l'œuvre, il faut se souvenir des circonstances au milieu desquelles elle est née, à travers quelles difficultés de tout genre et dans quelle détresse intellectuelle.

Nous n'indiquerons qu'en passant des néologismes sans utilité et sans grâce: un *maximiste*, pour un auteur de maximes, la *courteté* de la sagesse humaine, mais ici et là se trahissent de singulières distractions de mémoire : « L'âme, selon le concile de Trente, est la *forme substantielle du corps*.... Admirable définition, inconnue des anciens philosophes! » Il n'y a qu'un malheur, c'est que cette belle définition est d'Aristote, un de ces anciens philosophes précisément. — Voici qui est plus grave au point de vue du goût. Nous avons entendu vanter une des pages de ce livre, où l'auteur essaye de rassembler comme en un tableau d'ensemble quelques-uns de ses plus illustres prédécesseurs dans ce genre d'ouvrages : Pascal, la Rochefoucauld, la Bruyère, Vauvenargues, Chamfort. Joubert,... et Mme Swetchine. L'auteur se plaît à rapprocher ces noms pour les opposer entre eux dans une série de couplets, très littéraires d'intention, ou de stances en prose habilement balancées. C'est une sorte de jeu d'esprit qui a ravi quelques personnes ; cela ne tient guère à la réflexion. On voit ici ce qui a manqué à l'auteur, un bon conseil d'ami éclairé. J'imagine l'ami qu'on aurait consulté sur cette page, une de celles qui tiennent le plus au cœur de l'abbé. Il est probable qu'il aurait répondu en conseiller sincère : « D'abord, sacrifiez-moi Mme Swetchine, elle n'est pas à sa place : que voulez-vous qu'elle fasse à côté de Pascal, de la Rochefoucauld et des autres? Elle appartient à la littérature édifiante, non militante. Et dans le détail des nuances et des oppositions que vous imaginez sous sept ou huit formes différentes, que de bizarreries et aussi que de traits inutiles et languissants! C'est le résultat de la gêne où vous avez mis votre esprit et du travail artificiel que vous vous êtes imposé. « Pascal *sombre*, la Rochefoucauld *amer*, la « Bruyère *malin*, Vauvenargues *mélancolique*, etc. », ou bien encore pour varier : « Pascal *profond*, la Rochefou-« cauld *pénétrant*, la Bruyère *sagace*, Vauvenargues *dé-« licat*.... » Cela pourrait aller longtemps ainsi. Était-ce la peine de vous mettre en frais? — Vous continuez : « Pas-« cal a une obsession », soit. « La Rochefoucauld a un « parti pris », soit encore. « La Bruyère a un point de vue, « Vauvenargues un idéal, Joubert une aspiration. » Quel est l'écrivain qui n'a pas de point de vue, ou d'idéal, ou d'aspiration? Retranchez la moitié de ces antithèses, remaniez les autres. Vous dites que « la Bruyère est apa-« thique et Chamfort rageur ». C'est sans doute pour les opposer à Pascal hypocondre et à la Rochefoucauld misanthrope? Mais l'apathie de la Bruyère n'est pas une expression juste non plus que la rage de Chamfort; rien de moins apathique que l'un et de moins enragé que l'autre. Ils sont calmes tous les deux, l'un dans son observation pénétrante qui creuse un type, l'autre dans sa haine froide qui cisèle à loisir sa cruauté dans les mots. Vous aviez voulu écrire une page à effet. Croyez-moi, quand vous écrivez, ne pensez pas à l'effet; s'il vient naturellement, il sera doublé par l'imprévu, qui est aussi un signe et un effet de l'art. D'ailleurs, ce n'est pas dans ces exhibitions d'épithètes décoratives et d'antithèses en relief que sera jamais votre succès, c'est dans l'accent moral de vos pensées, venues du cœur, et qui aiment à se vêtir, presque sans y songer, d'une belle image. Tenez-vous en là : laissez le reste aux virtuoses de style; vous êtes quelque chose d'autre et de mieux. » J'ai bien envie de me mettre un instant à la place de cet ami imaginaire et de continuer son rôle en soulignant quelques autres traits d'inexpérience et de naïveté littéraire. Puisque nous en sommes aux suppressions, je conseillerais à l'auteur de passer un trait de plume sur la plupart de ses portraits, ceux d'Arachné, de Pectorin et de Cérébron, plus laborieux que piquants. Ceux de Bourassu et de Jean Rosier ont plus de relief et portent l'empreinte de la réalité : le campagnard devenu homme politique et le paysan limousin s'essayant à la poésie française, y perdant son esprit naturel, sa grâce et sa langue, cela est bien observé. Mais le sentiment juste se noie dans une foule de détails insignifiants, qui ne peuvent avoir d'intérêt que pour ceux qui connaissent les personnages; ce sont des chroniques de village plutôt que des types. Dans un ordre plus relevé, je goûte médiocrement les études sur les classiques et surtout les parallèles trop prévus, Virgile et Homère, Démosthènes et Cicéron, Corneille et Racine. L'auteur a le sentiment de leur grandeur, mais il ne sait pas renouveler la forme de son admiration; il n'en donne pas d'autres motifs que ceux que nous connaissons déjà. Dès lors, à quoi bon? Ces grands sujets consacrés demandent, pour être traités de nouveau, une hardiesse de touche et une magie de pinceau sans lesquelles cette grandeur même n'est qu'un prétexte à d'innocentes répétitions. Le péril, ici, c'est la banalité de la gloire. Or, je n'ai pas trouvé dans ces peintures le trait impérieux et décisif qui seul justifie l'audace de reprendre de tels modèles. — Ce qui montre clairement que la forme de la critique est arriérée chez notre auteur, bien que ses impressions soient sincères, c'est cette tentation perpétuelle du parallèle à laquelle il ne sait pas résister. Pense-t-on nous avoir appris grand'chose, quand on nous aura dit « que Vigny a plus de nombre, Musset plus de verve; Vigny plus d'art, Musset plus de naturel; que Vigny est délicat, Musset fin; Vigny ingénieux, Musset spirituel, etc., etc. » Ce qui eût été intéressant, c'était de faire voir par quels secrets chemins l'on arrive d'*Eloa* à des poëmes tels que la *Mort du loup* et la *Maison du Berger*, tandis que l'autre, parti des *Contes d'Espagne et d'Italie* ou de la *Ballade à la lune* gravit jusqu'aux sommets de la plus haute poésie avec l'*Espoir en Dieu* et la *Lettre à Lamartine*. Voilà qui eût été dramatique et vraiment nouveau. Bien des erreurs d'appréciation seraient à relever dans cette foule mêlée de personnages littéraires de troisième ordre, réunis en quelques pages, et caractérisée en quelques mots, depuis Lemierre et Gentil Bernard jusqu'à Delille. Pourquoi cette insignifiante et pâle nomenclature de tant d'écrivains disparus? Ce n'était pas la peine de les faire mourir une seconde fois. Pour les poëtes de notre temps, on n'est pas toujours juste. Voyez ce qu'on nous dit de Maurice de Guérin, un oublié, lui aussi, et qui certes ne mérite pas de l'être : « Il est *insipide* et *incolore*; il désenchante, par certain accent écolier; les plus belles pages ne sont qu'un pastiche de Bitaubé, de Chateaubriand et de Quinet. » C'est ainsi qu'on nous parle du jeune poëte du *Centaure* et de la *Bacchante*. On n'a pas l'air de se douter de ce qu'il y avait là de sentiment poétique, de verve originale, d'inspiration puissante et saine, puisée au sein de la nature, du grand essor qui soulève certaines pages interrompues par la mort, du coup d'aile qui emportait cette âme vers les vastes horizons.

En général, il me paraît que la critique ne réussit guère à Joseph Roux; il y porte je ne sais quelle fécondité agréable sans nouveauté, qui n'aboutit qu'à des jugements ou à des formules vagues. La précision et la largeur y manquent. Son goût hésite, il se traîne dans le convenu ou commet de graves erreurs. On dirait que de toutes nos facultés, c'est le sens critique, celui qui détermine la mesure des talents ou des réputations, qui a le plus besoin d'être averti, d'être guidé, d'être bien informé par sa confrontation perpétuelle avec le jugement libre des uns et des autres et l'opinion générale qui en résulte. La discussion est la meilleure éducatrice de cette faculté critique; la solitude ne lui vaut rien; livrée à elle-même, il est à craindre qu'elle ne s'engage à son insu dans des voies trop fréquentées ou qu'elle ne s'en écarte à l'excès; elle évitera difficilement la banalité ou le paradoxe. On peut avoir, malgré cela, un sens littéraire très délicat. Dès qu'il ne s'agit plus de classer ou de comparer les talents, mais de sentir, de goûter pour son propre compte ou d'exprimer la nature et la vie, je crains moins les effets de l'isolement. Joseph Roux reprend alors tous ses avantages et c'est la dernière impression que je voudrais laisser à mes lecteurs, en leur présentant quelques-uns des témoignages les plus vifs de sa passion pour les lettres, ou quelques réflexions qu'éveille en lui le sens des choses morales. C'est son double triomphe; c'est par là que se révèlent en lui et sans effort les qualités rares du moraliste et du poète, les perceptions fières et le don d'émotion qui lui font une part appréciable d'originalité.

IV

C'est un tempérament littéraire. On le reconnaît tout de suite à un accent qui ne trompe pas. La langue latine a été la première nourrice de son esprit; c'est par elle qu'il a reçu le premier son des idées; jusque-là, il n'avait pas vécu par l'intelligence. Aussi, comme il l'aime, comme il lui est reconnaissant! « Oh! la belle langue! Je l'aime d'amour. J'ai appris le latin au collège, mais avec autant de cœur que si c'eût été la langue de mon père et de ma mère. Je ne l'ai pas dans ma mémoire, je l'ai dans mes entrailles. Longtemps j'ai pensé en latin pour parler en français. Ma prose et mes vers fourmillent de latinismes! Prémédités, non, venus de grâce. » Nous sommes de ceux qui avons eu la bonne fortune de causer avec cet excellent humaniste, M. de Sacy. C'était là son accent, je crois le reconnaître; c'est ainsi qu'il parlait de ses chers auteurs et de l'instrument fort et souple, de la langue qui leur servait d'interprète. Lui aussi, ce grand ami des livres, dont il avait fait ses familiers, aurait dit naturellement ce mot qui me tombe sous les yeux : « Chacun va se poser d'instinct sur les livres qui répondent le mieux au besoin de sa nature. » Ce même humaniste, je l'ai vu si difficile en fait d'éloge, qu'il aurait souscrit volontiers à cette réflexion de l'abbé Roux : « Les délicats subissent mieux une sotte critique qu'une sotte louange. »

C'est le lettré qui parle ainsi. C'est encore l'ami de l'antiquité qui a rencontré cette heureuse formule : « L'art antique revêtait le corps humain de pudeur et de majesté; l'art moderne déshabille même le nu. Athènes répandait l'âme sur la chair, Paris répand la chair sur l'âme. La statue grecque rougit, la statue française fait rougir. » — Il y a toute une esthétique en germe dans cette pensée : « Comme ces statues qu'il faut faire plus grandes que *nature*, afin que, vues d'en bas ou de loin, elles paraissent de grandeur naturelle, certaines vérités ont besoin d'être forcées pour que le public s'en fasse une idée juste. » A-t-on jamais mieux défini l'inspiration? « La raison, inspiration habituelle, secondaire ; l'inspiration, raison supérieure, intermittente. » Il y a ainsi, à travers bien du mélange sans doute, des clartés soudaines d'observation qui illuminent le fond des choses. Voici des vues ingénieuses : « Le souvenir est une *impression* qui se répercute de distance en distance dans le cours de notre vie. » — « Notre expérience se compose plutôt d'illusions perdues que de sagesse acquise. » — « Nos jugements s'inspirent de nos actes plutôt que nos actes de nos jugements. » — « Imiter est un besoin de nature ; nous imitons, jeunes, autrui ; vieux, nous-mêmes. » — Et quelle aimable et pénétrante physiologie de l'esprit et de la sottise : « Le sot ne veut jamais ni paraître ignorer ce qu'on lui apprend ni ne paraître pas vous apprendre ce qu'il ignore. » — « C'est un rude labeur que discuter avec un sot mesquin et rogue en présence d'ignorants. Comment s'y prendre pour établir les droits de la raison ; s'adresser au jugement de notre homme? Notre homme n'a pas de jugement. Faire appel au goût de l'auditoire? L'auditoire manque de goût. » Le sot n'est pas le seul à faire et à dire des sottises. L'illusion constante de l'esprit est de croire qu'il suffit à tout. Quelle erreur! — « Les hommes d'esprit, tant qu'ils n'ont qu'une expérience d'intuition, ne laissent pas de faire des sottises. *Ils voudraient mener les choses de la vie comme les choses d'idées.* De là, force mécomptes. » — C'est d'ailleurs, à ce qu'il paraît, une carrière difficile que celle d'homme d'esprit. « Les imbéciles et les méchants haïssent les gens d'esprit. Les méchants disent que les gens d'esprit sont des imbéciles et les imbéciles disent que les gens d'esprit sont des méchants. » Encore dans le même ordre d'idées ces jolis traits épars : « L'homme d'esprit est réputé méchant, le plus souvent bien à tort. Lui, méchant? Eh! bon Dieu, souriez à ses épigrammes, il vous sautera au cou! » — « Beaucoup de prudence n'empêche pas toujours de faire des folies, ni beaucoup de raison, d'en penser, ni beaucoup d'esprit d'en dire. » — L'esprit subtil excelle à donner les raisons d'une chose, l'esprit pénétrant à en trouver la raison. » On pourrait ainsi recueillir, dans ces notes, un peu trop mêlées, une anthologie de pensées fines et d'un tour très littéraire, sur les facultés de l'esprit, sur le talent, sur l'esprit, sur la raison, leurs divers usages, leurs avantages et leurs inconvénients dans la vie.

Au même rang que ces observations de l'ordre intellectuel, sinon plus haut encore, je placerais les peintures qui se rapportent aux mouvements de l'âme, à la sensibilité morale, et qui se produisent sous le voile d'images ingénues et charmantes. Certes, il est poète celui qui écrivait un jour : « Tout un ciel est dans une goutte de rosée, toute une âme est dans une larme »,ou bien encore : « Une feuille de peuplier nous dérobe la vue du soleil; l'exiguïté d'un souci terrestre nous cache Dieu immense et rayonnant ». Poète assurément et poète ému, quand il traçait avec tout son cœur, cette belle page où l'on pourrait voir l'apologue délicat et fier de toute une destinée : « Germe obscur, reste sous terre. Pourquoi vouloir éclore et fleurir? Tu rêves de soleil, de brise, de rosée? Hélas! le soleil brûle, la brise tourmente, la rosée accable et souille. Au grand jour, le trouble t'attend, non la paix; la douleur, non la joie; et si quelque gloire t'est promise, elle sera vaine et courte…. Reste sous terre, germe obscur. — Je serai fleur, il faut que je sois fleur. Épreuve pour épreuve, mieux vaut souffrir à la lumière que dans l'ombre. Car je souffre ici. Et je ne trouve pas vrai que l'isolement soit du bonheur. La nuit m'entoure, la terre me presse, le ver m'insulte. Le désir surtout me tue. Il faut que je sois fleur, je serai fleur. »

Le moraliste, il est partout, par exemple quand il réfléchit sur les impressions contraires qu'excitent en nous les jeux de la fortune : « Un long bonheur semble avoir besoin d'excuse, et un long malheur, de pardon. » — « Malheureux, l'on doute de tout ; heureux, l'on ne doute de rien. » — « Réussir fait valoir nos qualités, ne pas réussir, fait valoir nos défauts. » — « Jeune, on a des larmes sans chagrin ; vieux, des chagrins sans larmes. » — « Ce que nous avons désiré le plus est ce qui nous châtiera le mieux. » Mais le méditatif ne s'arrête pas à la surface ; il veut arriver à la racine des choses, au fond obscur de toutes nos joies et nos tristesses. — « En tout homme est un abîme qu'espérance, joie, ambition, amour, haine, douceur de penser, volupté d'écrire, orgueil de vaincre, ne peut combler. Le monde entier, jeté dans cet abîme, ne le rassasie pas ; mais, ô mon Dieu, une goutte, une seule goutte de votre grâce le fait déborder. C'est vous, le principe de la vraie joie. Sans vous, l'on rit, mais l'on dit à ce rire : « Pourquoi me trompes-tu ? » Ce rire est strident comme une note qui offense les lois de l'harmonie, froid comme ces eaux qui ne réfléchissent jamais le soleil. »

La tentation du découragement est l'épreuve la plus redoutable pour la moralité intellectuelle du penseur solitaire : « Il est des jours où on se laisse envahir par les grandes eaux de la tristesse.... » Et l'écrivain décrit, à coups redoublés et pénétrants, notre intelligence qui s'abat, notre volonté qui succombe, toute notre âme qui nous quitte. On croit n'être plus libre. Notre énergie nous semble liée aux pieds et aux mains. On n'a plus ni force ni envie de pouvoir. Heureux si des larmes nous venaient. Mais cette maladie, aride et silencieuse, dessèche les paupières après avoir desséché le cœur. Le jour blesse, on recherche l'ombre; la voix humaine fatigue, ou s'enferme dans le silence. On vit avec sa peine comme un méchant avec son remords; on devient ennemi de tous et de soi-même; on se détache de tout ce qu'on aime le plus, volontairement, froidement, opiniâtrément. On outre ce mal, déjà si grand, avec une volupté cruelle : « Si un tel désordre durait, malheur à nous! Mais Dieu que nous boudons (car cet étrange cauchemar nous indispose aussi contre Dieu), ne tient pas rigueur à notre orgueilleuse infirmité; et pour nous arracher du péril, il nous envoie une consolation toute-puissante ou une *véritable douleur.* » On sent ici la différence de cette tristesse, qui est un accident, et du pessimisme, qui est un système avec lequel on a voulu la confondre. Au terme de la mélancolie, envoyée à l'homme comme une tentation, il y a un consolateur. La solution du problème de la destinée, c'est Dieu; telle est la doctrine constante de Joseph Roux, et il ne peut pas en avoir d'autre, puisqu'il est chrétien, puisqu'il est prêtre.

V

Chrétien et prêtre, on s'est étonné que de la même main qui a écrit de telles pages, d'un si noble et religieux accent, il ait tracé une physiologie si dure du paysan. « Qu'est-ce qu'un paysan? se demande-t-il, un homme *informe.* » On a relevé sévèrement les traits de cette satire, qui, au premier aspect, semble implacable et révèle, sinon de l'exagération de parti pris, du moins un fond d'amertume singulière. — Le paysan, nous dit le triste observateur, n'aime rien, ni personne, que pour l'usage. Si vous lui faites du bien, il ne vous aimera peut-être pas; faites-lui du mal, il vous craindra certainement. « Sait-on de qui et de quoi l'on peut avoir besoin? Voilà sa préoccupation et son mobile unique. Il est le plus sobre des animaux chez lui, le moins sobre chez les autres; il se prive moins de jouir qu'il ne jouit de se priver. — Il ment par nature et par défiance; il ignore l'art de dire droitement et clairement sa pensée; le vrai d'une affaire avec lui, ce n'est point ce que vous ouïrez, mais ce que vous en devinerez. — C'est le moins poétique des êtres. — Voyez par cette belle soirée d'été; tout est joie et lumière et chant et allégresse et prière et transport. Où est l'homme? Il est là-bas qui dort lourdement n'en pouvant plus d'avoir bu de mauvais vin. Tous les poètes, les romanciers se jouent de nous, depuis Théocrite et Virgile jusqu'à Mme Sand, quand ils viennent nous conter que le paysan chante la belle nature, et l'amour honnête, le printemps, les fleurs et les fruits; il chante d'horribles gaudrioles, voilà la vérité. — Le paysan a un second chez-soi, où il ne se plaît pas moins qu'en l'autre, c'est le champ de foire. Là, il cesse d'être homme. Ni la voix du sang, ni l'amitié, ni le respect, ni l'honneur ne lui sont plus de rien; il est résolu, pour vendre le plus cher et le plus vite possible, à tromper même son voisin, même son père et sa mère. — « Ménager, qui? Cet honnête homme? Un honnête homme est inoffensif. Ce méchant? Oui, celui-là peut me nuire.... » Ainsi parle tout paysan. — Vendre n'importe quoi, n'importe comment, à n'importe qui, voilà toute sa diplomatie. Il vend, il prête, il échange, il paye, il ne donne jamais. — Et comme trait de mœurs, remarquez ceci : le paysan ne se promène point. Il donne le bras à sa femme le jour de leur mariage, pour la première et dernière fois. On a reproché à Pierre Dupont son fameux refrain :

J'aime Jeanne, ma femme; eh bien! j'aimerais mieux
La voir mourir que voir mourir mes bœufs...

On a eu tort. Tout le paysan est là ; une femme ne coûte rien et des bœufs coûtent cher; un paysan peut travailler et vivre sans sa femme, mais non pas sans ses bœufs.

Tel est le réalisme de cette vigoureuse peinture. Je ne nie pas que ces teintes un peu chargées ne fassent un singulier effet sous le pinceau d'un prêtre. On aimerait mieux que le peintre si sombre ne fût pas en même temps le chef spirituel de ces rudes consciences, si durement traitées, et je goûte médiocrement, je l'avoue, le sobriquet donné par les gens de Tulle aux paysans qu'ils appellent *peccata*, de même que le commentaire qui y est joint; dans lequel il est dit « que le paysan, c'est bien en effet le péché, le péché originel encore persistant et visible, dans toute sa naïveté brute ». Ce dernier trait est de trop; car c'est affaire au prêtre de combattre le péché originel dans ces âmes, et, s'il n'est pas le plus fort, de ne pas en prendre si facilement son parti. Mais, en ces matières délicates, il faut se garder d'exagérer. Certains critiques très sévères n'ont lu que superficiellement ce terrible chapitre; ils n'y ont pas vu la contrepartie très réelle de sympathie, de pitié, qui se montre en plusieurs endroits et que nous devons signaler pour être équitable. Le paysan est si misérable! Il faut le plaindre avant tout. On répète que sa condition est bien meilleure depuis la Révolution. Ah! s'écrie Joseph Roux, si une autre dame de Sévigné, un autre La Bruyère revenaient, et qu'on leur ouvrît la demeure sordide d'un vrai paysan, dans le fond des terres, et qu'on leur montrât sur place « et son lit affreux, et sa table immonde, et son pain grossier, et son linge lourd et dur, et ses habits ignobles et sa nourriture écœurante et sa boisson nauséabonde, et sa vie âpre, étroite, désolée, exploitée par tous, trompée par tous, aggravée par tous, tout cela et le reste, s'ils ne jettent pas le même cri d'horreur et de pitié que La Bruyère et Mme de Sévigné ont jeté, il y a deux siècles, c'est qu'ils n'auront ni cœur ni esprit. » Cela est encore vrai, quoiqu'on en dise, pour certaines campagnes de la Basse-Bretagne et du Bas-Limousin. — Et ce dialogue du paysan avec le médecin et le percepteur ! Le *médecin* : « L'air, ainsi que le pain, est de première nécessité ; de l'air, des fenêtres, brave homme ! — Oui, monsieur. » — Le *percepteur* : « Autant d'ouvertures, autant d'impôts ; payez ! — Oui, monsieur ! » Après quoi, bouchant trois fenêtres sur quatre : « Plus d'air pour moi, plus de lumière, ni de santé, ni de joie que dehors, sous le grand ciel du bon Dieu ! » dit le paysan avec un soupir. — Il y a là une sympathie profonde qui rachète les exagérations de détail et rétablit l'équilibre un instant troublé.

D'ailleurs, si comme il arrive en ce genre de peintures, l'auteur a forcé la note ici et là, lui-même nous fournit le moyen de ramener ses observations à leur juste mesure. Il reconnaît, quand il n'est pas sous l'obsession de son idée, qu'il y a plus d'un germe de vertu cachée sous ces rudes dehors, et même un certain sentiment d'idéal et de poésie secrète dans ces âmes en apparence si matérielles : « Si l'on fouille bien dans le tréfonds du paysan, l'on finit par y découvrir certain sens supérieur qui s'explique malaisément, mais qu'il faut constater. » Il nous en donne une preuve touchante dans l'histoire, évidemment observée de près et sur la réalité, de ce jeune paysan qui a perdu sa femme adorée et qui, par une douce folie d'amour, croit la reconnaître dans une des plus belles étoiles du ciel. « Cette étoile le reconnaissait-elle à son tour ? Oui, sans doute. Autrement pourquoi ce long regard obstinément fixé sur lui, ce regard profond, calme et pur, humide parfois? » Et il passait ses nuits dans son amoureuse contemplation. « Certain jour, je le rencontrai qui se rendait à sa vigne. En m'apercevant, il souriait; et je vois encore son étrange sourire. « Eh bien?... » lui demandai-je, désirant lui parler, ne sachant de quoi lui parler. Il répondit aussitôt : « Eh bien? je l'ai revue. On la dit morte, on la croit sous terre, là-bas. Folie!.. Elle est là-haut, vivante!... Je l'invite à descendre.... Elle voudrait. Le peut-elle?... Ah! la pauvre! En vérité, cela ne saurait durer ainsi; il faut que nous retournions ensemble, elle avec moi, ou moi avec elle, pour jamais. » Qu'est-ce que cela, sinon de la plus haute, de la plus délicate poésie! N'est-ce pas d'ailleurs dans ce fonds, ou, comme dit Joseph Roux, dans ce *tréfonds* du paysan, que jaillit la source de ces merveilleuses légendes, héroïques, patriotiques ou passionnées, qui chantent, en un naïf langage, sur le berceau des peuples, ou qui charment encore leur maturité et consolent leur vieillesse?

Et surtout, qu'on n'aille pas imaginer un divorce entre l'âme du prêtre et celle du paysan. La réconciliation s'opère dans une page d'un grand accent lyrique et qui a passé inaperçue, bien qu'elle soit une des plus belles du livre. C'est tout un poème en deux strophes : « O paysan, tu laboures les champs, tu les fertilises et les ensemences; tu fais monter le blé de la terre; par toi « l'aride » se change en froment; tu nourris l'homme qui est chair. Tu enterres un grain mort et froid, qui bientôt **ressuscite et** fleurit, et fructifie ... Gloire à toi, ô paysan!... » — Et l'antistrophe célèbre à son tour, sur le même rhythme, le triomphe du prêtre : « O prêtre, tu travailles les âmes,... tu nourris l'homme qui est âme, tu ensevelis un corps délaissé de la vie; mais, ce corps rendu à son âme, se lèvera un jour, et ce jour sera long comme l'éternité.... O prêtre, gloire à toi ! » Le paysan et le prêtre, rapprochés ainsi dans une œuvre presque fraternelle et dans un commun symbole, telle est la conclusion du livre ; c'en est la moralité, un instant obscurcie, manifestée enfin.

Ce n'est pas là, on le voit, un de ces recueils de maximes, comme il s'en produit un si grand nombre, que leurs auteurs composent artificiellement, page par page, en consignant le soir, sur leurs tablettes, les observations piquantes qu'ils ont recueillies dans le monde ou les bons mots qu'ils y ont entendus. Ce genre-là est bien usé, et je me serais gardé de parler de cet auteur nouveau, si j'avais trouvé en lui un de ces petits La Rochefoucauld de salon qui semblent prendre à tâche de discréditer leur grand ancêtre. Mais il s'agit ici d'autre chose et de mieux. Parmi beaucoup d'œuvres, analogues en apparence, il en est où l'on sent une inspiration très différente et dont l'accent révèle une plus haute origine. De telles pages sont ou bien les débris d'un ouvrage inachevé, ou le supplément d'un livre qui, par l'inclémence du sort ou des circonstances, n'a jamais pu se faire ; c'est quelquefois la revanche discrète d'une destinée comprimée et l'histoire d'un méconnu. Le recueil des *Pensées* de J. Roux tient un peu de tout cela ; chacun de ses fragments porte l'empreinte d'une impression personnelle. S'il est vrai que pour certains hommes, vivre, c'est penser et souffrir, on peut dire qu'une vie sincère anime ce livre et lui donne son accent.

TABLE DES MATIÈRES

Joseph Joubert. 1

Histoire d'une ame sincère. *Maine de Biran, sa vie et ses pensées*, publiées par Ernest Naville 18

M. Vitet, études sur l'histoire de l'art. — Antiquité. — Moyen âge. — Temps modernes. 52

Un nouveau juge du xviiie siècle, *Histoire de la littérature française*, par D. Nisard. 66

L'esprit du xviiie siècle, *Histoire de la littérature française*, par D. Nisard. 79

M. Nisard, Études de critique littéraire, 1 vol. in-18, 1858. — Études d'histoire et de littérature, 1 vol. in-18, 1859. . . 95

Tableau de la littérature française au xvie siècle, suivi d'études sur la littérature française du Moyen âge et de la Renaissance par M. Saint-Marc Girardin. 104

La querelle des anciens et des modernes. *Histoire de la querelle des anciens et des modernes*, par Hippolyte Rigault. 114

Un poète inconnu, Œuvres posthumes de Maurice de Guérin . . 139

Alfred Tonnellé, d'après les fragments du Journal d'un jeune homme 166

Un moraliste inédit : M. Doudan. — *Mélanges et lettres*. . . . 195

LA MALADIE DE L'IDÉAL D'APRÈS LES CONFESSIONS D'UN RÊVEUR. Henri-
Frédéric Amiel : *Fragments d'un journal intime* 245

LES DERNIÈRES ANNÉES D'UN RÊVEUR. *Fragments d'un journal intime*, par H. F. Amiel, tome II 273

LES PENSÉES D'UN SOLITAIRE. 306

16810. — Imprimerie A. Lahure, 9, rue de Fleurus, à Paris.

www.ingramcontent.com/pod-product-compliance
Lightning Source LLC
Chambersburg PA
CBHW060639170426
43199CB00012B/1605